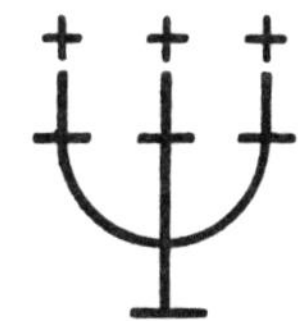

MUSIK MAGIE MYSTIK

Schutzumschlag von Prof. Walter Bergmann, Berlin

Gesamtherstellung Otto W. Zluhan, 7120 Bietigheim-Bissingen

FRITZ STEGE

MUSIK
MAGIE MYSTIK

DER LEUCHTER
OTTO REICHL VERLAG
ST. GOAR

Musica capitur omne, quod vivit,
quia anima coeli est!

Marcus Tullius Cicero

Meinen Töchtern

Helga und Silvia

Von der Musik wird alles erfasst, was lebt,
da sie die Seele des Himmels ist!

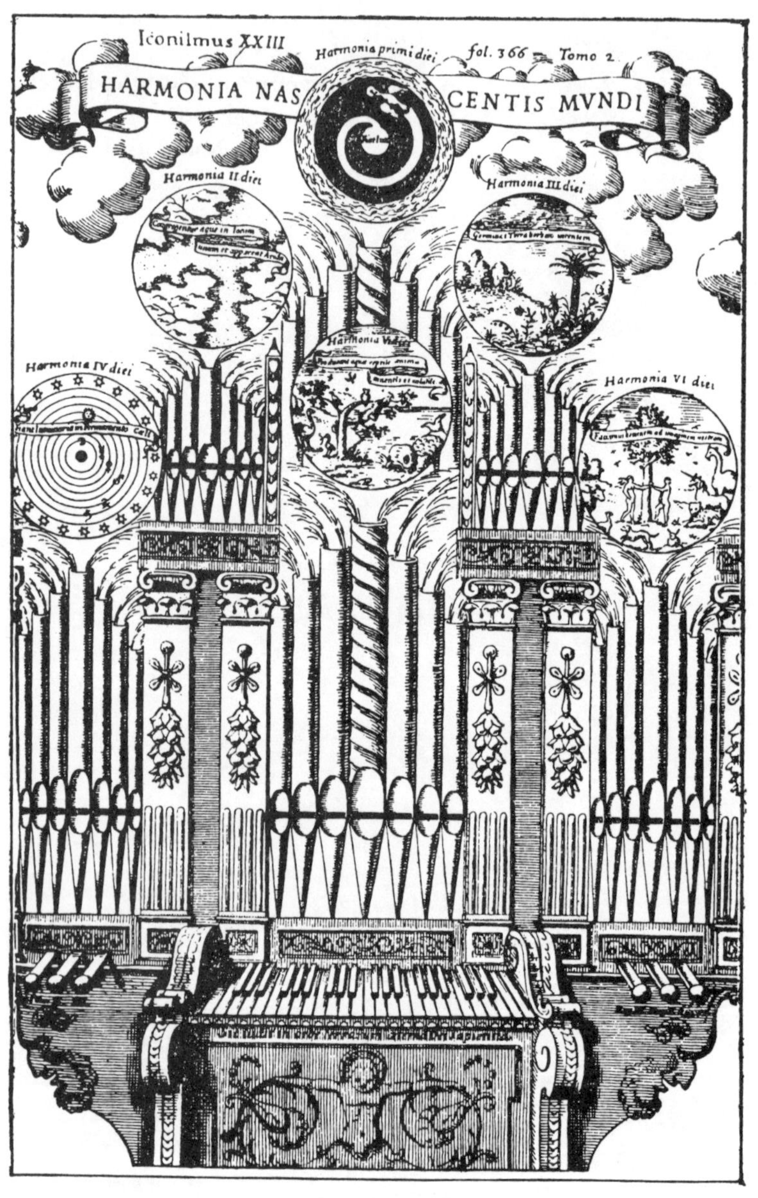

Die Harmonie der Weltschöpfung. *Facsimile aus A. Kirchers „Musurgia“*

Zum Geleit

Mehr als ein Menschenalter ist vergangen, seit ich mein Erstlingswerk unter dem Titel „Das Okkulte in der Musik“ (Musikverlag Ernst Bisping, Münster, jetzt Köln) der Öffentlichkeit vorlegte. Die freundliche Aufnahme dieses Buches in der wissenschaftlichen wie in der „okkulten“ Presse war für mich einigermaßen überraschend. Längere anerkennende Ausführungen von Prof. Dr. Müller-Blattau in der „Zeitschrift für Musikwissenschaft“, Zustimmungen im „Zentralblatt für Okkultismus“, Artikel in der österreichischen und englischen Presse bekundeten das rege Interesse der Fachwelt an dieser mit jugendlichem Übereifer geschriebenen Neuerscheinung.

Das Buch ist inzwischen vergriffen, der Rest durch Kriegseinwirkungen zerstört, gelegentlich auftauchende Exemplare werden im Antiquariat hoch bewertet. Das Thema selbst beschäftigte mich mein Leben hindurch und fand seinen Niederschlag in zahlreichen Artikeln (siehe Anhang) und Vorträgen: in der Wiesbadener „Goethegesellschaft“, in hessischen Volkshochschulen (Wiesbaden, Gr. Gerau, Limburg), besonders auf der dreizehnten Jahrestagung der „Hermann Keyserling Gesellschaft für freie Philosophie“ unter Beteiligung des In- und Auslandes im Wiesbadener Kurhaus. Mein Thema, das auch von der auswärtigen Tagespresse aufgegriffen wurde, lautete: „Die Transzendenz der Tonkunst und der Mensch.“

Die heute vorliegende Schrift hat keinerlei Beziehungen zu meinem oben erwähnten Werk — mit Ausnahme einiger übernommener Quellen. „Musik Magie Mystik“ ist vollkommen neu geschrieben unter Einbeziehung neuer Quellen und unter erweiterten Gesichtspunkten. Auch der mißverständlich aufgefaßte Titel „Das Okkulte in der Musik“ wurde fallen gelassen. So konnten „The Musical Times“ über das „able and on the whole very clear“ geschriebene Buch zu der Ansicht gelangen, „that Dr. Stege's book throws more light on occultism than it does on music.“ Mein Bestreben gilt jedoch nicht der Vermehrung einer mitunter fragwürdigen okkultistischen Literatur, vielmehr wollte ich das ominöse Wörtchen lediglich im buchstäblichen Sinne als das „Verborgene, Geheime“ aufgefaßt wissen. Diese auch heute noch von mir vertretene Ansicht dürfte zugleich als Erklärung dafür dienen, daß dieses Buch keine neue Musikästhetik darstellt, sondern im Gegenteil jene verborgenen, geheimen Beziehungen der Seele zu Magie und Mystik darzustellen sucht, denen der Musikästhetiker im allgemeinen scheu aus dem Wege zu gehen pflegt.

Es bleibt mir noch die angenehme Aufgabe, denen zu danken, die mich mit liebenswürdigen Hinweisen unterstützten. Es sind dies Freifrau Eleonore von Dungern, (Wiesbaden) Erste Vorsitzende der „Hermann Keyserling Gesellschaft für freie Philosophie“, Freifrau U. Geyr von Schweppenburg, geb. Freiin von Rheinbaben (Frankfurt), Verwaltungsrat Willy Schrödter (Montabaur), der mich unermüdlich mit Literatur versorgte, ganz besonders aber Herr H. v. Guilleaume (Remagen), mit dem ich mich tief verbunden fühle.

Möge das Buch unter einem günstigen Aspekt stehen und dazu beitragen, ein wenig Licht in die Welt der Vorurteile und des Materialismus zu bringen!

Wiesbaden, im Frühjahr 1961

Dr. Fritz Stege

INHALT

ERSTER ABSCHNITT

Musik des Lebens

ZWEITER ABSCHNITT

Musik des Kosmos

INTERMEZZO I: „HARMONIE DER SPHÄREN“

DRITTER ABSCHNITT

Magische Musik

INTERMEZZO II: „MEDIA VITA IN MORTE SUMUS“

Erster Abschnitt

MUSIK DES LEBENS

Töne schwingen durch den Himmelsraum. Unendlichkeit wird Klang, das Weltall ruft.

Ein Ton — und Sonnengewalten schleudern ihn auf die glühende Bahn der Weltzeugung. Nebelmeere trinken ihn in feurige Tiefen, betten ihn in den Brand flammender Schöpfungssehnsucht.

Das Weltall ruft — Urkraft des Werdens wird Gestalt, vollendet sich im Raumkreis der Kugel. Klingende Lohe braust aus dunstigen Gluten.

Gestirne paaren sich, Vernichtung gebiert Leben. Der kreisende Reigen kosmischer Fackeln ordnet sich im Ton. Aus Urgründen gleitet der Sonnentanz im geschwisterlichen Chor der Wandelsterne. Singende Weltenseelen schweben, schwinden nach dem Geheimnis ihrer Sendung. Eine Orgel ist das All, Heimat der Harmonie.

Da verblaßt der singende Glanz, da tönen leiser die unendlichen Weisen des Schöpfungschorals. Auf trägen Schwingen taumelt das Licht, matt drehen sich die Sphären, an denen die Sterne wie goldene Notenköpfe haften. An unsichtbaren Saitenhaltern schwingt die Kette der Gestirne über einem Geigensteg, dessen Wirbel dem Jenseits entragt. Die unhörbaren Klänge des kosmischen Tonwerkzeuges werden Wirklichkeit, wenn sich der Schall im Resonanzkörper der Erde verdichtet. Jetzt greift eine Hand aus der Unendlichkeit und faßt nach dem Geigenwirbel. Da straffen sich die müden Saiten, da brausen die Sphären im Jubelchor, erneut künden die Welten das ewige Gesetz göttlicher Harmonie.*

In der brennenden Tiefe des Erdenschoßes ruht der Ton. Er wacht im Glutbett der Vulkane, im Urkampf der Elemente, die sich in klingender Lust vermählen. Im Eigenklang der

* Man vergleiche hierzu Robert Fludds „Weltmonochord“. (Bildbogen S. VI)

Steine kreist der Ton, in der zarten Stimme des Sandes, in den Lebenssäften der ersten Pflanzen. Den die Erde im Geschwisterreigen der Sterne sang, er tönt in hundertfältiger Feinheit aus jedem Schöpfungslaut. Wälder, ernst und edel, wuchern zu Himmelshöhen und sinken zu Staub — ihr Werden und Vergehen ist Ton. Dank der Gräser an das Licht ist Ton. Gletscher graben ihr Felsenbett, Wogen der Vernichtung rollt die Sintflut, Stürme peitschen über die Erde — ihr Walten ist Ton.

Donner ist den Stimmen der Riesenechsen verliehen, mit hellem Laut aus zahnbewehrtem Raubtierschnabel grüßt der Urvogel die Sonne. Mensch und Tier ringen um die Herrschaft — im Herzen den Rhythmus der Natur.

Sehnsucht nach Vollendung lenkt den Ton ins Menschenreich. Naturgläubigkeit bereitet ihm den Weg, grüßt in Demut den Gesandten himmlischer Harmonie. In das Gehäuse einer Schnecke schlüpft er, lehrt die Menschen, ihn im dröhnenden Laut des ersten Horns zu suchen. Im Weidenrohr verbirgt er sich, im Bambus, und aus der Flöte zwitschern Vogelstimmen. Die schwirrende Saite der Bogenwaffe adelt er, führt die Aufhorchenden an die Wiege der Harfeninstrumente. Die Erde singt, Weltzeugung spiegelt sich im Klang, Musik vermählt sich mit dem Jubelchor der Sphären.

Jahrtausende sind ein Tag, der mit tönendem Dank den Lauf der Sonne segnet. Städte wachsen, Mauern verriegeln die Natur, steinernen Wänden klagt der Ton seine Einsamkeit. Erzählt vom Orgellaut des Windes und der Wälder, von rieselnden Quellen, vom zärtlichen Klingsang fallender Regentropfen — die Menschen verstehen ihn nicht mehr. Mit Götzenkult ertöten sie seine Gottheit, zu Frondiensten herzloser Eigensucht versklaven sie ihn, verlachen die Gesetze der Natur. Ins Licht feiler Rampen zerren sie ihn, sich an seiner Scham zu weiden. Zu Schaustücken unkünstlerischer Niedrigkeit zwingen sie ihn. Die Seele weint, laut klagt der Ton seine Qual zum Himmel, zur Heimat aller Harmonie.

Da greift aus der Unendlichkeit erneut die Feuerhand, zürnend ballt sie sich um den Geigenhals. Der Wirbel knirscht, Urkraft spannt die schwankenden Saiten, drohend donnern die Gestirne im Gleichklang des Weltenrhythmus. Mauern stürzen, im Flammenrausch verzehrt sich die Musik des Hirns, grollend kehrt der Ton heim in die klingende Nacht seiner Wälder.

Verstummt ist das Lied, verödet der Saal, die Instrumente haben ihre Seele verloren. Die Menschen haben das Singen verlernt, leer ist das Herz, dumpf der Blick. Den Ton, der ihnen Glück und Trost genommen — ihn suchen sie zu versöhnen.

Narrentrachten schlingen sie um verhärmte Körper, Narrenschellen schmücken die Gewänder, im Narrentanz buhlen sie um den Ton. Blechern der Klang ihrer Klingeln, Schreien ihr Lachen, Stampfen und Toben ihre Fröhlichkeit.

In Bußgewänder hüllen sie sich, Geißel peinigt den Leib, Bittgesänge sollen den Ton beschwören. Rauhen, liedentwöhnten Kehlen entringt sich heiseres Heulen, als klagten Wölfe zur Nacht. Entsetzt zerreißen sie die Kutten, erneut verschließen sie sich im steinernen Gefängnis.

Kinder, in der Armut ihrer Stille aufgewachsen, rufen zum letzten Bittgang. Ernst verschließt Lippen, die nie den Zauber des Liedes gekannt, Schwermut bedrängt Seelen, die niemals Trost im Klang gefunden. Schweigend, in heiliger Einfalt der Herzen, schreiten weiße Reihen aus der steinernen Wüste dem Wald, dem Rauschen der Wipfel entgegen. Der Atem der Natur löst die Zungen, verschütteten Tiefen entquillt das Lied, zaghaft und ungläubig erst, jauchzend dann in jubelndem Dank. Tränen der Freude künden die Heimkehr ins klingende Reich.

Verstohlen sind die Älteren, Zeugen der Versöhnung, dem Kreuzzug der Herzen gefolgt. Dem verschlossenen Schrein entreißen sie verstaubte Instrumente, Lauten und Geigen, Flöten und Harfen, heben sie ans Licht der Sonne, auch ihre Stimmen segnet der Ton. In frohem Reigen gleiten junge Füße über blumige Wiesen, Wanderlieder blühen aus grauen Straßen, Musik weckt das Echo der Berge und Burgen, der Heime und Höfe, in denen sich Jugend im Lied vereint. Gesang grüßt den Wechsel des Tages, der Jahreszeiten. Im Klang vermählt sich der Ton dem gläubigen Herzen, singt der Mythos der Natur — im Einklang rauschen die Harmonien des Himmels und der Erde. Die Hand, die das Welteninstrument in Stimmung hält, darf von schwerer Arbeit ruhen.

Dichterische Phantasie? Gewiß — sogar die Fieberphantasien eines todkranken Musikers, die meinem Roman „Aber abseits, wer ist's?“ entnommen sind. Wer aber nach der Einsichtnahme in die vorliegende Arbeit nochmals die ersten Seiten aufblättert, dürfte kaum noch Zweifel an dem Wahrheitsgehalt dieser Phantasien hegen. Selbst wenn es auch an Unwahrscheinlichkeit grenzen mag, den „Ton“ zu personifizieren, ihm eine Machtbefugnis über das menschliche Leben zuzuschreiben, über Geist und Materie, über alles Geschaffene in selbstschöpferischer Kraft. Das würde bedeuten, daß unser gesamtes Dasein vom „Ton“ durchklungen wird, daß unsere Lebensweise von Klanggesetzen bestimmt wird, deren Aufgabe in der Vereinigung der Menschheit zu volltönender „Harmonie“ besteht.

Es gibt eine eigenartige Strophe von Eichendorff:

„Schläft ein Lied in allen Dingen,
die da träumen fort und fort,
und die Welt hebt an zu singen,
triffst du nur das Zauberwort.“

Und ein nicht minder seltsames Bekenntnis von Friedrich Schlegel — Motto der Klavierphantasie von Robert Schumann:

„Durch alle Töne tönet
im bunten Erdentraum
ein leiser Ton, gezogen
für den, der heimlich lauschet.“

Wieder begegnet uns hier der Glaube an den „Ton“, der durch alle anderen Töne hindurchtönt, der den ganzen „bunten Erdentraum“ durchzieht, der als Lied in allen Dingen schläft und nur darauf wartet, von uns geweckt zu werden mit dem

Zauberwort der Erkenntnis — hörbar allerdings nur für den, der „heimlich zu lauschen" versteht.

Christian Morgenstern hat dem „Urton" ein Gedicht gewidmet: „Das Spiel der Formen, Farben und Töne durchbrummt unaufhörlich, beherrscht fürchterlich-unerfaßlich der tiefe Urton." Nun — Dichtungen besitzen für denjenigen keine Beweiskraft, der sie nicht als „Ver"-Dichtungen von Erkenntnissen anzusehen vermag und Johann Georg Haman widersprechen zu können glaubt, der Poesie als eine natürliche Art der Prophezeiung bezeichnete. Aber dieser Glaube an den „Urton", an den „Grundton des Lebens", über den Graf Hermann Keyserling wertvolle Worte gefunden hat (1), oder den „abstrakten" Ton, der unser ganzes Leben durchzieht, ist keineswegs eine Eingebung der deutschen Romantik. Er wird bereits in den indischen Veden erwähnt und „Anahad" genannt, das bedeutet „unbegrenzter Ton." Der Meister der Sufi, der mystischen Sekte des Islam, Inayat Khan, hat dem „abstrakten Ton" ein ganzes Kapitel gewidmet (2). Es lohnt sich, auf seine Gedankengänge einzugehen.

„Der abstrakte Ton wird durch die Sufis ‚Saute Surmad" genannt, der ganze Weltraum ist davon erfüllt. Die Schwingungen dieses Lautes sind zu fein, um den materiellen Augen oder Ohren sichtbar oder hörbar zu werden ... Es war ‚Saute Surmad', der Ton des Abstrakten, den Mohammed in der Höhle von Gare-Hira hörte, als er in sein göttliches Ideal aufging, der Koran spricht in diesem Tone: ‚Werde, und alles ward'. Moses hörte denselben Ton auf dem Berg Sinai, als er mit Gott in Verbindung war, und das gleiche Wort wurde Jesus Christus offenbar, als er mit seinem himmlischen Vater in der Wildnis vereint war. Shiva hörte den gleichen Anahad Nada während seines Samadi in der Höhle des Himalaya. Die Flöte des Krishna ist das Zeichen dieses Tones, sinnbildlich dargestellt. Dieser Ton ist die Quelle aller Offenbarung, die den Meistern von innen her gegeben wird ... Wer das Geheimnis der Töne kennt, kennt das Mysterium des ganzen Weltalls." (a. a. O. S. 84).

Dann geht Inayat Khan auf die ethische Bedeutung des abstrakten Tones ein, der alle, die ihn hören und darüber meditieren, von Nöten, Ängsten und Krankheiten befreit. Um ihn zu vernehmen und ihn in ihrem Innern zu erwecken, blasen Yogis und Asketen „Singh", ein Horn, oder „Shanka", eine Muschel. Dem gleichen Zweck dienen Glocken und Gongs, ferner die Doppelflöte der Derwische. „Je mehr ein Sufi dem Ton des Abstrakten lauscht, desto mehr wird sein Bewußtsein von allen Begrenzungen des Lebens befreit. Die Seele schwebt in Ruhe und Frieden über dem physischen, wie auch über dem geistigen Plan . . . "

Mag man den Ton, der unseren „bunten Erdentraum" durchtönt, anerkennen oder ablehnen, ihn als Realität oder als Symbol auffassen, in ihm den Ursprung oder die Erfüllung alles musikalischen Geschehens erblicken — er zwingt unsere Aufmerksamkeit auf unserem Weg zu höheren Erkenntnissen, die in ein „abstraktes", in ein transzendentes Tongebiet hinter der akustisch wahrnehmbaren irdischen Wirklichkeit hineinreichen. Er wird unser Begleiter sein und die folgenden Seiten unserer Betrachtung durchtönen, wenn wir die „Musica humana", die musikalischen Proportionen menschlicher Wesenhaftigkeit und ihr Verhältnis zur musikgebundenen Umwelt der Natur untersuchen — wenn wir in kosmische Sphären einer „Musica mundana" vordringen und zuletzt zur irdischen Klangwelt zurückkehren, um nochmals die Frage nach einer Realexistenz des abstrakten Tones aufzuwerfen. (vgl. Bildbogen)

Er begegnet uns bereits wieder beim Problem des tönenden Urgrundes, dem alles Leben entquillt. Über die Grundtöne des Lebens hat der geistvolle, an Anregungen reiche Hermann Keyserling wohl das Sinnvollste geschrieben, das zu diesem Thema zu sagen ist (1):

„Die Grundtöne des Lebens bewußt als solche anzuschlagen, ist die historische Aufgabe, die sich der Menschheit heute stellt. Durch allen Melodienwandel hindurch waren jene zu allen Zeiten die gleichen. Aber noch nie wurden sie allein vernommen, sie erschienen unlöslich verquickt mit bestimmter Melodie. Die heutigen Menschen, die alle überkommene verworfen haben, hören jene überhaupt nicht mehr. Ihr Ohr ist durch das Wirrsal dissonierender Gassenhauer beirrt. So müssen sie zunächst die Grundtöne hören lernen. Dies ist die eine Voraussetzung jeder Neuharmonisierung, denn wenn sich das Zeitlich-Wandelbare nicht auf das Ewige abstimmt, wird aus dem Chaos nie wieder ein Kosmos werden. Lernen die Menschen indessen jene unmittelbar vernehmen, vernehmen sie schließlich gar die, deren Abgrundtiefe sie bisher überhören ließ, dann steht ihnen eine Zukunft voll unerhörter Versprechen und Erfüllungen bevor. Die Stürme dieser wilden Zeiten zu beschwören liegt in keines Einzelnen, auch in keiner Gemeinschaft Macht. Aber ein anderes kann geschehen, und das genügt: wir können inmitten des Sturms jahraus, jahrein in mächtigen, reinen Glockenschlägen die Grundtöne erschallen lassen, unbeirrbar und unbeirrt durch alles Gekreisch und Geheul. Indem dann der Sturm sich langsam legt, wird der Ruf aus der Tiefe immer lauter und durchdringender erklingen. Was zuerst nur die nächsten vernahmen, werden zuletzt die fernsten hören. Ein immer gewaltigeres Echo wird er in den Seelen finden, unaufhaltsam zuletzt zu deren persönlichem Grundton werden. Dann aber werden die neuen Melodien, die sich in reichster Fülle bilden werden, sich selbstverständlich auf das bewußt erfaßte Ewige abstimmen."

In diesen letzten Worten dürfte der Schlüssel zu einer von Keyserling so eindringlich angemahnten Neuorientierung des irdischen Musiklebens zu finden sein, wenn sich die Seele auf das „bewußt erfaßte Ewige" abstimmt. Das bedeutet: sich bewußt zu werden der verlorenen Zusammenhänge zwischen Endlichem und Ewigem — die empfangsbereite Harfe der Seele einzustimmen auf die Harmonien des Kosmos. Dann „rauschen wieder im Einklang die Harmonien des Himmels und der Erde", hieß es vorhin in der vorausgeschickten kleinen „Phantasie". Bewußt werden — das bedeutet: das Wissen um die

Musik des Lebens wiederzuerlangen, Intuition und Ahnung mit der Leuchtkraft des urteilenden Verstandes zu verbinden, so schwierig auch mitunter die letzliche Klärung dieser Fragen erscheinen mag, so verschwimmend auch die übergangslosen Grenzen zwischen einer diesseitigen realen Klangwelt und einem jenseitigen irrealen, transzendenten Tonreich sein mögen.

Ist zunächst einmal der „persönliche Grundton", den Keyserling in offenbar übertragenem Sinne als den „Ruf aus der Tiefe" auffaßt, eine Realität oder ein Symbol? Dr. Guenther Wachsmuth hat sich mit dieser Frage befaßt (3, S. 204 ff.). Er weist darauf hin, daß jeder Körper gleichsam verdichteter Ton ist, „daß er übersinnlich in einem ganz bestimmten Ton erklingt, der sich aus seiner inneren Kräftespannung und -struktur ergibt." Das ist der „individuelle Grundton" oder die „individuelle Prim." Nach seiner Meinung ist der Mensch auf einen bestimmten Grundton gestimmt, zu dem jeder Ton der Außenwelt ein Intervall bildet. Das Intervallverhältnis des Eigentons zu den Vielklängen der Umwelt entscheidet über unsere Einstellung zu Menschen, Tieren, Pflanzen — als „Harmonie" oder „Disharmonie". Es sind viele kluge Gedanken, die Dr. Wachsmuth ausbreitet: „Je mehr der Mensch sich individualisiert, umso weniger gibt die objektive „Weltseele" den Grundton an, umsomehr hat die zukünftige Harmonie als einzigen Grundton, als einzige Prim den Primton der Individualseele, den der einzelne Mensch von sich aus bildet. In diesem Sinne sind Tier, Pflanze, Mineral ‚rezeptiv akkordbildend' . . . " Ein Fehlschluß dürfte aber vorliegen, wenn der Verfasser einem unmusikalischen Menschen mit einem „in der Tonhöhe auf- und niederschwankenden Grundton" die Fähigkeit abschreibt, zu den Harmonien musikalischer Menschen ein „Verhältnis" zu gewinnen. Es gibt niemanden, der nicht von irgend einem, selbst primitiven Klangerlebnis berührt, seine „Musikalität" unter Beweis stellt, und der wirklich amusisch-Unmusikalische ist eine abnorme pathologische Erscheinung. Sollte nur der „Musikalische" dazu befähigt sein, in seinem Verhältnis zur Umwelt

„akkordbildend" aufzutreten? Das wäre eine doch recht äußerliche Auffassung vom „Grundton des Lebens", der nicht allein von der musikalischen Veranlagung eines Menschen in gewohntem irdischem Sprachgebrauch abhängig ist. Hier äußern sich bereits die Gefahren einer Verquickung von realen und transzendenten Tonwelten. Ebenso bei der Frage nach einer Lautbarmachung des individuellen Grundtons. Dr. Wachsmuth verweist (a. a. O. S. 205) auf Rudolf Steiner, der „ganz trivial" den Eigenton hörbar machen will, wenn man den angespannten Oberarmmuskel ans Ohr bringt mit fest ans Ohr gepreßtem Daumen. „So sind wir musikalisch durchdrungen und leben es aus in unseren Muskelbewegungen." Wenn's weiter nichts ist ... Denken wir doch eher an die „Musik der Stille", die aus dem Seelen-Innern aus uns herauftönt, wenn wir absolutes Schweigen bewahren. Es gibt keine absolute Lautlosigkeit — und wenn alles rings um uns verstummt, beginnt die Stimme des Blutes zu singen — das Lied unserer Eigentöne. H. P. Blavatsky (4, S. 509) hält es mit den Nerven. „Das menschliche Nervensystem als ein Ganzes kann als eine Äolsharfe betrachtet werden ... Wenn diese Nervenschwingungen stark genug gemacht und in Schwingungsbeziehungen mit einem astralen Element gebracht werden, so ist das Ergebnis: Ton." — Und das sogenannte „Ohrenklingen", das selbstverständlich auf billige Weise eine physiologische Erklärung durch spontane Reizungen im Gehörsorgan finden kann, ohne daß dadurch die tieferen Ursachen dieser Erscheinung begründet werden? Es ist ein heller, nur subjektiv wahrnehmbarer Eigenton von verschiedener Tonhöhe, unvermittelt in seinem Auftreten. Der Volksmund glaubt an Telepathie: „Es denkt jemand an mich." Das Klingen des rechten oder linken Ohres soll erkennen lassen, ob jemand gut oder schlecht von einem denkt. Nach anderer Sitte soll man beim Einsetzen des Tones langsam die Buchstaben des Alphabetes aufzählen. Er verstummt, sobald der Anfangsbuchstabe desjenigen erscheint, der einem seinen Gedankengruß sendet. Dieser Aberglaube ist ein hinlänglicher Beweis dafür, wie sehr sich die Volkspsyche mit den menschlichen „Eigentönen" beschäftigt. Ob aber damit das Geheimnis des individuellen Grundtons gelöst ist, sei dahingestellt.

Mit dem „Eigenton" — mit der „Einstimmung" der Individualseele auf den ihr adäquaten Ton der Umgebung, der zu ihr das rechte „harmonische" Intervall bildet, mag auch die nachfolgende tiefsinnige armenische Volksfabel zusammenhängen. Sie stand in der „Lesestunde", Zeitschrift der „deutschen Buchgemeinschaft", Darmstadt, Heft 2, Mai 1960.

„Ein Mann besaß ein Cello mit einer Saite, über die er den Bogen stundenlanng führte, den Finger immer auf der gleichen Stelle haltend. Seine Frau ertrug dieses Geräusch sieben Monate lang in der geduldigen Erwartung, daß der Mann entweder vor Langeweile sterben oder das Instrument zerstören würde. Da sich jedoch weder das eine noch das andere dieser wünschenswerten Dinge ereignete, sagte sie eines Abends, wie man glauben darf, in sehr sanftem Ton: „Ich habe bemerkt, daß dieses wundervolle Instrument, wenn es andere spielen, vier Saiten hat, über welche der Bogen geführt wird, und daß die Spieler ihre Finger ständig hin und her bewegen."

Der Mann hörte einen Augenblick lang auf zu spielen, warf einen weisen Blick auf seine Frau, schüttelte das Haupt und sprach:

„Du bist ein Weib. Dein Haar ist lang, dein Verstand kurz. Natürlich bewegen die anderen ihre Finger beständig hin und her. Sie suchen die richtige Stelle. Ich habe sie gefunden."

Über die „Grundmelodie der Seele" fand auch Joseph von Eichendorff sinnvolle Worte in seinem Roman „Ahnung und Gegenwart." Die beiden Freunde Friedrich und Leontin beobachten aus der Ferne ein Tanzvergnügen und unterhalten sich über das „schauerliche und lächerliche Schauspiel", wenn Musiker spielen und Menschen tanzen, ohne daß man einen Laut der Musik vernimmt. „Und hast du dieses Schauspiel nicht im Grunde täglich?," entgegnete Friedrich. „Gestikulieren, quälen und mühen sich nicht überhaupt alle Menschen ab, die eigentümliche Grundmelodie äußerlich zu gestalten, die jedem in tiefster Seele mitgegeben ist, und die der eine mehr, der andere weniger, und keiner ganz auszudrücken vermag, wie sie ihm vorschwebt? Wie weniges verstehen wir von den Taten, ja selbst von den Worten eines Menschen!" — „Ja, wenn sie erst Musik im Leibe hätten!", fiel ihm Leontin lachend ins Wort. „Aber die meisten fingern wirklich ganz ernsthaft auf Hölzchen ohne Saiten, weil es einmal so hergebracht ist und das vorliegende Blatt heruntergespielt werden muß; aber das, was das ganze Hantieren eigentlich vorstellen soll, die Musik selbst und Bedeutung des Lebens, haben die närrisch gewordenen Musikanten darüber vergessen und verloren."

Mit dem Dichter vereint sich auch der Wissenschaftler auf der Suche nach den rätselvollen „Eigentönen." Hier ist es der französische Physiker Joseph Sauveur (1653-1716), der bei seiner Methode zur indirekten Bestimmung der absoluten Tonhöhe dieses noch unerschlossene Geheimnis berührte: „Er beweist, daß aus der genauen Bestimmung der Tonhöhe bei Glokken deren relative und absolute Gewichte ableitbar sind, daß sich ebenso daraus die Schwingungszahlen der Stimmbänder beim Singen und die der Lippen beim Blasen und Pfeifen ableiten lassen, daß ferner alle Eigentöne mittönender Resonanzkörper — Instrumententische, Vasen, Hohlräume des menschlichen Körpers — und selbst die kaum wahrnehmbar kleinen Intervalle des Vogelgesanges dadurch erkannt werden können." Hieran knüpft er folgende Schlüsse: „Die Kenntnis der Eigentöne alles auf der Erde Existierenden und ihrer Veränderungen würde nicht nur die Erkenntnis des Wesens des Menschen und seiner wechselnden Zustände, sondern auch die der Tiere und aller sonstigen irdischen Erscheinungen erleichtern; hätte das Altertum schon die Eigentöne der Dinge fixieren können, so würden wir heute wissen, wer die Alten waren und welches die wichtigsten Vorgänge während ihrer Existenz gewesen sind!" Hermann Scherchen, der Sauveurs Theorien zitiert neben anderen wichtigen Aussprüchen französischer Enzyklopädisten wie Fontenelle: „Die Betrachtung der Zahlenverhältnisse repräsentiert und drückt die ganze und einzige Musik aus, welche die Natur selbst uns liefert", findet beherzigenswerte Worte wie: „Das Wesen der Musik untersuchen heißt: das Wesen des Menschen neu erörtern!" Und: „Die Musik befreit den Menschen von der Angst vor der Vergänglichkeit: sie ‚erfüllt die Zeit', indem sie das Geheimnis des Lebendigen in uns hineinträgt." (150, S. 215).

Ist die vorhin erwähnte „Musik der Stille" als Vorbedingung für das Ertönen des Eigenklangs nur ein Phantom, ein Mythos? Walter F. Otto schreibt (156, S. 11): „Die Stille der Natur ist ja kein leeres Schweigen, so wenig wie die Ruhe Bewegungslosigkeit ist. Die Stille hat ihre eigene wundersame Stimme: das ist die Musik. Wenn Pan die Flöte bläst, tönt das urweltliche Schweigen. ‚Schön singend' wandeln die Nymphen über das Gebirge. (Kypr. fr. 4 K). Sie wandeln, ihr Schreiten und Tanzen ist Musik, lautloses Tönen der Glieder in der Bewegung." Singen und Sagen ist für Walter F. Otto eine „Verständigung mit dem Sein der Dinge selbst" — eine „übersinnliche Stimme, dem inneren Ohr allein vernehmbar." Tonfolgen und Harmonien sind „die eingeborene Stimme aus dem Wesen der Welt." (156, S. 84 ff.)

Stehen diese tiefgründigen Äußerungen auch nicht im Zusammenhang mit dem noch ungelösten Problem des menschlichen „Eigentons", so erscheinen sie doch wertvoll genug, um an dieser Stelle angeführt zu werden und als Brücke zu weiteren Erkenntnissen zu dienen, die sich aus den nachfolgenden späteren Betrachtungen ergeben.

Wichtig erscheint uns die Frage nach den verborgenen Gegebenheiten musikalischer Art, auf denen unser gesamtes Leben basiert. Die philosophische Literatur ist reich an Nachweisen unmittelbarer Beziehungen zwischen Musik und Mensch in seinem Lebenskreis. Der Naturalismus des 18. Jahrhunderts, der in der Ästhetik eines J. H. v. Kirchmann, eines Friedrich von Hausegger fortlebt, bedarf einer Erneuerung, sofern er in richtiger Erkenntnis auf den Urgründen, den Urtönen aufbaut — und einer Ablehnung, wenn er sich in allzu verstandesmäßigen Folgerungen von ihnen entfernt. Die zunächst maßgeblichen Elemente der inneren Verbindung zwischen Musik und Leben sind Spannung und Rhythmus. Diese Musikbegriffe sind der menschlichen Natur gemäß. Rhythmus äußert sich nicht im Schritt, wie Hausegger meinte, weil ihm das Element der Spannung fehlt. Spannung liegt im Atemprozeß, im Füllen der Lunge und im entspannenden Ausatmen — ein Vorgang, der zum ersten melodischen Aufschrei der Freude, zum Juchzer und späteren Jodeln geführt hat. Rhythmus spricht aus den Spannungen des Herzschlags mit der Verschiedenartigkeit seiner Schwingungen — die Diastole ist etwa drei- bis viermal länger als die Systole. Spannung und Rhythmus sind Bewegungsvorgänge — in der Musik wie im Leben. Gestaltungskräfte der Musik sind Bewegungskräfte des Lebens: Hinter dem musikalischen Rhythmus stehen die Triebkräfte des Lebens. Ihre wachsende Intensität und Kompliziertheit spiegelt sich in der Polyrhythmik der Kunst (Jazz z. B.), die Entwicklung menschlicher und musikalischer Triebkräfte verläuft proportional. Harmonie ist die Bindekraft des Lebens, die Gegensätze überbrückt und Gemeinsames vereint. „Harmonische" Bindungen einzugehen ist Sinn und Ziel der Menschheit wie der Musik. Melodie, das dritte Grundelement der Musik, ist die Kraft der subjektiven Aussage im Leben — sie ist Verkörperung und Offenbarung der Individualität. Hätte sich die Philosophie des Naturalismus mit diesen Feststellungen begnügt, so wären ihr in ihren weiteren Folgerungen manche Irrwege erspart geblieben. Unsere Philosophie der musikalischen Transzendenz erblickt in allen diesen Merkmalen der Verbundenheit von Musik und Leben nicht Ursachen und Urtatsachen, die zur Entstehung der irdischen Musik geführt haben, sondern Wirkungen höherer geistiger Ordnungen, die in kosmischen Regionen beheimatet sind. Darüber weitere Ausführungen in den folgenden Abschnitten. Versuchen wir es um der Anschaulichkeit willen mit der Aufstellung eines Schemas:

Der abstrakte Ton

Das kosmische Prinzip	Das tellurische Prinzip
Bindekraft	Harmonie
Triebkraft	Rhythmus
Aussagekraft	Melodie

Spannung — Bewegung

Der vorhin erwähnte Atem als Naturvorgang im Zusammenhang mit dem musikalischen Rhythmus bedarf noch einer ergänzenden Betrachtung — jener Atem, dessen Mystik Rainer Maria Rilke in seinen „Sonetten an Orpheus“ dichterisch so tief erfaßt hat: „Atmen, du unsichtbares Gedicht! Immerfort um das eigene Sein rein eingetauschter Weltraum. Gegengewicht, in dem ich mich rhythmisch ereigne.“ In einer anonymen Schrift, die sich mit „Radiästhesie“ befaßt (Empfindsamkeit für unsichtbare Strahlungen, die mittels eines Pendels wahrgenommen werden) erscheinen seltsame Beziehungen zwischen Atem, Ton und — der Zahl 25 920. Das ist die Zahl der Jahre, die die Sonne braucht, um bei ihrem Umlauf durch den Zodiakus (Tierkreis) abermals den Frühlingspunkt zu erreichen — die sogenannte „Präzessionszahl.“ Sie setzt sich zusammen aus 360 mal 72. Die Zahl 360 entspricht der Gradeinteilung des Kreises und dem verkürzten Jahr mit 360 Tagen. 72 ist die Zahl der Pulsschläge eines normalen Menschen in der Minute, in der er achtzehnmal atmet. Das macht am Tage 18 mal 1 440 Minuten — und das ergibt wiederum 25 920. Diese Zahl 1 440 — sie erscheint abermals, wenn wir einen Kreisgrad von vier Minuten mit 360 multiplizieren. Demnach verhalten sich die Kreisgrade zu den Zeitpunkten wie der Atem zum Pulsschlag. Die genannte Zahl 72 gilt den Hindus als Symbol des Menschenlebens, dessen Durchschnitt auf 72 Jahre festgelegt wurde. Und das ergibt — wieviel Tage? Wiederum genau 25 920. Und wie steht es mit dem verkürzten Jahr von 360 Tagen? Wann müssen wir ein Jahr zulegen, damit wir auf die Zahl von 365 Tagen kommen? Nach — 72 Jahren. Und dann gibt es wieder Zusammenhänge zwischen 25 920 und dem Ton des Normal-A. „Klingt ein bestimmtes A eine Sekunde lang, dann schwingt der Tonerzeuger 432 mal (ein indisches Tattwa = 432 Atemzügen) — eine Minute lang, dann 25 920 mal. Das um zwei Oktaven tiefere A wird in vier Minuten 25 920 mal schwingen (4 Minuten = 1 Grad der Erdrotation). Also letzten Endes besteht e i n e B e z i e h u n g z w i s c h e n A t e m u n d T o n." (81, S. 92 ff.)

Es wäre voreilig, wollte man diese und andere Zahlenverhältnisse, die uns noch später beschäftigen werden, als spielerische Ergebnisse müßig spekulativen Denkens kurzerhand ablehnen. Einer solchen irrigen Auffassung müßte der Musiker als Vermittler (Medium) zahlenmäßig meßbarer Schwingungen zu allererst entgegentreten und das gesetzmäßige Eigenleben der Zahl anerkennen. — Sollte man nicht doch geneigt sein, dem Sufi-Meister Inayat Khan beizupflichten mit seiner Behauptung: „Wer das Geheimnis der Töne kennt, kennt das Mysterium des ganzen Weltalls"?

Ein nicht minder wichtiges gemeinsames Prinzip ist das Gesetz der Polarität in Musik und Leben. Der Gegensatz von Dur und Moll wird im Leben gern mit dem „männlichen" und dem „weiblichen" Element verglichen — ob immer mit Recht, bleibe dahingestellt — und ihre naturgebundene „Entzweiung" und „Versöhnung" äußert sich auf musikalischem Gebiet im Wechsel von Dissonanz und Konsonanz. Schon S c h o p e n h a u e r macht zur „Metaphysik der Musik" (Band II der Griesebach-Gesamtausgabe) die Feststellung: „Eine Folge bloß konsonanter Akkorde würde übersättigend, ermüdend und leer sein, wie der languor, den die Befriedigung aller Wünsche herbeiführt. Daher müssen Dissonanzen, obwohl sie beunruhigend und fast peinlich wirken, eingeführt werden, aber nur um, mit gehöriger

Vorbereitung, wieder in Konsonanzen aufgelöst zu werden." „Je mehr der Mensch seinen Sinn fürs Leben künstlerisch ausbildet, desto mehr interessiert ihn auch die Disharmonie — wegen der Auflösung", heißt es in den „Fragmenten" des Novalis. Zweifellos steht Hermann Keyserling in seiner musikalischen Lebensphilosophie stark auf den Schultern Schopenhauers, erweitert und vertieft aber dessen Erkenntnisse besonders nach der ethischen Seite hin. In seinem Werk „Wiedergeburt" (5) erblickt er in der Harmonie die Notwendigkeit des Zusammenhängenden durch die zeitliche Entwicklung hindurch, in der Melodie die Verwirklichung einer Einheit in der Zeit. „Schicksal" — das ist die Melodienhaftigkeit des Lebens. Das Erlebnis ist ein Einzeltakt in der Melodie des persönlichen Lebens. „Aber jedes Einzelleben stellt seinerseits einen Einzeltakt dar in Melodien und Symphonien höherer Ordnung, und so mag es fortgehen bis zur Unendlichkeit." Keyserling vergleicht den zeitlichen Ablauf des Lebens mit dem entsprechenden Vorgang beim Erklingen einer Melodie. Wer aber mit seinem Bewußtsein im Grundmotiv der Musik zentralisiert bleibt, kann niemals enttäuscht werden. Denn wenn man auch den melodischen Zusammenhang des Lebens nicht kennt, so erlebt man doch jede Überraschung als sinnvoll. Wörtlich fährt Keyserling fort: „Hier wurzelt das Glück derer, die von Gott wissen und an seine Vorsehung glauben." Das bedeutet: Wer an die Kontinuität der Lebensmelodie mit allen ihren thematischen Varianten glaubt, gewinnt hieraus die Zuversicht, daß auch unerwartete Harmonien und grelle Dissonanzen notwendiger Bestandteil der Lebensmelodie sind, daß uns aber die Fähigkeit mangelt, sie im Zusammenhang des Ganzen zu überschauen, wie es allein dem Schöpfer der Lebensmelodie vorbehalten bleibt. — Dazu kommt noch für die Menschheit die Aufgabe, sich zu wandeln innerhalb derjenigen Melodie, die von den Menschen verkörpert wird, weil es zu seinem Wesen gehört, über jeden erreichten Zustand hinauszustreben. Und eine weitere Parallele: „Jede Melodie ist endlich, ihre Vollendung bedeutet zugleich ihr Ende, und auf einen Höhepunkt kann musikalisch sinnvoll nur Abklingen und Schweigen folgen. So fallen Liebe und Tod bei vielen Lebewesen zeitlich zusammen."

Die Anschauungen Keyserlings scheint auch Richard Benz zu teilen: „Wenn die Welt Musik ist, so ist sie notwendig nicht Dissonanz, sondern Harmonie: Dissonanz ist nur ein Durchgang zur Harmonie. Wenn die Abirrung vom Grundton, auf tausend Wegen, das unendlich mannigfaltige Streben des Willens bezeichnet, das im endlichen Wiedererreichen einer harmonischen Stufe seine Befriedigung findet, so muß notwendig auch das menschliche Leben und Streben, als solches, wenn es der musikalischen Melodie entsprechen soll, endlich Befriedigung und Glück, nicht ewig unbefriedigtes Wollen und Leiden in sich tragen. Es erscheint also als Wesen des Lebens und der Welt etwas anderes, als was Sinne und Vernunft sonst erkennen: es erscheint, im Erlebnis des künstlerischen Augenblicks, der Klang einer Weltharmonie, die, einmal erkannt, bejaht werden muß... Ein anderes muß den, der nur einen Klang der Weltenharmonie vernahm, beseelen: dieser Harmonie auch im unzugänglichen Leben der Erscheinung nachzuleben und nachzustreben; sie, wenn auch im Kampf gegen tausend irdische Mißklänge, so gut es geht, zu verwirklichen, aus irdischem Mißklang immer tiefer den himmlischen Einklang zu erlauschen und gegen alles scheinbar Wirkliche zu behaupten, heroisch immer wieder ins verhüllte, kurze Erdgeschehen den Geisteston ewiger Freude einzuwirken". (164, S. 72 ff)

Die Beziehungen zwischen Musik und Leben sind so zahlreich, daß an ihrer gemeinsamen Basis, an ihrem Ursprung in den gleichen Regionen einer höheren geistigen Ordnung kaum zu zweifeln ist. Musik entstand mit dem Leben, und das Leben mit der Musik. Es wäre verlockend, eine musikalische Harmonielehre auf geistig-biologischer Grundlage* zu verfassen, wenn

* Die erste umfassende praktische Einführung in die Musiktheorie liegt vor in den beiden Bänden „Mensch, Musik und Kosmos" von Anny von Lange (1956 Novalis-Verlag, Freiburg i. Br.). Sie führt zu einer Neuorientierung

wir an die musikalisch-menschliche Doppeldeutigkeit der Begriffe „Nachahmung", (Kanon — „canere" heißt nicht nur „singen", sondern auch „weissagen"), „Fuge" = Fuga („Flucht"), „Wiederholung" („Dacapo", die dreiteilige Arie als Lebensgesetz, wiederholte Themen der Sonatenform) und „Grundton" (zu dem jede Melodie zurückkehren sollte als Sinngesetz gleich dem Grundton des Lebens) denken. Und die „durchtönte" Person selbst? (lateinisch „per-sonare")

Vertraute musikalische Begriffe — sind sie nicht Spiegelbilder des alltäglichen Lebens? Erscheinen sie uns nicht als unmittelbare Übertragungen aus dem Leben auf die hohe Ebene der tönenden Kunst? Die *Fermate* als Schluß- oder Halte-Zeichen, das uns inmitten der Lebensbewegung zu einem Ruhepunkt kurzer Besinnlichkeit auffordert — die *Synkope*, die uns dazu verleitet, einmal uns innerlich aufzulehnen gegen den gewohnten Lebenstakt, der *Notenschlüssel*, der uns den Zugang zu unseren Lebenswegen „erschließt", die harmonische *Kadenz*, die unserer Lebensbahn ein Ziel setzt, der *„Trugschluß"*, die *„Modulation,"* die uns zwingt, auch einmal abgelegene Pfade einzuschlagen, und vieles andere — nicht zuletzt die *„Pause"* in Musik und Leben. Ihr Wert besteht darin, „schöpferisch" zu sein. Wie ist das zu verstehen? Wie läßt sich — als sprechendes Beispiel — die Identität von Musik und Leben anhand der Pause bis zu den letzten Konsequenzen erweisen?

Festlich gekleidete Scharen von Kunstfreunden ergehen sich im Erfrischungsraum der Theater, der Konzertsäle. Man will sehen und auch gesehen werden — man tauscht Grüße mit Bekannten aus und bespricht die empfangenen Eindrücke. Nach den geistigen und seelischen Genüssen verlangt auch der Körper nach einer Erquickung. Man findet Zeit, das Gehörte in sich nachwirken zu lassen und sich auf das Kommende einzustellen.

des Musikhörens, der Töne und ihrer Konstellationen unter kosmischen Gesichtspunkten auf anthroposophischer Grundlage. Als praktische Ergänzung zu meinen wissenschaftlichen Darlegungen sind die klug durchdachten, ebenso aufschlußreichen wie anregenden Werke sehr zu empfehlen.

Es ist der Ruhepunkt im Ablauf der künstlerischen Geschehnisse — die „Große Pause".

Würde man den Wert dieser Pause auch dann in gleichem Maße empfinden, wenn ihr keine geistig-seelische Anspannung vorangegangen wäre? Ist es nicht gerade die Pause, die uns wieder zu uns selbst zurückführt, nachdem vorher in hingebungsvollem Miterleben des Tonwerkes, der Bühnenvorgänge unser eigenes Ich ausgeschaltet war? Eine entspannende Pause ist schöpferisch, denn sie schafft und sammelt neue Kräfte, die auf bestimmte Ziele ausgerichtet sind. Aber auch nur dann besitzt sie eigenen Wert, wenn ihr ein höherer Sinn zugrunde liegt.

Den Sinn der Pause zu erfassen und sie damit vom Müßiggang zu unterscheiden, ist eine Aufgabe, die uns nicht allein die Kunst, sondern das Leben stellt. Denken wir doch einmal zurück an die vorhin gehörte Symphonie, die Ouvertüre! Und fragen wir uns nach der Notwendigkeit der eingelegten Pausen zwischen einzelnen Melodieabschnitten, und nach ihrer Bedeutung! Das Verstummen der Instrumente in dem „zerteilten" Eingangsthema der Egmont-Ouvertüre von Beethoven hat eine eigene Sprache und verleiht der Gestalt des Volkshelden erst eigentliche Wucht und Größe! Oder die Pause beim Zusammenbruch Egmonts vor dem „Verklärungs"—Teil! Oder die Einschnitte in der Leonoren-Ouvertüre, oder in Webers Ouvertüren vor den Steigerungen wie beim „Freischütz" — eine Ouvertüre, die Furtwängler mit Vorliebe durch langanhaltende Pauseneinschnitte in drei Teile gliederte. Das ist dann, als wenn alle Instrumente den Atem anhalten, um unsere Spannung mit ihrem Schweigen zu erhöhen. Eine solche Pause in einem Tonstück ist nicht allein schöpferisch, sie ist dramatisch.

Keinem schöpferisch tätigen Künstler ist diese Pause unbekannt, in der die Schaffenskraft erlahmt, in der die angstvolle Frage auftaucht, ob die Begabung wohl noch für ein Erdenleben ausreicht, in der Zweifel und Ungeduld die letzten schöpferischen Kräfte aufzehren. Das Drama derartiger Lebenspausen artet zu einer Tragödie aus, im besten Falle zum freiwilligen Verzicht, zur Resignation. Mit 37 Jahren, ein gleichlanges Leben noch vor sich, entsagte R o s s i n i seinem Schaffen in der Erkenntnis, daß sein Stil überlebt war im Widerspruch zur Zeitentwicklung: „Wer früh beginnt, muß auch, den Gesetzen der Natur gemäß, früh enden." Frankreichs großer Dichter Paul V a l é r y veröffentlichte vom fünfundzwanzigsten bis sechsundvierzigsten Lebensjahr keine einzige dichterische Zeile. V e r d i war der Ansicht, daß „die Rechnung beglichen" sei, als er sich in seiner Einsiedelei von Sant' Agata in Schweigen hüllte. Aber gerade dieser Pause sind „Othello" und „Falstaff" zu verdanken. Erschüttert von der grauenhaften Wirklichkeit des Krieges verstummte Rainer Maria R i l k e durch Jahre hindurch. Und dann brach es sich ungestüme Bahn — sein Hauptwerk, die „Duineser Elegien". So wird auch die Lebenspause wieder schöpferisch, wenn Geduld die Zweifel überdauert. Gerade Rilke hat dies wundervoll zum Ausdruck gebracht, wenn er an den „jungen Dichter" schrieb: „Alles ist austragen und dann gebären ... Mit tiefer Demut und Geduld die Stunde der Niederkunft einer neuen Klarheit abwarten: das allein heißt künstlerisch leben: im Verstehen wie im Schaffen. Künstler sein heißt: nicht rechnen und zählen ... Ich lerne es täglich, lerne es unter Schmerzen, denen ich dankbar bin: Geduld ist alles!"

Von der kleinen „Atempause", die man sich zwischen Kunstgenüssen, zwischen anstrengenden Arbeitsstunden vergönnt, spannt sich ein weiter Bogen über die jährlichen Ruhepausen des Ferienaufenthalts bis zu den großen Lebenspausen im geistigen und künstlerischen Schaffen. Wenn sie eigenen Sinn erhalten bei „harmonischer" Eingliederung in den Rhythmus des Lebens — wenn sie dazu beitragen, daß man sich wieder auf die innere „Musik" des Daseins besinnt und sich bemüht, in seelischer Schaffensfreudigkeit das Leben selbst zu einem Kunstwerk zu gestalten — dann hat auch die Pause ihre wesentliche Aufgabe erfüllt: „schöpferisch" zu sein.

Haben wir uns wenigstens in den Hauptpunkten von der Überzeugung leiten lassen, daß ein tiefer Sinn in der Identität menschlichen und musikalischen Lebens ruht, so wird unser Gesichtskreis abermals erweitert, wenn wir auf der nächsten Stufe unseres Erkenntnisweges die menschliche Umwelt in unsere Betrachtungen einbeziehen. Keineswegs liegt die vorgefaßte Absicht vor, nunmehr die N a t u r aufgrund ihrer „musikalischen" Disponibilität kurzerhand als „Quelle der Musik" zu bezeichnen. Es liegt uns lediglich an Feststellungen über die in der Umwelt „latenten", d. h. „verborgenen" musikalischen Qualitäten, die uns die Schlußfolgerung gestatten, daß tatsächlich unser ganzes Dasein von musikalischen Strömen durchwoben ist — daß wirklich „ein Lied in allen Dingen schläft" und Töne den „bunten Erdentraum" durchziehen. Den tieferen Sinn dieser Gedanken hat wohl niemand treffender zum Ausdruck gebracht als Richard W a g n e r, der 1857 in einem Brief an die Prinzessin Wittgenstein die Musik als eine Erscheinungsform der in allen realen Lebensäußerungen latenten Musik bezeichnet, mit deren Hilfe sich die wirklich erklingende erst offenbart als „tiefste Bedeutung der Welt." Damit begeben wir uns wieder in unser transzendentes, irreales Tonreich, das hinter der akustischen Wirklichkeit unser inneres Auge für ein geistiges Klangreich höherer Ordnung öffnet.

Aber vorerst bietet uns die Natur ja genügend musikalische Wirklichkeiten, denen sich unser Ohr ohne geistige Mühe erschließt. Das ist ja teilweise schon in der kleinen „Phantasie" zu Beginn des Kapitels zum Ausdruck gekommen. Die Musik der Wälder, Pflanzen, Gewässer! Die Stimmen der Tierwelt! „Alles, was in der Natur tönt, ist Musik", sagte H e r d e r (6), „es hat ihre Elemente in sich und verlangt nur eine Hand, die sie hervorlocke, ein Ohr, das sie höre, ein Mitgefühl, das sie vernehme. Kein Künstler erfand einen Ton oder gab ihm eine Macht, die er in der Natur oder in seinem Instrument nicht hat. Er fand ihn aber und zwang ihn mit süßer Macht hervor." Und N o v a l i s schließt sich an: „O daß der Mensch die innere Musik der Natur verstände und einen Sinn für äußere Harmonie hätte!" Gerhart Hauptmann sprach vom „Dunklen, gewaltigen Rhythmus in der Natur. Wir hören ihn nicht mehr! Wer ihn hört, wird fortgerissen zum tanzenden Sein und Sehertum, zum Dithyrambus des Alls."

Die „Musik der Natur" beginnt bereits beim Geräusch. Es ist nichts anderes als ein „Ton-Spektrum", das an Stelle unterscheidbarer Töne eine Kontinuierlichkeit ungeordneter, unausgeglichener Tonfolgen darstellt. Und doch gäbe es kein Geräusch ohne das Vorhandensein von Tönen. Die Grenzen sind fließend, so daß der Psychologe Carl Stumpf zu der Feststellung gelangen konnte: „Geräusche haben auch musikalische Qualitäten."

In unserer heutigen ästhetischen Einstellung legen wir zweifellos einen strengeren Maßstab der Unterscheidung an, als es bei unseren Vorfahren der Fall war. Ein „Getön" ist uns gleichbedeutend mit „Geräusch", aber noch mit dem mittelhochdeutschen „Gedon" verbanden sich nach Grimm musikalische Vorstellungen. Meere, Wälder, Winde besaßen ihren „Ton", der personifiziert erschien als charakteristische Äußerung der Sirenen, des Wilden Jägers, des Nöck, der Quellnymphen und anderer mythologischer Gestalten. Wir führen einen Begriff wie „Windeston" nicht mehr im Sprachgebrauch. Jedoch findet sich noch in der Lohengrinsage die Bezeichnung „von windes done". (Vielleicht läßt sich davon der Begriff „Gedöhns" [= unnütz reden, lediglich „Wind machen"] unserer Volkssprache ableiten?) Auch das Geräusch besaß also einen Erlebniswert, den wir ihm heute im allgemeinen absprechen — es sei denn die schreckhafte Wirkung bei seinem unerwarteten Erklingen. Ist es wirklich als Vorzug anzusehen, daß uns das ursprüngliche, naive Gefühl für die „Musik" der Natur verlorengegangen ist — daß wir im Wiegenlied der Wellen, im Abendgeflüster des Windes, im gesamten Chor der Schöpfung nur noch mehr oder minder geräuschvolle akustische Erscheinungen feststellen?

Daß selbst das Geräusch bewegten Wassers musikalische Eigenschaften besitzt, hat der Züricher Geologe Professor Albert H e i m in den „Verhandlungen der Schweizerischen naturforschenden Gesellschaft“ nachgewiesen (7 u. 8). Er schreibt: „Auf einer Exkursion in den Alpen stellte ich Herrn G. Nordmann, Musiker in Zürich, der mit war, die Frage, ob er bestimmte Töne im Brausen der Wasserfälle und Bergströme angeben könnte, und er antwortete mir damals, daß er zwei nicht harmonierende Tongruppen höre, deren eine wie C-dur klinge, die andere eher wie F. Später, als ich mit meinem Bruder Ernst Heim, der auch als Musiker ein scharfes Ohr hat, in den Bergen war, da übten wir uns darauf ein, die Töne der brausenden Wasser zu hören. Wir hörten immer den C-dur-Dreiklang bei längerem Horchen sehr klar und schön hervortreten, er ist aber getrübt durch ein nicht zu dem Akkorde gehörendes tiefes F, das gewöhnlich als Unterquinte von C gehört wird. Die Gleichheit der Töne aller Wasserfälle war uns so überraschend, daß wir unserer Beobachtung nicht mehr trauten. Wir baten an verschiedenen Orten viele Leute, die ein musikalisches Ohr haben, ohne daß wir ihnen unser Resultat vorher mitgeteilt haben, auf die Töne der Wasserfälle und reißenden Bergwasser, an die wir sie führten, zu horchen, und uns singend anzugeben, was sie hören können. Mittels einer Stimmflöte wurden ihre Angaben abgenommen, und es zeigte sich, daß alle das genau Gleiche hörten, die gleichen Töne, die auch wir wahrnahmen. Bei ganz starken Wassern ist F am leichtesten zu hören, bei allen schwächeren C.“

Einem befreundeten Komponisten mit absolutem Tongehör, dem leider so früh verstorbenen Edmund von B o r c k, spielte ich selbst einmal eine „Geräusch-Schallplatte“ vor. Als das Plätschern eines Baches erklang, fragte ich ihn nach der Tonart. Ohne Besinnen antwortete er: „Es ist C-dur.“ — Die Angaben Heims wurden von dem bekannten Hamburger Professor Dr. Georg A n s c h ü t z experimentell am Nordseestrand und am Flußbett der Isar nachgeprüft. Laut brieflicher Mitteilung an mich erschien als Grundton immer wieder das tiefe F, das bei fehlendem absolutem Tongehör der Versuchspersonen mit der Stimmgabel festgestellt wurde. Ein Hamburger Pianist, der in verschiedenen Gewässern den H-dur-Dreiklang fand, verriet bei einer Prüfung seines Gehörs, daß dieses auf den um einen Halbton differierenden Klang seines Flügels „eingestimmt" war, bei dem das C als H erschien. In einer Veröffentlichung (9), in der Anschütz dem F eine grundlegende Bedeutung im Zusammenhang mit Farbenerscheinungen zuweist, erwähnt der Verfasser einen Hamburger Sänger, der schon als Kind das F im Rauschen des Wassers gehört hat. Und dieses F ist nach Ansicht Heims die Grundlage aller Wasserharmonien. „Man hört es noch hinter einer Bergecke oder hinter dichtem Wald, und in einer Entfernung, wo die anderen Töne nicht mehr wahrnehmbar sind. Vom ganzen Geräusch der Gewässer in den tiefen Talrinnen ist fast nur noch das dumpfe F auf den stillen hohen Berggräten zu vernehmen." (a. a. O. S. 210)

Merkwürdig, daß diese Beobachtungen in der Fachwelt so wenig Widerhall gefunden haben, obgleich sie Veranlassung bieten könnten, unser Wissen vom Ursprung der Musik zu bereichern und eine Revision landläufiger Ansichten herbeizuführen — daß die Natur nicht imstande sei, fixierbare Töne hervorzurufen, oder daß der Dreiklang angeblich niemals als volkstümliches Erbgut gelten könne, weil die Terz erst etwa seit 1300 als anfangs noch „unvollkommene" Konsonanz Anerkennung in der Kunstmusik fand. Hierzu bemerkt Albert Heim: „Wenn man am Ufer eines rauschenden Wassers ein Lied in einer anderen Tonart als C-dur zu singen versucht, dann entstehen sehr häßliche Dissonanzen mit dem Wasser. Unbewußt wird niemand am rauschenden Wasser anders als in C-dur, oder wenn der Strom recht gewaltig donnert, in F-dur singen — es ist anders mit Absicht kaum möglich. Gewiß ist da die Frage naheliegend und berechtigt, ob nicht der Mensch C zum Ausgangspunkt seiner Musik deswegen gemacht hat, *weil er es eben vom Wasser her so in den Ohren hatte?*"

Heim stellt eine Anzahl von Wasserharmonien im Notenbild auf, darunter die Harmonie des Vorderrheins bei der Brücke unterhalb Trons:

Spielen wir diesen Akkord auf dem Klavier im Tremolo, so werden wir tatsächlich an das Brausen eines Wasserfalles erinnert.

Lassen wir die Baßharmonie liegen und lösen die Oberstimmen in eine leichte Figuration auf, so ergibt sich folgendes Motiv:

Es ist — der Musikkundige erkennt es ohne weiteres — die sogenannte „Hirtenmelodie" nach dem Gewittersturm in B e e t h o v e n s Pastoralsymphonie. Beethoven hat noch vor der Ertaubung oft an dem bei Heiligenstadt plätschernden Bach geweilt, die Erinnerungen an diesen Aufenthalt befruchteten seine schöpferische Phantasie. Und im übrigen steht diese Symphonie der Natur in — F-dur!

Dieses „F" kommt uns aber doch zu merkwürdig vor, als daß wir ihm nicht unsere besondere Aufmerksamkeit zuwenden sollten. Schon in der ältesten chinesischen Musikphilosophie spielt es als Grundton eine wichtige Rolle. Es hatte die Bezeichnung „Gelbe Glocke" und galt — nach Thimus (10) — als

„erdentsprungen“, also als der Ton der Erde. Unabhängig von den Wandlungen der Tonhöhe im Lauf der Jahrtausende haftet dem F bis heute der Schein des Erdhaften, der Naturverbundenheit an. Beethoven war nicht der einzige, der Naturstimmen in F-dur zum Ausdruck brachte (vergl. die zahlreichen Notenbeispiele bei Dubitzky 8!). Und warum stehen die Hörner mit ihrer Wald-Symbolik in F — mit dem klangvollen Einsatz zu Beginn des zweiten Tristan-Aktes? Alles nur ein „Zufall“ — oder ahnen wir hier Zusammenhänge, für die uns die bisherigen Darlegungen bereits etwas hellhörig gemacht haben? Ist das F der „Grundton der Natur“, mit dem der menschliche Eigenton, der „Individualton“ der Prim ein „harmonisches“ Intervall zu bilden hat? Ist F der „Ton, der durch alle Töne tönet“ — der „in allen Dingen schläft“ — vielleicht gar der „abstrakte“ Ton?

Fragen wir zu allem Überfluß noch die Geheimlehren. In der musikalischen Esoterik bedeutet das F die Offenbarung von Christus als dem Sohn Gottes, während Gott selbst sich im C manifestiert. Die irdische Sendung Christi übertrug sich auf den Ton F als „Grundton der Erde“ (11).

Und was antwortet uns die Theosophie? „Die schöpferische Kraft in ihrer unaufhörlichen Verwandlungsarbeit bringt Farbe, Ton und Zahlen in der Gestalt von Schwingungsweisen hervor, die die Atome und Moleküle verbinden und zersetzen. Obwohl für uns im einzelnen unsichtbar und unhörbar, wird doch die Zusammenfassung des Ganzen für uns auf der materiellen Ebene hörbar. Es ist dies das, was die Chinesen den ‚Großen Ton‘ nennen. Es ist auch nach wissenschaftlichem Geständnis der *tatsächliche Grundton der Natur*, der von den Musikern für das mittlere F auf der Tastatur eines Pianos gehalten wird. Wir hören es deutlich in der Stimme der Natur, *in dem Brausen des Ozeans*, in dem Rauschen der Blätter eines großen Waldes, in dem fernen Summen einer großen Stadt, im Winde, im Gewitter und Sturm, kurz in allem in der Natur, das eine Stimme hat oder Ton hervorbringt. Für das Gehör aller, die lauschen, gipfelt es in einem einzigen, bestimmten Ton von unschätzbarer Normalstimmung, der wie gesagt das F oder Fa der diatonischen Skala ist (4, S. 463 ff).“

Als ich vor Jahren über dieses Thema einen Zeitungsartikel veröffentlichte, erhielt ich zahlreiche Zuschriften von Lesern, die überall in der Natur den mysteriösen Ton F entdeckt zu haben glaubten: Im Insektenflug, im Brummen eines Bienenschwarms, in knarrendem Holz und anderen Naturgeräuschen. Ob das Geheimnis um den „Grundton der Natur“ jemals einwandfrei enträtselt werden wird?

Interessant ist hierbei ein Vergleich mit dem anthroposophischen Standpunkt. Die bereits genannte Anny von Lange (23, S. 148) kommt in ihrer „Intervall-Lehre“ des ersten Bandes zu einer eigenartigen geisteswissenschaftlichen „Durchleuchtung“ des Tones F und seiner Hintergründigkeit:

„Im Lauschen auf das F wird immer zweierlei gehört: einerseits eine schöne innere Wärme, diese aber verdeckt von einer Art kristallinischer Festwerdung. Ein Dreieck mit der Spitze nach unten oder eine einrollende Spirale mit starker Betonung des Zentrums (sic!) sind die meist gefundenen Bewegungsformen dieses Tonerlebens. Hier erahnt sich das Wesen des Opfers, das größte Liebe und Todesdurchgang zugleich in sich beschließt. Es ist das voll bejahende Ergreifen der Erde (sic!), aber auch der Durchgang durch die Welt der festen Materie. Von dieser aus bedeutet es einen Abschluß, einen Stillstand, in den jede Bewegung hineinmündet. Vom Opferwesen aus aber lebt darin verborgen ein letztes geistiges Prinzip. Dies war wohl auch der Grund, weshalb dieser Ton F im Mittelalter als Ton von Golgatha, als Ton des Christus (sic!) angesprochen wurde.“

Die Beziehungen zwischen Mensch und „Wasserharmonie“ sind mit diesen Angaben sicherlich bei weitem noch nicht erschöpft. Sie lassen sich selbst in sagenhafte Vorzeiten zurückverfolgen, soweit die spärlichen Quellen Aufschluß darüber geben. Dr. Joseph Ennemoser (152, S. 721) bezieht sich auf Angaben des römischen Schriftstellers Pomponius über die britannische Insel Sena (? Es kann doch nicht das antike Sena gallica in Ancona gemeint sein!). „Diese Insel war wegen eines Orakels eines gallischen Gottes sehr berühmt. Die Vorsteherinnen desselben, welche ewige Keuschheit geloben, neun an der Zahl, werden Gallicenen genannt. Man hält sie mit besonderen Eigenschaften begabt: nämlich daß sie durch ihren Gesang das Meer und die Winde erregen ... " Und weiter, über die Wahrsagerei der Cimbern, „von denen die merkwürdigste jene ist, vermittels welcher sie durch das Geräusch und das Wirbeln des Wassers in Entzückung geraten und weissagen. Es werden auf eine solche Art die Augen und Ohren, und die Nerven überhaupt auf eine geheimnisvolle Weise bewegt, erschüttert und gestimmt (!), sodaß man sich an die bezaubernden Nereiden, Nymphen und Nixen erinnert. Dieses wäre vielleicht sogar ein Mittel, viele Nervenübel zu heilen und ganz vorzüglich zum Schlafwachen hinneigende Personen in einen helleren Zustand zu versetzen, wie dies einige Erfahrungen auch wirklich bestätigen." (152, S. 725)

Schließen wir das seltsame Kapitel der Elementarstimmen aus dem Wasser mit einer Bemerkung von Richard Pohl (12) ab:

„Die Elementarstimmen der unorganischen Natur sind geheimnisvoll in ihrem Ursprung, rätselhaft in ihrer Erscheinung. Von keiner Menschenhand erregt und von keiner erreicht, entstehen sie scheinbar zufällig und verschwinden geisterhaft. Sie sind es, die von Anfang an da waren und mit dem Geist Gottes über den Wassern schwebten, das Walten der Natur nach dem ewigen Gesetz ‚Bewege dich' laut verkündend." (Darf ich bei dieser Gelegenheit abermals an meine „Phantasie" zu Beginn dieses Kapitels erinnern?).

Wir werden auf unserem Wege durch die Tonwunder der Natur noch manche geheimnisvolle „Elementarstimme" von okkultem Charakter kennen lernen. Doch befassen wir uns zunächst noch mit dem wohl wichtigsten musikalischen Naturlaut: der Vogelstimme.

Lange bevor der Frühling seinen Einzug hält, kündigt ein kleiner Vogel sein Erscheinen mit einem dreitönigen Begrüssungsruf an. Es ist die Kohlmeise, die in der Stadt leider recht selten geworden ist. Ihr jubelndes „Zizibee“ nahm Anton Bruckner als Seitenthema in den ersten Satz seiner vierten Sinfonie auf und sang selbst dazu jene drei Silben, die der Volksmund dem Frühlingsruf der Meisen unterlegt hat. Von jeher hat der Gesang der Vögel schöpferische Phantasie befruchtet: von dem ältesten „Sommer-Kanon“ des 13. Jahrhunderts mit seinem Kuckucksruf und Janequins „Nachtigall“ (um 1600) bis zu neuzeitlichen Komponisten wie Hermann Zilcher, Heinz Thiessen, Armin Knab, die viele Werke nach Amselgesängen verfaßt haben.

„Hier habe ich die Szene am Bach geschrieben“, sagte Beethoven zu seinem Freund Schindler bei einem Besuch in Heiligenstadt, wo er die Pastoralsinfonie komponierte, „und die Goldammer da oben, die Wachteln, Nachtigallen und Kuckucke ringsum haben mitkomponiert.“ In Wagners „Waldweben“ aus der Oper „Siegfried“ erkennen wir Goldammer, Pirol, Baumlerchen, Nachtigall und besonders die Amsel, die früher dem Bayreuther „Waldvogel“ ihr äußeres Gewand lieh. Die Nachtigall tritt in einer Oper und sinfonischen Dichtung von Strawinsky auf, und der italienische Impressionist Ottorino Respighi geht soweit, in seiner Sinfonie „Pinien von Rom“ eine Schallplatte mit Nachtigallengesang zum Schwirren der Geigen in sein Tongemälde einzufügen.

Haben die Vögel wirklich „mitkomponiert“, wie sich Beethoven ausdrückte? Darf man bei ihnen musikalisches Gefühl, ja sogar schöpferische Fähigkeiten annehmen? Selbst wenn man in Betracht zieht, daß die Singvögel ja keine „temperierte Stimmung“ kennen und daß der Mensch oftmals mehr in den Vogelgesang hineinlegt, als er aus ihm herauszuhören vermag, so verblüfft doch immer wieder die Eigenart regelrechter Motivbildung auf der Grundlage der Zwei- und Dreitönigkeit. Der kompositorisch begabteste Vogel ist die Amsel. Die Zahl ihrer

Motive geht in die Tausende, viele Forscher wie Professor Dr. Bernhard Hoffmann, Komponisten wie Heinz Thiessen haben Hunderte von Amselrufen notiert, die geradezu unerschöpflich sind in der Vielseitigkeit ihrer Formen. Die Amsel könnte außerdem als die Erfinderin der Zwölftonmusik gelten, lange bevor diese Stilrichtung von neuzeitlichen Komponisten aufgegriffen wurde. Nicht selten hört man aber auch im Amselsang absolut reine Dreiklänge. Das Vögelchen vermag Tonsprünge von anderthalb Oktaven exakt auszuführen. Thiessen vernahm von einer Amsel nicht nur Mozart-Motive, sondern das unverkennbare erste Thema aus dem Finalsatz des Beethovenschen Violinkonzerts. Aber der gefiederte Komponist hatte sich erlaubt, seinen großen „Kollegen“ zu verbessern und in die Tonikalage eine Dominantwirkung einzubauen.

Seit Urzeiten mag die Amsel ihre Melodien geflötet haben, ehe der Mensch auf ihre Weisen aufmerksam wurde und sich mehr oder minder unbewußt ihrer schöpferischen Anregungen bedient hat. Da behauptet man vielfach, unser eigenes Tonsystem sei begrenzt, das Material der Töne müsse sich einmal erschöpfen. Von den Stimmen der Natur können wir lernen, daß der musikalischen Phantasie keine Schranken gesetzt sind. Und noch eine weitere Lehre zieht Thiessen aus der „konzertanten“ Begabung der Amsel, die sich in unablässiger Übung vervollkommnet: „Ihr sicheres Gehör- und Einfühlungsvermögen ist eine beschämende Feststellung für manchen jungen Menschen, der sich zum Musikerberuf drängt, doch an Musikalität bereits im bloßen Erfassen und Nachsingen einer gegebenen Melodie von der Amsel übertroffen wird, die über diese Anregung hinaus noch selbständig weiterkomponiert.“

Hierzu noch einige Beobachtungen des Musikwissenschaftlers Dr. Karl Storck (20):

„Wichtiger noch ist, daß auch der einzelne Vogel nicht nur über verschiedene Weisen verfügt, sondern daß er die Weisen nicht immer gleich singt. Die Nachtigall z. B. bringt immer neue Variationen hervor, und sogar der scheinbar stets gleiche Kukkucksruf schwankt im Umfang um fünf halbe Töne. Zum Begriff der Kunstübung stimmt auch der Einfluß guter Lehrer. In jedem Garten kann man es in jedem Frühjahr hören, wie junge Amseln, die den Schlag nur sehr unrein herausbekommen, sich nach dem Beispiel besserer Sänger üben. Es gibt aber neben den schöpferischen Künstlern, wie Nachtigall, Edelfink, Lerche, Rotkehlchen, Sprosser, Sing-, Schwarz- und Misteldrossel auch nachschaffende Talente. Daß manche Vögel vom Menschen Weisen lernen, ist allgemein bekannt. Aber der Star schwatzt auch andern Vögeln nach, der Dorndreher kann im Entlehnen von Phrasen und ganzen Melodien mit jedem modernen Operettenkomponisten in Wettbewerb treten, und die lustige Spottdrossel versteht die Rufe anderer Vögel so genau nachzuahmen, daß auch erfahrene Vogelkenner sich täuschen lassen. Auch daß Umgebung und Jahreszeit auf den Gesang des Vogels Einfluß ausüben, daß ein und derselbe Vogel im Gebirge anders singt als in der Ebene, in der Waldeinsamkeit anders als im Hausgarten in der Nähe des Menschen, in der Freiheit anders als in der Gefangenschaft, im Herbst anders als im Frühjahr, spricht gegen den mechanischen, zeugt vielmehr für den künstlerischen Charakter des Vogelgesangs. Ob dieser sich nun unserem heutigen Tonsystem anpassen läßt, ist ziemlich gleichgültig. Vielfach werden ja ganz überraschende Übereinstimmungen gemeldet. So von Sapper, der in den Urwäldern Guatemalas bei dreißig von siebenundachtzig Vögeln die Benutzung des Dur-Dreiklangs feststellte".

Wiederum erscheint es voreilig, mit Darwin der Vogelstimme die Entstehung der Menschenmusik zuzuschreiben. Gewiß haben sie als Anreger gedient — und ganz einfach einen menschlichen Naturtrieb herausgefordert: das Nachahmungsbedürfnis. Aber die Geburt der Musik vollzog sich auf einem ganz anderen, höher gearteten Gebiet. Und Wasserharmonien, Vogelstimmen und die vielen akustischen Merkwürdigkeiten, die unsere Erde bietet, sind Mittel höherer geistiger Ordnungen aus kosmischen Bereichen.

Sensitive Menschen, die mit Friedrich Schlegel „heimlich zu lauschen" verstehen wie der weltberühmte Geiger Fritz Kreisler, empfinden die Natur als Musik. Er schreibt (nach einem vorliegenden Zeitungsblatt der „Dresdner Nachrichten" vom 29. 12. 24):

„Ich erquicke meine Ohren an der Musik des Waldes und werde durch sie erfrischt, wenn alle anderen Töne ihre Macht über mich verloren haben. Es ist ein Mittel, das immer heilt. Der Wind ist der Grundton für viele Musik der Natur. Man kann sogar die verschiedenen Töne unterscheiden, die er in den einzelnen Getreidearten hervorruft. Die tiefe Stimme des Weizens zum Beispiel mag uns wie der Baß eines Sängers anmuten, und der höhere Ton der Gerste wie der Sopran einer Sängerin, und der schrillere, aber liebliche Ton des Hafers ist manchmal wie ein Tenor, manchmal wie die helle Stimme eines Chorknaben. Es gibt aber auch Zeiten, in denen keine Musik der Welt so schön wirkt wie vollkommene Stille. Wenn ringsum alles still ist, dann erwachen die inneren Harmonien, und in solchen Augenblicken vermag man die Harmonie der Sphären zu begreifen."

Georges Kastner (12) macht auf den eigentümlichen Ton des Binsenrohres auf Sylt aufmerksam, der bei leisem Lufthauch infolge von Torsionsschwingungen ein Säuseln hören ließ, das in seiner Ähnlichkeit mit einem Pfeifenton früher abergläubische Seefahrer in die Flucht schlug. Kastner und andere Autoren berichten von unerklärlichen Tönen, die in den Pyrenäen „umgehen" und an den Klang einer Äolsharfe erinnern. Reisende schildern seltsame Trommelwirbel in Persien. Vielleicht eine ähnliche akustische Erscheinung wie der „rollende Sand" am Berge Sinai, der tonerzeugend wirkt. Oder der „tönende Berg" Reg-Ruwan in Cabul. Marco Polo vernahm im Altai-Gebirge in Gegenden, die völlig wüst und ohne Leben waren, eigenartige angenehme Klänge, die vom Himmel herabzuschweben schienen. Rätselhafte Stimmen lassen sich an gewissen schwedischen Seen hören — eine Erscheinung, die unter dem Namen „Wetterseephänomen“ bekannt ist.

Wassertropfen sind nicht minder wichtige Tonerzeuger als die klingenden Steine, die „Phonolithen“. Um die Mitte des 19. Jahrhunderts beobachtete ein englischer Steinschleifer, daß einzelne Gesteinsarten beim Hämmern einen deutlich wahrnehmbaren Ton erzeugten. Und die Höhe des Tones änderte sich mit zunehmender Größe der Steine. Da der Steinschleifer etwas von Musik verstand, ordnete er sie nach Art einer Klaviatur und vermochte eine richtige Melodie zu spielen, wenn er seine „Felsenharmonika“ mit Klöppeln bearbeitete. Im Jahre 1841 führte der Erfinder Richardson sein neues Instrument der „Royal Musical Library“ in London vor. Die Phonolithen sind ein Eruptivgestein der Tertiärformation. Zum Musizieren eignen sich besonders Basaltverbindungen. Schon vor mehreren tausend Jahren waren in China steinerne Gongs in Gebrauch, die sogenannten „Kings.“ Und „aus dem edelsten Steine Yü bildete man den Nio-King, der nur vom Kaiser gespielt werden durfte.“ (13) Ein Schlagspiel aus Steinen, „Kromog“ genannt, findet sich noch heute auf Borneo. Von klingenden Felsen am Ufer des Orinoco wußte schon Alexander von Humboldt zu berichten. Vor hundert Jahren gab, wie Kastner mitteilt, ein steinerner Block im Hofe des Pariser Konservatoriums den vollen F-dur-Dreiklang (schon wieder das F!), wenn man ihn anschlug. Eine praktische Bedeutung hat die Felsenharmonika trotz mannigfaltiger Versuche nicht erlangt. Im Jahre 1837 zeigte Franz Weber in Wien ein Musikinstrument aus Alabasterscheiben, das den etwas umständlichen Namen „Lithokymbalon“ erhielt. Boudré führte ein Feuersteinklavier 1833 auf der Amsterdamer Ausstellung vor. In Variétés musizierten die fünf Brüder Bozza Ende des 19. Jahrhunderts auf Pflastersteinen. Dann verschwand das seltsame Instrument für immer. Aber das erhabenste Beispiel tönender Steine ist die Memnonssäule in Ägypten. Jeden Morgen begrüßte der gewaltige Koloß den ersten Sonnenstrahl mit einem zitternden Laut, ähnlich dem

Schwingen einer Harfensaite, verursacht durch den jähen Temperaturunterschied bei Tagesanbruch. Längst ist die Memnonssäule verstummt. Wir wissen weder, wie ihr Tönen entstand, noch den Grund ihres Schweigens. Die „tönenden Steine“ gehören zu den vielen ungelösten Rätseln im unergründlichen Buch der Natur.

Im Jahre 1880 entdeckte ein Jäger auf Wanderungen ein „singendes Tal“. (14) Ausführlich beschreibt er in seiner kleinen Studie, wie im völlig menschenleeren Röderbachtal bei Thronecken kompakte Töne von Orgel- und Harfenklang so deutlich an ihm vorüberzogen, daß er sie hätte fast mit der Hand greifen können. Es waren stets die gleichen Töne mit derselben Tonhöhe — „Der Gesamteindruck bei der Empfindung, es zieht da etwas durch die Luft, etwas Unsichtbares, Unfaßbares, etwas Wesenloses und dennoch Vorhandenes, ist nicht zu beschreiben. In geisterhaft gehauchten, leisen, zitternden Wellen zogen die seufzenden Töne ohne Aufhören zwischen mir und der Wand daher, und mit Erstaunen nahm ich die volle Selbständigkeit der Töne wahr. Jeder Ton hielt seinen besonderen Weg ein, ich konnte solchen jedesmal mit der Hand nachweisen. Die Örtlichkeit des Tones war, sowohl was seitlichen Abstand wie Höhenlage betraf, vollkommen bestimmbar. Ich bin vollkommen überzeugt, unter günstigen Bedingungen hätte man unter einem solchen Ton durchgehen können!“ — Meines Wissens hat dieses Phänomen keine Aufklärung gefunden.

Im Jahre 1783 unternahm der Holländer Haafner eine Fußreise durch die unzugänglichen Wälder im Innern Ceylons. Seine Nachtruhe in einer Grotte störten Stimmen, die von allen Seiten zugleich auf ihn eindrangen, „über hundert Stimmen schrieen, heulten rings um ihn, so grauenhaft seltsam und ungewöhnlich, daß sich der arme Holländer die Ohren zuhielt .... Er hörte später von Eingeborenen, daß die Stimmen von unsauberen Geistern herrühren, die in diese Gegenden verbannt sind.“ (12, S. 26 ff.)

Im Jahre 1740 veröffentlichte der musikgeschichtlich bedeutende Hamburger Musikgelehrte Johann M a t t h e s o n, Freund Händels, eine Schrift: „Etwas Neues unter der Sonnen! oder das unterirdische Klippenkonzert in Norwegen aus glaubwürdigen Urkunden auf Begehren angezeiget“. Die Schrift ist abgedruckt in Lorenz Mizlers „Musikalischer Bibliothek“, Bd. II, Leipzig 1743. Zeuge des Erlebnisses ist der Stadtmusikant Heinrich Meyer in Christiania laut Unterschrift „unter dem Gouvernement des Generalen und Commendanten von Bertuch“, und unter dem Originalmanuscript der hier veröffentlichten Briefe, die die ehemalige Berliner Staatsbibliothek unter dem Signum „Mus. ms. theor. 1215“ besaß, fand ich hinter dem Namen des Generals die handschriftliche Eintragung „der es auch eigenhändig zur Bekräftigung unterschrieben hat.“

Hier wird berichtet, wie ein Bauer, ein Kantor und ein Organist um Mitternacht ein seltsames Konzert hörten, das aus unterirdischen Tiefen einer Klippe zu ihnen drang. Es war erst ein Vorspiel auf der Orgel, dann ein ganzes Orchester. Eine Probe der Originalschreibweise Heinrich Meyers: „Wie wir nun lange zugehöret hatten / entrüstete sich der Organist über diese unsichtbaren Musikanten und unterirdischen Virtuosen so sehr / daß er mit diesen Worten heraus fuhr: Ey! seyd ihr von GOTT / so laßt euch sehen, seyd ihr aber vom Teufel / so hört einmahl auf. Flugs wurde es stille / der Organist fiel nieder / als ob er vom Schlage gerühret wäre / der Schaum drang ihm zur Nase und zum Munde heraus. In solchem Zustande trugen wir ihn in des Bauern Haus .... Dieses was ich hier geschrieben ist die lautere Wahrheit / und die Melodie habe ich selbst in einer Klippe / nahebey der Stadt Bergen in Norwegen / mit eigenen Ohren gehört / auch von anderen fest im Gedächtniß behalten: Urkund meiner Hand.“

Hierzu gehört noch ein zweiter Brief, in dem viele Zeugen von dem Treiben der Unterirdischen auf einer Insel der Provinz Bergenhuus berichten. Sie werden als kleines, behendes Menschenvolk „oder Zwerge“ beschrieben: „ihre Kerzen und Lichtlein sind ganz blau / und brennen überaus helle. Ihre gewöhnliche Wohnung ist sonst in den Bergen / in großen Steinklüften / unterirdischen Grotten / und an dergleichen Oertern. Ich habe auch / nebst vielen anderen Personen / ihre Musik gehöret / die aus Mundharffen / Langelög (wahrscheinlich das „Langleik", ein norwegisches Psalterium mit Stahlsaiten) Geigen / Trompeten und einem besonderen Gesange mit menschlichen Stimmen bestund / welcher letztere aber nicht verständlich war / sondern allemal als ein gelalleter Hirtentanz in die Ohren fiel." Der Brief ist unterzeichnet von dem Major und Platzkommandanten der Festung Aggerhuus, C. Barth, und von dem schon genannten General Bertuch, der hinzufügt: „Das sey aber am sonderlichsten, daß die meisten dieser Concerte in der Christnacht von den Leuten / die in der dasigen felsichten Gegend nahe herum / und gleichsam unter den Klippen wohnen / gehöret werden / woselbst man niemand siehet / und weder Haus / noch Thür / noch Schornstein zu finden ist." Und in bezug auf die beiden Briefe: „Alles was darin stehet / ist der lautern Wahrheit gemäß. Ihr Herren Weltweisen / untersuchet dieses Wunder . . . . "

Wohl niemand dürfte dieser Aufforderung nachgekommen sein, denn ein „Weltweiser" nimmt doch derartige Berichte trotz namhaft gemachter Zeugen nicht ernst, sondern „treibt sein nüchternes Gespötte damit", wie Johann Mattheson als Herausgeber der Dokumente hinzusetzt. Aber die in den Klippen vernommene unterirdische Musik ist von den Zuhörern behalten und aufgeschrieben, später veröffentlicht worden und nun von mir übernommen. Hier folgt die Melodie der unterirdischen Musikanten:

Die Melodie ist offenbar etwas dilettantisch in D-dur notiert, obgleich sie in A-dur steht. Sie baut sich völlig auf der Dominante auf, die man bei der Ausführung als oberen Orgelpunkt durchklingen lassen könnte. Eigentümlich aus dem Rahmen fallend sind die vier E-Viertel. Ob der Wind dem Hörer die Zwischenglieder verweht hat? Im übrigen hat die Weise keinerlei übernatürliche Merkmale, sie steht in einwandfreiem Dur und könnte besonders im Hinblick auf die Schlußtakte als volkstümlicher norwegischer „Springdans“ gelten. Der zeitgemäßen Kunstmode entsprechen aber die beiden Wiederholungstakte im Forte und Piano — eine „Echo“-Wirkung, wie sie bei Gluck, Händel, Reutter, dem Lehrer Haydns, häufig genug anzutreffen ist. Auf welche Weise sollten wohl die „Unterirdischen“ Kenntnisse des zeitgenössischen Musikstils erworben haben?! Will man sich um eine Erklärung bemühen, so dürfte die in diesem Buch noch oft ausgesprochene Vermutung angebracht sein, daß sich der Schaffensprozeß solcher Weisen in der Seele der Hörenden selbst vollzog und nur der äußere Anlaß zu ihrer Entstehung von geheimnisvoll ins Menschendasein hineinspielenden Kräften höherer geistiger Ordnung gegeben wurde.

Das Gleiche gilt vielleicht auch für das seltsame Erlebnis des schwedischen Dichters Verner von Heidenstam. Unerklärlich bleibt allein, wie mehrere Personen in verschiedenen Gemächern gleichzeitig eine fremdartige Musik vernehmen konnten, die von einer Ecke im Arbeitszimmer des Künstlers durch den Raum wanderte und von einem unbekannten altertümlichen Instrument harfenähnlichen Charakters herzurühren schien. Fast jede Nacht „floß“ diese Musik durchs Zimmer, um durch die Wand zu verschwinden. Der Dichter sandte die von ihm aufgeschriebene Melodie an den Komponisten Gösta Gejer. Er stellte fest, daß sie sich auf einer alten Kirchentonart aufbaute, der mixolydischen, von der weder Heidenstam, noch seine Hausgenossen eine Ahnung hatten. Diese Begebenheit nahm Gösta G e j e r in sein Buch über „musikalische Probleme" auf. Sie wurde zum ersten Mal von Wilhelm Wirchow in der österreichischen Musikzeitschrift „Der Merker", Jahrgang 5, S. 331 veröffentlicht, dann in der „Neuen Zeitschrift für Musik", 1914, Nr. 25, schließlich von Ludwig Rosenberger in eine Sammlung aufgenommen (15). Wirchow veröffentlichte noch einen Brief Heidenstams, der die Tatsächlichkeit der Vorgänge bestätigte und folgende Bemerkung enthielt: „Ich glaube überhaupt nicht an Gespenster, was ich ausdrücklich bemerken will. Ich glaube, daß die Toten wirklich tot sind. Die Naturtöne, die nicht menschlichen Töne, z. B. bei Sturm oder M e e r e s r a u s c h e n hörbar (sic!) folgen alle einer gewissen Logik wie auf einer primitiven Tonleiter. Auch die Töne, die man im Fieber hört, besitzen ihre musikalische Logik, wie eine alte Messe. Eine vollständige Erklärung gibt dieses wohl kaum, da keiner krank war und es nicht stürmte und man die Quelle der Töne nicht finden konnte."

Muß man dem gelehrsamen Andreas W e r c k m e i s t e r nicht recht geben? Er schrieb 1707: „Ich bin der Meinung / daß auch die Musik ihren Zweck noch nicht erreicht hat / und noch viel Geheimnißen darin verborgen liegen / welche GOTT seinen Kindern zu seiner Zeit / weiter / und im ewigen Leben völlig offenbahren wird."

Unsere Wanderung durch das reale Klangreich der Natur hat uns an eine der Grenzen geführt, an denen menschliche Vernunft zu scheitern pflegt. Es kam bereits zum Ausdruck, daß diese Grenzen fließend sind, und wir werden noch öfter Gelegenheit haben uns davon zu überzeugen, daß es im Grunde nur eine dünne, ja durchsichtige Wand ist, die uns von der irrealen, „abstrakten" Tonwelt trennt. In dieses Gebiet führt uns der nächste Schritt auf unserem Erkenntnisweg — in das Reich der nicht hörbaren, mit Wagners Worten „latenten" Musik, „mit deren Hilfe sich die wirklich erklingende erst offenbart als tiefste Bedeutung der Welt." Und „die Welt hebt an zu singen, triffst du nur das Zauberwort." Nun, dieses Zauberwort ist nicht ganz unbekannt. Es dürfte nichts anderes sein als — die Z a h l.

Nehmen wir einmal an, wir halten ein unbekanntes Musikinstrument in der Hand. Es tönt nicht, es kann auch gar nicht tönen, denn es fehlen ihm die akustischen Voraussetzungen dafür — der Resonanzboden, die Saiten. Und doch sind wir nicht im Zweifel darüber, daß es sich um ein Tonwerkzeug handelt. Das erkennen wir an den bestimmten Verhältnissen des Griffbrettes, auf dem die Saiten gespannt waren, oder an der Anordnung der Schall-Löcher, der Bohrungen im Holzkörper eines Blasinstrumentes. Wäre es also zum Tönen bestimmt und mit Saiten versehen, so könnten wir ohne weiteres errechnen, daß die ganze Saite den Grundton erklingen ließe, die halbe dagegen die Oktave zum Grundton, die um ein Drittel verkürzte die Quinte und so weiter. Wir übertragen also ganz einfach unsere Erfahrungen, die wir aus gewohnten musikerzeugenden Instrumenten gewonnen haben, auf dieses unbekannte, nicht klingende Tonwerkzeug. Und wenn wir unseren Betrachtungen die bekannte Verhältnisreihe 1 : 2 : 3 : 4 usw. gleich Grundton, Oktave, Quinte, Quarte usw. zugrunde legen, so vermögen wir uns zunächst einmal rein geistig eine Vorstellung von den Klangmöglichkeiten zu bilden, die dem Instrument innewohnen und die einem Musikkundigen die Klangwirklichkeiten geradezu ersetzen könnten. Kann aber der Musikkenner dank seiner musikalischen Vorstellungskraft nicht auch die Möglichkeiten verwirklichen? Er braucht ja nur die Verhältniszahlen zu kennen, um zu wissen: 2 . 3 ist eine Quinte, 4 : 5 eine Terz, 8 : 9 ein Ganzton. Alle Dinge also, die in ihren räumlichen Proportionen nach diesen Verhältniszahlen ausgerichtet sind, beginnen für ihn zu tönen, denn der Musiker kann ohne weiteres eine Tonfolge von Quinte, Terz und Sekunde in sich selbst bilden. Für ihn „schläft ein Lied" in den Dingen. Die Zahlen geben ihm auch Aufschluß darüber, ob das Lied „harmonisch“ oder dissonierend ist.

Zwischen der Zahl und dem Ton besteht ein psychischer Kontakt. Der Ton, den unser Ohr aufnimmt, ist die Wirkung zahlenmäßig meßbarer Schwingungen, die uns als Ton erscheinen. Eine Tonfolge ist das meßbare Verhältnis verschiedener Schwingungskoeffizienten zu einander. Leibniz erklärte die Musik als ein unbewußtes Zählen der Seele (exercitium arithmeticae occultum nescientis se numerare animi). Schopenhauer gibt ihm — abgesehen von der ästhetischen Seite — recht. Eduard von Hartmann prägte den Begriff des „mathematischen Gefälligen“. Also Einheit des Mannigfaltigen, Regelmäßigkeit, Gleichmäßigkeit, Symmetrie — Begriffe, die der Kunst wie dem Leben angehören, der ideellen wie der materiellen Welt. Nun ist allerdings ein „symmetrischer“ Gegenstand noch keine „Musik“ — wohl aber birgt er in sich die geistigen Voraussetzungen für eine musikalische Verwirklichung. Die vielfachen Beziehungen zwischen Musik und Natur, denen wir bereits begegnet sind, lassen den Schluß zu, daß für beide Gebiete gleiche oder zumindest entsprechende Gesetze gelten. „Überall die Gesetze der Musik zu erblicken“ fordert Heinrich Frieling (16). „So enthüllt sich das Geheimnis des schöpferischen Planes nicht als irgend ein Zahlenschema, sondern als Musik! Wären wir nicht auf unser Auge, auf eine Weltanschauung von Natur aus angewiesen, wir würden vielleicht überall den Klang vernehmen.“ (S. 140)

Die sinnreichen Worte E. T. A. Hoffmanns verdienen in Erinnerung gebracht zu werden: „Der Musiker, das heißt der, in dessen Innerem die Musik sich zum deutlichen klaren Bewußtsein entwickelt, ist überall von Melodie und Harmonie umflossen. Es ist kein leeres Bild, keine Allegorie, wenn der Musiker sagt, daß ihm Farben, Düfte, Strahlen als Töne erscheinen und er in ihrer Verschlingung ein wundervolles Konzert erblickt. So wie nach dem Ausspruch eines geistreichen

Physikers Hören ein ‚Sehen von innen' ist, so wird dem Musiker das Sehen ein Hören von innen, nämlich zum innersten Bewußtsein der Musik, die, mit seinem Geiste gleichmäßig vibrierend, aus allem ertönt, was sein Auge erfaßt". (145, S. 46)

Um nunmehr die „musikalische" Struktur des Weltbildes aufzuzeigen, überall harmonische Verhältnisse nachzuweisen und die Gesetze der Musik mit dem Schöpfungsplan in „Einklang" zu bringen, bedarf es eines mathematischen, physikalischen, biologischen und philosophischen Wissens, das vielleicht nur in einer einzigen Persönlichkeit einen überragend hohen Grad der geistigen Universalität erreicht hat: Hans K a y s e r. Seine zahlreichen Werke auf diesem Gebiet sind vergriffen und kaum zu beschaffen. Wer mit den geistigen Voraussetzungen seiner gedanklichen Entwicklungen nicht vertraut ist, wird vielleicht befremdet sein von einzelnen Ergebnissen seiner Forschungen, die in der volkstümlich gehaltenen „Akroasis" („Anhörung") zusammengetragen sind (17). Etwa die Erkenntnis, daß „in den ersten Bausteinen der Materie und in deren Wesen seelische Formen am Werken und Wirken sind, die wir bereits in der Tiefe unseres Unterbewußtseins in uns tragen und die es uns ermöglichen, die Welt der Töne in Freud und Leid zu erleben." Kayser spricht von einer „psychischen Resonanz vom Menschen zur Materie" bei der Bildung der Kristalle, in denen er den typischen Dreischritt der musikalischen Kadenz nachweist. Die Radien der verschiedenen Zonen im Erdinnern ergeben ein Dreiklangsverhältnis — „Die Erde ein gewaltiger Akkord!" Die Fünf als gestaltbildende Konstante des Pflanzenreichs im Verhältnis zur Drei (fünfteilige Blütenblätter, dreiteilige Stempel) läßt Terz-Quint — Formen erkennen. Tonzahlproportionen scheinen auch wichtige Formelemente der Menschengestalt zu sein. Wahrhaftig, dem musikkundigen Geist erscheint die Welt als Musik. „Aber erst muß das Herz brennen vor Begeisterung und Liebe, bevor einem die Gnade wird, das Göttliche zu schauen, die Melodie der Schöpfung zu hören."

F r i e l i n g, der sich vielfach auf Kayser beruft, kommt zu dem Schluß (16, S. 140):

„Musik wäre dann die wunderbare Kristallform mit allen ihren Varianten, Musik wären die Muster auf den Aloe- und Irispflanzen, den Schmetterlingsflügeln und Vogelfedern, Musik wäre die kristallklare Gestalt der Diatomeen und Urtiere und schließlich auch der Bauplan der Tiere und Pflanzen. Nur müssen wir bei diesen gestaltreichen Gruppen stets auf das Urbild blicken, das sich in ihnen offenbart und das auch für das künstlerische Schaffen unentbehrlich ist, da Kunst ja die Welt deuten soll, indem sie uns die Urform erleben läßt . . . “

Und — um dieses Thema noch mit einem besonders interssanten Beispiel abzuschließen: Musik sind unsere Architekturen — Gebäude haben ihre eigene Melodie!

Der Romantiker Friedrich S c h l e g e l hat die Architektur als eine „gefrorene Musik“ bezeichnet. G o e t h e griff diesen Gedanken in seinen „Maximen und Reflexionen“ auf, wenn er die Architektur eine „verstummte“ Tonkunst nannte. Und dann kommt die schöne Orpheus-Vision: Felssteine folgen den Tönen der Leier, werden handwerksmäßig „in rhythmischen Schichten“ gestaltet — „die Töne verhallen, aber die Harmonie bleibt“. Und in Faust II spricht der Astrologe von einem klingenden Säulenschaft: „Ich glaube gar, der ganze Tempel singt!“ Haben wir es hier nur mit dichterischen Phantasien zu tun, oder beruhen die großen Bauwerke der Antike wirklich auf harmonisch-musikalischen Proportionen?

Daß die Baumeister der Antike die Verhältniszahlen nicht nur gekannt, sondern auch als bauliche Maße benutzt haben, geht aus alten Schriften hervor wie aus den „zehn Büchern über Architektur“ des Römers V i t r u v, der im ersten Jahrhundert n. Chr. lebte. Er verlangt vom Baumeister gleich in den ersten Zeilen: „Die Musik aber muß er verstehen, damit er die Kenntnis von der kanonischen Berechnung der Töne und ihren mathematischen Verhältnissen innehabe.“ (19)

Die Zahl der Wissenschaftler, die sich über die Beziehungen zwischen Musik und Architektur den Kopf zerbrochen haben, ist keineswegs gering. Gottfried Semper vermutet, daß in der schöpferischen Periode des 6. Jahrhunderts v. Chr. in Griechenland unter dem Einfluß der Harmonielehre (die gleichzeitig musikalisch und kosmisch bedingt war) eine Umwandlung des Baustils erfolgte, die zur Begründung des dorischen Stils führte. Die Unterlagen sind uns nicht überliefert, sie leben aber weiter in mystischen Sagen und Legenden, daß die Fronten des Parthenons in Athen und des Pantheons in Rom musikalische Anrufe an die Götter darstellten. Und Sophisten behaupteten, Architektur sei nichts als eine harmonische Mitteilung an den aufnahmefähigen Verstand, falls sie, sich selbst getreu, göttlichen Ursprungs ist.

Musizierende Gebäude, Bauwerke, denen eine eigene Melodie zugrunde liegt —, ist dieser Gedanke nicht absurd? Aber die Tatsachen sprechen für sich selbst. Das Seltsamste auf diesem Gebiet ist wohl das musikalische Geheimnis eines Kreuzganges in San Cugat (Katalonien), auf das Alfons Kirchgäßner (19) aufmerksam macht. Um die Tag- und Nachtgleiche im Frühjahr berühren die Sonnenstrahlen in einer bestimmten Reihenfolge Säulen, die mit Tiergestalten geschmückt sind.

Nun muß man wissen, daß in der mittelalterlichen Mystik jedes Tier einem Notenzeichen entsprach: der Pfau dem Grundton, der Ochse dem zweiten, die Ziege dem dritten, der Strauß dem vierten Ton und so fort. Überträgt man nun die musikalischen Sinnbilder der Kapitelle in Notenschrift je nach ihrem Aufleuchten in der Sonne, so ergibt sich eine Melodie, die Ton für Ton einem Hymnus entspricht, der in der Klosterbibliothek aufbewahrt wird. Und Zwischenstücke innerhalb der Kapitelle entsprechen rhythmischen Anweisungen in Übereinstimmung mit dem Manuskript. (90)

In seinem Buch „Bauformen der Musik" hat Weidle eine Übereinstimmung zwischen der Anlage eines Residenzbaus der Renaissance und der Sonatenform festgestellt, zitiert von Ernst Bücken in seinem Werk „Geist und Form im musikalischem Kunstwerk“. Erst in neuerer Zeit ist man dazu übergegangen, die „Musik“ antiker Bauwerke zu ergründen, an erster Stelle Hans Kayser, der mit einem umfangreichen Werk über die Tempelbauten von Paestum hervorgetreten ist. (19) Haben sich beispielsweise Forscher vergebens gefragt„ weshalb die Basilika auf der einen Seite neun, auf der anderen Seite achtzehn Säulen enthalte, so gibt Kayser die Antwort unter Berufung auf die musikalischen Proportionen: Neun ist die Zahl des Ganztons, achtzehn die Verdoppelung in der Oktave, die in der griechischen Symbolik die Gesamtheit des Kosmos einschließt. Dieses Verhältnis 1 : 2 bringt nach Platon im „Philebos“ Schönheit und Kraft hervor. Zahlreiche Bilder, Tabellen und Notenbeispiele beweisen die „musikalische“ Harmonie der drei Tempelbauten von Paestum.

Diese keineswegs zufälligen Zusammenhänge zwischen Musik und Architektur bestätigen uns, daß die Aufgaben der tönenden Kunst sich nicht allein auf die Darstellung hörbarer Töne in künstlerischer Ordnung beschränken — daß diese vielmehr weit hineinreicht in das tägliche Leben und hier eine verborgene Wirkungskraft entfaltet, die im allgemeinen noch nicht genügende Beachtung gefunden hat.

Den Reiz absoluter Neuheit besitzt aber diese Ergründung musikalischer Proportionen in der Architektur keineswegs. Es war Andreas Werckmeister, der schon in seiner „Harmonologia musica“ von 1702 das Alte Testament auf „proportiones“ untersuchte und dabei feststellte, daß die Stiftshütte „und alles Gebäu, so Gott in der hl. Schrift zu bauen befohlen, harmonisch gebaut“ waren. Insbesondere bezieht er sich auf die Größenverhältnisse der Arche Noah, die 300 Ellen lang, 50 breit und 30 hoch war. „Wenn wir diese Zahlen durch den verjüngten Maßstab auf ein Monochordum tragen und auf die Musik applizieren, so haben wir eine perfecte harmoniam (d. h. einen Durdreiklang!!) in Clavibus C g1 e2. Solte dieses ohnegefehr von Gott also verordnet sein? Ich halte wohl nicht. Also sehen wir, wie die Ordnung Gottes lauter harmonisches und liebliches Wesen sei, woraus auch unsere Musik ihren Grund und Ursprung hat. Nun können wir auch etlicher maßen finden warum der Mensch durch die Musik erfreuet werde. Weil dannenhero die Musik ein ordentlich und deutliches Wesen, und solchergestalt nichts anderes als ein Formular der Weisheit und Ordnung Gottes ist, so muß ja ein Mensch (wenn er nicht ein Klotz ist) billig zur Freude bewogen werden, wenn ihm die Ordnung und Weisheit Gottes seines gütigen Schöpfers durch solche Numeros sonores ins Gehör, und folgendes ins Hertze und Gemüthe getragen wird." In diesem Zusammenhang weist Werckmeister darauf hin, daß wir durch unsere eigenen musikalischen Verhältnisse (proportiones) wissen, wie die „Harmonia der himmlischen corporum" beschaffen sei. „Ist nun die große Welt Macrocosmus also beschaffen, so muß der Mensch als Microcosmus auch eine Verwandtschaft mit derselben haben: daher Pythagoras und Platon gesagt: die Seele der Menschen sei eine harmonia; dieses wird nicht allein von vielen Philosophiis bekräftigt und erwiesen, sondern man hat es auch erfahren, daß an eines wohlproportionirten Menschen Leibe und Gliedern die proportiones musicae zu finden sein ... "

Im weiteren Verlauf unseres Weges durch die tönende und tonbereite Umwelt könnte man die Frage aufwerfen, ob unser Gehör in seiner heutigen Leistungsfähigkeit wirklich noch die gleichen Qualitäten aufzuweisen hat wie vor Jahrtausenden? Ob unsere Vorfahren nicht vielleicht doch empfindlicher, empfänglicher waren für die feinen rhythmischen Schwingungen der Natur, für harmonische Zusammenhänge, die wir heute wieder auf rechnerischem Wege mühsam zurückzugewinnen trachten? Ob ihnen infolgedessen die Natur weit größere, Generationen hindurch nachhallende Anregungen vermittelt hat als dem Menschen von heute? Diese Hypothese vertritt Karl S t o r c k (20):

„Nun erfahren wir alle Tage, daß der Gefühls- oder Geruchssinn der Naturvölker oder der Zigeuner unendlich feiner sind als die unsrigen, warum nicht auch das Gehör? Warum soll nicht auch dieser Sinn zu Wahrnehmungen befähigt sein, zu denen er bei uns, die wir des ständigen Zusammenlebens mit der Natur völlig entwöhnt sind, nicht mehr ausreicht? Es wurde unlängst bewiesen, daß der alte Homer ein unendlich schärferer Naturbeobachter war, als die tausend Philologen, die Kommentare zu ihm geschrieben haben. Warum sollen unsere Vorfahren, denen das Rauschen des Haines so viel sagte, daß sie in ihm die Stimmen ihrer Götter zu vernehmen glaubten, nicht auch die Töne der Tiere mit viel feineren Ohren aufgenommen haben als ein stubenhockender Musikgelehrter unseres papiernen Zeitalters? Es gab eine Zeit, wo der Mensch kindlich glaubte, vertrauend lauschte, verständnisinnig miterlebte, wo den dichtenden Kinderaugen der Menschheit überall auch die Gestalten erschienen, die diese Musik der Natur ausübten. Da war's der grimme Thor, der mit des Hammers Schwung den Himmel erbeben machte; da saß im Wasserfall der Nöck und sang das Lied, mit dem er weinen und lachen machen kann; da waren es holde Frauen, die im murmelnden Bach Koselieder tönten; da lockte gleißend die Meerfei; da heulten Tritonen im Sturm, da lachte Pan schrecklich durch die Mittagsstille; da huschten kichernd Moosweiblein durch den Busch; da brüllte Rübezahl durch den finstern Wald. Nein, es gibt keine Stille in der Natur. Den Wunderaugen eines Böcklin wird selbst das Schweigen im Walde zur ruhig durch die Stämme des Hochwalds reitenden Gestalt. So ist die ganze Natur auch voll tönenden Lebens, voller Musik. Und diese Musik sollte für den Menschen ohne Anregung geblieben sein? Wir glauben dem Dichter Novalis, der auch mit besonders begnadeten Sinnen in die Natur hineinlauschte, wenn er da sagt: ‚Die Natur ist eine Äolsharfe, ein musikalisches Instrument, dessen Töne wieder Tasten höherer Saiten in uns sind'."

Auch hier wieder ergibt sich ein aufschlußreicher Vergleich zwischen Musikwissenschaft und Geisteswissenschaft. Mit der für ihn typischen Eigenart seines Vortragsstils erklärt Dr. Rudolf Steiner in „Die Welt der Sinne und die Welt des Geistes“ (23, S. 130):

„Ungeheuer aufschließend für die Erkenntnis des menschlichen Wesens ist es, gerade das Ohr zurückzuverfolgen. Denn in seinem jetzigen Zustand ist dieser Gehörapparat des Menschen eigentlich — man möchte sagen — wirklich nur ein Schatten dessen, was er war. Dieser menschliche Gehörapparat hört heute nur die Töne oder die in Tönen sich ausdrückenden Worte des physischen Planes. Das ist gewissermaßen ein letzter Rest dessen, was durch das Gehör in den Menschen eingeflossen ist, ein letzter Rest davon, denn es flossen einstmals durch diesen Apparat ein die gewaltigen Bewegungen des ganzen Universums. Und wie wir heute nur irdische Musik durch das Ohr hören, so flossen in den Menschen herein in alten Zeiten Weltenmusik, Sphärenmusik. Und wie wir heute die Worte in die Töne kleiden, so kleidete sich einstmals in die Sphärenmusik das göttliche Weltenwort, dasjenige, wovon das Johannesevangelium als dem göttlichen Weltenwort, dem Logos kündet.“

Entschieden ist Karl Storck beizupflichten, wenn er der Ansicht ist, daß die Musik der Natur nicht ohne Anregungen auf die Menschheit geblieben ist. Mehr noch: Die Menschheit ist durchdrungen von Musik — sie lebt in Musik und die Musik lebt in ihr. Zu diesen Folgerungen sind wir wohl berechtigt auf Grund eines naheliegenden Analogieschlusses, der vielleicht nicht einmal allzu kühn erscheint, wenn wir alle bisher ermittelten Einzelheiten der Beobachtung aneinander reihen und verallgemeinern.

Denn was haben wir bisher ermittelt?

Das menschliche Leben gehorcht einer musikalischen Gesetzmäßigkeit.

Für die Natur gelten die gleichen musikalischen Regeln wie für den Menschen.

Musik ist Leben — und das Leben ist Musik.

So war auch der Ton klingender Zeuge der Weltschöpfung — er stand am Anfang, lange bevor es Menschen gab, die ihn wahrzunehmen vermochten. Er „wachte im Glutbett der Vulkane, im Urkampf der Elemente, die sich in klingender Lust vermählten.“ Noch war der Ton nicht „Musik“, sowenig wie die „rudis indigestaque moles“ des Horaz, die „rohe und ungeordnete Masse“ der Urmaterie sich schon von Urbeginn an zu „harmonischer“ Ordnung fügte. Daß er als Musik empfunden wurde, war nicht Wirkung der hörbaren und unhörbaren Stimmen der Natur, sondern ein Zeugungsakt des Menschengeistes, der die Anregungen der ihn unausgesetzt umflutenden musikalischen Ströme des eigenen Wesens und der Umwelt bewußt aufnahm und verarbeitete. Daß er es vermochte, ist ein Gnadengeschenk höherer Sphären. Die ersten musizierenden Menschen, die sich in Einklang setzten mit der Natur, sie beseelten und in ihr die Stimme Gottes vernahmen, knüpften noch das heilige, heute gerissene Band zwischen Himmel und Erde. In Märchen, Mythen und Sagen aller Völker lebt noch die Erinnerung an die göttliche Herkunft der Musik.

Als das „kluge Schneiderlein“ in Grimms Märchen eine Nacht in Gesellschaft eines Bären zubringen mußte, zog es eine Geige hervor und spielte so schön, daß das Untier seine Gelüste nach dem Leben des Schneiders vergaß und zu tanzen begann. In den Märchen aller Völker ist Musik Sinnbild der Erlösung von Erdenschwere und Symbol für das Einwirken höherer Mächte auf das irdische Dasein.

Sagen von der Entstehung der Musik bestätigen den göttlichen Ursprung: In China, wo zwei Vögel als Abgesandte Gottes dem Linglun erschienen und ihn aufforderten, die zwölf Grundtöne, die „Lü“, auf Bambusröhren nachzuahmen; im indischen Mythus wird der Sonnengott Krischna mit einer Flöte dargestellt; Dajani, die Tochter Schukras, des Abendsterns, ist die gottgeweihte Tempeldienerin der Tanzkunst und des Gesangs. Der Genius des Abendsterns ist in Persien die Lautenspielerin Anahid, die auf einer Lyra mit Saiten aus

Sonnenstrahlen den Reigen der Gestirne anführt. Die Leier ist in der griechischen Mythologie zwar von Hermes erfunden, gilt aber als Wahrzeichen des Sonnengotts Apollo, und „die Sonne schlägt das Weltenplektron" (nach „Cleanthes dem Philosophen"). (22)

Die tänzerische „Erlösung von Erdenschwere" erscheint im Märchen als älteste und vordringlichste Aufgabe der Musik. Aber die Nötigung zum Tanzen bewirkt zugleich, daß Unheil abgewehrt und Schuld gesühnt wird wie im Märchen von der „Zaubergeige", das dem Komponisten Werner Egk als Opernvorlage gedient hat. Dasselbe Motiv vom Spielmann, der am Galgen um die Gunst bittet, noch einmal seine Geige spielen zu dürfen, und nun alle Anwesenden in einen unaufhaltsamen Tanztaumel versetzt, kehrt in dem russischen Volksmärchen von der „Teufelsflöte" wieder. Es erinnert an die Wunderkraft von Papagenos Glockenspiel in der „Zauberflöte" und findet sich selbst im reichen Schatz westafrikanischer Negermärchen.

Immer sind es nur ganz bestimmte Instrumente, deren sich die Volksweisheit im Märchen bedient und deren Erwähnung auf ihr ehrwürdiges Alter schließen läßt: die Geige, Harfe, besonders aber die Flöte, der magische Kräfte eigen sind (Rattenfänger von Hameln!). Vielfach sind Musikinstrumente geradezu Ausdruck einer Volksseele wie die Harfe in den nordischen Ländern. Sie erscheint sogar im Wappen Irlands als Symbol der Mutter Natur, deren Haare sich im Todeskampf nach der Kreuzigung am „Baum des Lebens" zu den sieben Saiten der irischen Harfe verbinden. Harfensaiten aus den Haaren eines getöteten Mädchens vernichten in einer schottischen Ballade beim Spiel die Mörderin. Goldhaar bedeutet im Märchen von Jungfrau Marleen, Rapunzel oder Dornröschen stets uralte Bewußtseinskräfte und Erleuchtungszustände der Seele. (21) In dem irischen Volksmärchen „Fraechs Werbung um Finnabir" treten die Harfenspieler Klageweh, Lachehell und Schlafesüß auf, um ihrem Namen gemäß Traurigkeit zu lindern und Übermut zu dämpfen, während in „O'Donoghues Dudelsack" dieses ehrwürdige Instrument unbarmherzige Zinsherren und Geldeintreiber zum Lachen und Tanzen bringt, bis sie sich gegenseitig verprügelnd das Weite suchen.

Keiner Kunstgattung wird im Märchen eine derart übersinnliche, überirdische Macht beigemessen wie der Musik. Ursprung und Wirkung deuten auf himmlischen Einfluß, und in dieser Erkenntnis bewahrt die Volksseele unvergängliche Weisheiten.

Dieser Glaube an eine „himmlische" Herkunft der Musik, wie er sich in den Mythen aller Völker spiegelt — ist er wirklich nur „sagenhaft," „märchenhaft?" Weniger dem Bild, dem Wort, sondern dem Ton wird eine Vorrangstellung unter den Künsten eingeräumt, die uns doch zu denken geben sollte. Der Ursprung der Musik erscheint kosmischer Natur, ihre Wirkung erweist sich als eine „Magie", in der noch himmlische Kräfte zu walten scheinen und diesseitige Erlebniswerte mit jenseitigen Vorstellungen verquickt sind (hierüber mehr in dem Abschnitt „magische Musik".). Sollten nicht doch in der menschlichen Seele atavistische Elemente vorhanden sein, die an die ursprüngliche Verbundenheit von irdischer und himmlischer Musik erinnern? (Aufschlüsse hierüber gibt der Abschnitt „kosmische Musik"). Darf man eine Parallelität von akustisch wahrnehmbaren und unhörbaren, geistig — transzendenten Strömungen beim Erklingen des Tones annehmen? — Diese unausgesetzten Einflüsse eines „musikalisch" orientierten Lebens, einer von musikalischen „Ausstrahlungen" erfüllten, in „harmonischer" Ordnung gegliederten Umwelt — sollten sie nicht die natürlichen Voraussetzungen dafür sein, daß wir in irdischem Dasein überhaupt erst einmal dazu befähigt sind, Musik als solche wahrzunehmen und zu empfinden? Würde es nicht zur Klärung dieser bedeutungsvollen Fragen beitragen, wenn wir imstande wären, den Urgründen dieser Urtatsachen im Bereich des seelisch Unbewußten nachzuspüren?

Goethe verlangte in einem Eckermann-Gespräch nach einem produktiven Geist, um „ein einfaches Urphänomen aufzunehmen, es in seiner hohen Bedeutung zu erkennen und damit zu wirken," wenn er auch der Meinung ist, „das unmittelbare Gewahrwerden der Urphänomene versetzt uns in eine Art von Angst, wir fühlen unsere Unzulänglichkeit" („Maxime und Reflexionen"). Aber „Man kann in den Naturwissenschaften über manche Probleme nicht gehörig sprechen, wenn man die M e t a p h y s i k nicht zu Hilfe ruft, aber nicht jene Schul- und Wortweisheit: es ist dasjenige, was vor, mit und nach der Physik war, ist und sein wird" (ib.). „Stets auf das Urbild zu blikken" verlangte Heinrich F r i e l i n g. „Seelische Formen tragen wir in der Tiefe unseres Unterbewußtseins," stellte Hans K a y s e r fest. Gibt es Wege und Möglichkeiten, an die musikalischen Urphänomene heranzutreten?

Einen Schlüssel zur Ermittlung musikalischer Urvorstellungen bietet uns die Sprache. Wirkung und Ursache, Tonlaut und Tonbegriff fielen zusammen, Ton war die Spannung der Luft beim Gewitter, die den Donner erzeugt, „Ton", „Donner" hängen sprachlich zusammen: mittelhochdeutsch „donen" = „spannen", „doner" = „Donner", althochdeutsch „don", „ton", auch „Melodie" (!), lateinisch „tonus." — „Gespannt" wurde auch der Bogen, dessen Saite beim Entsenden des Pfeils schwirrte, tönte, und warum waren in der Mythologie die Bogenschützen Herakles, Apollo, Paris zugleich auch Lyraspieler?! Arnold S c h e r i n g glaubte an eine Art Ursymbolik, musikalische Sinngebungen, die zu allen Zeiten gewußt wurden. Ton ist aber auch Licht. Mit der „Höhe" hängt die „Helligkeit" zusammen (man frage ein Kleinkind nie: Welcher Ton ist „höher", sondern „heller"!). Die sprachlichen Zusammenhänge offenbaren sich noch heute in der Bedeutungsgleichheit von „hell" und „Hall". „Laut" ist übertragen aus „lichthell", synonym mit „hoch", „stark", „scharf", während „leise" als „dunkel, tief, schwach, abgestumpft" bezeichnet wird. Helligkeit ist ein Naturerlebnis und wird damit wie der Ton, der gleich dem Sonnenlicht aus kosmischen Bereichen zur Erde dringt, ein Qualitätsbegriff.

Ton und Licht, das im Prisma in seine Grundfarben zerlegt wird, stehen seit Urzeiten in ursächlichem Zusammenhang zueinander. In der Alchimie gehört jedem Planeten eine bestimmte Farbe zu, nach kabbalistischen Anschauungen ist die „Leiter Jakobs" im Alten Testament ein Symbol der alchimistischen Kräfte, ein Regenbogen oder eine „prismatische Stiege" (24), deren sieben Stufen wiederum mit den sieben Tönen identisch sind. Nachklänge dieser Einheit von Ton und Licht im Bewußtsein des Urmenschen äußern sich noch heute im „Farbenhören" (Synästhesie, „audition colorée"), in der eigentümlichen individuell verschiedenen Veranlagung, beim Erklingen von Tönen Farbvorstellungen zu erhalten. Zahlreiche Arbeiten auf diesem Gebiet von Anschütz (25), Schröder (26), Rainer (27), Argelander (28) u. a. versuchen vergeblich, die Gesetzmäßigkeit in den Beziehungen zwischen Ton und Farbe zu ergründen. Sind hier die Quellen des Unbewußten restlos verschüttet? Von G. Ph. Telemanns „Augen-Orgel" 1739 bis zu Laszlos Demonstrationen von Farblichtmusik hat es nicht an Versuchen gefehlt, Farben und Töne in Einklang miteinander zu bringen. Weittragende Bedeutung haben sie nicht erlangt. Im Schulunterricht wird mitunter eine Farbenskala verwendet, um den Kindern das Treffen von Tönen zu erleichtern (29).

Trotzdem unterliegt das Farbe-Ton-Problem einer innerlichen Gesetzmäßigkeit, die dem Gefühl näher stehen mag als dem Verstand. Es ist ja keine oberflächliche Redensart, wenn uns ein Tonstück mit chromatischen Akkordfolgen „farbig" erscheint im Gegensatz zur „einfarbigen" Diatonik. Die individuelle Verschiedenartigkeit in der Auffassung von Tönen als Farben erschwert die Ableitung und Aufstellung allgemeingültiger Grundsätze. Eine „Tonarten-Charakteristik", wie sie beispielsweise Daniel Schubart versucht, wäre bei den altgriechischen Tonarten mit ihren verschieden gelagerten Halb- und Ganztönen eher angebracht als bei unseren heutigen Tonleitern mit ihren gleichartigen Intervallen. Welcher normal empfindende, nicht mit absolutem Tonbewußtsein ausgestattete

Durchschnittshörer würde daran Anstoß nehmen, wenn ein Gesangsstück um einen Ton transponiert wird?

In jüngster Zeit hat sich wohl niemand so weit- und eingehend in dieses heikle Gebiet vorgewagt wie August Aeppli (78). Selbst wenn man gegen seine Aufteilung aller hörbaren Töne auf die Farben des sichtbaren Spektrums einwenden wollte, daß die Hör- und Sichtgrenzen keineswegs gültige Konstanten sind, mit denen man operieren könne wie mit mathematischen Begriffen, so ist den Darlegungen Aepplis eine gewisse Überzeugungskraft nicht abzusprechen. Farbe und Ton erscheinen ihm bestimmbar durch das Verhältnis von Umfang und Radius $\pi = 3{,}1416$. Das von ihm aufgestellte Grundgesetz lautet: „Eine Tonschwingungszahl pro Sekunde mit π multipliziert ergibt die Schwingungszahl der entsprechenden Farbe pro Sekunde (Billionen)." In seiner Farbtonskala erscheint das tiefste C mit 16 Schwingungen als rot, das F, unser geheimnisvoller „Grundton der Natur" erhält das Grün der Landschaft übereinstimmend mit den Farbtonforschungen von Georg Anschütz („F" drückt bei Schubert „Gefälligkeit und Ruhe" aus). Es würde zu weit führen, auf die vielen wertvollen Folgerungen Aepplis aus diesen Gegebenheiten einzugehen — wie das „E" (des „dorischen Sonnentons" vergl. S. 104) dem hellsten Gelb des Spektrums entspricht, im C-dur-Dreiklang (rot-gelb-blaugrün) die Trinität „Leib — Geistseele — Geist (Verstand)" ihren musikalischen Ausdruck findet, die Molltonarten die „Nachtseite" des taghellen Dur versinnbildlichen, wie Musik „Lebensspiegel, ein Seelenspiegel der Menschheit" wird. „Der Musik und der Musikwissenschaft können durch die Erkenntnis der Beziehungen zu den Farben große und ungeahnte Einblicke aufgehen, denn der Zusammenhang der musikalischen Gestaltung sowie auch der Farbenkunst mit den verborgenen Kräften der Seele und den schöpferischen Urordnungen gewinnt durch diese Erkenntnis ein neues Licht." (78, S. 348) Und von besonderem Wert sind Aepplis ethische Folgerungen: „Diese höhere Ethik, die durch die Kunst sich ausspricht, ist identisch mit der Ethik, die sich durch die Ordnungen der Farben und der Töne und der höheren Harmonik erkennen läßt... Sie ist absolut verpflichtend und ordnend, denn genau wie ein jeder Verstoß gegen harmonikale Ordnungen Störungen erzeugt, so enstehen auch durch Verstöße gegen diese höhere Ethik Störungen im seelisch-geistigen Leben." (S. 350) Dieses umfassende Werk liefert einen beachtenswerten Beitrag zur Erhellung der inneren Beziehungen zwischen Musik und Leben.

Noch in der heutigen Musik der Sprache begegnen uns ursächliche Zusammenhänge zwischen Ton und Licht. Inneres Gefühl ordnet die Hauptvokale nach dem einfallenden Sonnenstrahl, der von der Höhe in die Tiefe, vom hellen „I" über das „A" zum dunklen „U" führt. Man spreche sich einmal mit lauter Stimme diese Vokalfolge in entgegengesetzter Richtung vor, etwa in „ru-ra-ritsch", um sofort diesen Verstoß gegen die „Natur" deutlich zu verspüren. Nein, der Volksmund sagt: „rira-rutsch", „bimbambum", „piffpaffpuff" neben vielen anderen Redewendungen, die eine Übereinstimmung des Musikgefühls mit der Lichtvorstellung erkennen lassen.

Zu den musikalischen Urphänomenen zählt der Kreis — Sinnbild für die Planetenbahnen. In ihm offenbart sich nach den Lehren des Pythagoras (23, S. 74) das „Geistorgan des Ich", er diente den Schülern zu Meditationsübungen. Die Gruppierung der Gemeinschaft im Kreis, „wobei die Anwesenden sich durch ihre Beziehung zu der gemeinsamen Mitte unmittelbar als Teil einer gegliederten Ganzheit, eines überpersönlichen Organismus erleben" (30), dürfte ältestem Brauch in Urzeiten entsprechen. Adama von Scheltema weist darauf hin (31), daß die Ordnung um die Mitte das Bild eines lebendigen Organismus vermittelt, dessen Seele in der Kreismitte lokalisiert erscheint und von dieser Mitte aus die gemeinsam vollführte Bewegung und den gemeinsam erhobenen Gesang der peripheren Glieder in jedem Moment streng reguliert. In der Mitte stand das Mal, der Grabhügel, der Altarstein, der Gesetzessprecher als Verkörperung des Thingfriedens, hier befindet sich heute noch der Maibaum, das Osterfeuer. Die Gemeinde ist Ausstrahlung eines zentralen, heiligen Prinzips, Umkreis und Mitte bedingen sich gegenseitig. (31, S. 117). Seit ältesten Zeiten gilt der Kreis als religiöses Symbol (67, S. 243).

Wieweit hier kosmische Einflüsse bestimmend sind — die Sonne als Mittelpunkt — läßt sich nur vermuten. Aber Sonnenmythen leben noch im Unbewußtsein der Kinder, wenn sie kreisbildend den Ringelreihen anstimmen zu der vielleicht ältesten Melodie der Menschheit in der pentatonischen (fünftönigen) Skala vorchristlicher Nomaden-Kulturen (nach Danckert) zu den Texten „Ringel ringel Reihe" oder „Hokus Pokus Holerbusch" oder „Sonne Mond und Sterne" oder „Maikäfer flieg!" — „Der Inhalt jeder Pentatonik erklingt als kosmische Skala, nicht von Menschen erdacht, sondern den Göttern abgelauscht" (23, S. 246). Tanzspiele der Kinder wurzeln im Naturkult unserer Vorfahren. Vergessen ist, daß im „Dornröschen" (Brünhilde-) - Spiel die „im Kult symbolisch vollzogene, mythische Hochzeit zwischen Sonne und Erde veranschaulicht" wird (31, S. 121).

Eine allem Anschein nach recht vollständige Sammlung von teilweise offensichtlich sehr alten Kinderspielen (79) verzeichnet unter rund 140 Beispielen etwa 30 unverkennbar pentatonisch beeinflußte Weisen, also fast ein Fünftel. Interessant, wie hierbei durch Einfügung von Durchgangsnoten der ursprünglich pentatonische Charakter dem heutigen Dur angenähert wird. Reine Fünftönigkeit findet sich in einem Reigenlied aus Sachsen mit textlichen Anklängen an das germanische Nornen-Motiv:

„Zersungene" Pentatonik mit einem leiterfremden F-Durchgangston läßt die folgende Melodie erkennen:

Zweifellos haben wir es bei diesen Weisen mit einer Art von „Urmelodie" der Menschheit zu tun — Keimzelle aller späteren Kunstschöpfungen. (Über die Pentatonik als „Schwelle zum Kosmisch-Ätherischen" finden sich bei Anny Lange, 23, Bd. II, weitere geistvolle Angaben.)

Und der Kreis war es, der formbestimmend für die älteste Musikausübung wurde. Der Vorsänger in der Mitte einer kreisbildenden Gruppe, die mit gleichbleibenden Ausrufen, dann mit wiederholten Melodienfloskeln dem Vorsänger antwortete, gab das Vorbild für den immer wiederkehrenden Reim, den „Kehrreim", den „Rundgesang" und in späterer Entwicklung das „Rondo" (= rund). Ein Thema steht hier im Mittelpunkt und wird von verschiedenen anderen musikalischen Gedanken „umkreist" wie das Muttergestirn von den Wandelsternen. „Wiederholung ist auch eine Nachahmung des kosmischen Kreislaufs von Tagzeit, Jahreszeit, Gestirnbahn, Atmen, Schlafen und Wachen, Geburt und Tod. Der Anfang mit seiner Intensität muß stets zurückgeholt werden, damit der Kreislauf wieder beginnen kann. Was die Musik angeht, so sind Reprise in der Sonate, Passacaglia, Rondo, Fuge, Kanon, Ricercare, Sequenz Beispiele für das Wiederholungsprinzip .... Auch an dieser Eigenart ist die Kunst erkennbar als Abglanz und ‚Wiederholung' des Kosmos, der sich räumlich wie zeitlich in rhythmischen Wiederholungen aufbaut." (18, S. 447) Und nicht zuletzt die Dacapo-Arie, bei der stets „der Anfang mit seiner Intensität zurückgeholt" wird. — In der mittelalterlichen Mensuralnotation kommt die Beziehung zwischen Kreis und Göttlichkeit überzeugend zum Ausdruck. Ein Kreis am Anfang der Notenzeile bedeutete den Dreivierteltakt. Er allein war „vollkommen" als Sinnbild der göttlichen Dreieinigkeit. Aus dem Halbkreis, dem Zeichen für unvollkommenen geraden Takt, hat sich unser „Alla breve" entwickelt. — Und der Quinten-„Zirkel" (der eigentlich kein Kreis, sondern eine Spirale ist)? Auch Johann Kepler legt dem Kreis in seinen Beziehungen zum Seelenleben eine besondere Bedeutung bei: „Der als Kreis bezeichnete Begriff der Größenlehre hat in der Seele eine ganz andere Bedeutung: hier ist er nicht bloß Urbild der Außenwelt, sondern in gewissem Sinne Ur-Beziehbarkeit der Seele selbst." (54, S. 38) — Man beachte den Kepler-Anhang zum Abschnitt „Kosmische Musik"!

Der Kreis ist die wohl bedeutendste „urtümliche" Musikvorstellung der Menschheit — ein Urbild im Sinne der Archetypen C. G. Jungs. „Die Welt der Archetypen muß, ob er sie begreift oder nicht, dem Menschen bewußt bleiben, denn in ihr ist er noch Natur und mit seinen Wurzeln verbunden. Bleiben die Urbilder in irgend einer Form bewußt, so kann die Energie, welche diesen entspricht, dem Menschen zufließen." (32)

Wäre es nicht eine verdienstvolle Aufgabe der Tiefenpsychologie, den Urbildern des kollektiven Unterbewußtseins auch auf musikalischem Gebiet nachzuspüren? Hier aber stehen wir noch am Anfang, hier bleibt der Forschung noch weiter Spielraum. Mit „musikalischen Archetypen" hat sich der Arbeitskreis C. G. Jungs (laut brieflicher Mitteilung) noch nicht befaßt, und es ist dem Spürsinn des Einzelnen überlassen, Wege und Mittel zum Erkennen der Urphänomene zu finden.

Die Rückbesinnung auf die Urphänomene weist den Weg in eine neue Zukunft. In klarer Eindringlichkeit hat dies Hugo Kükelhaus ausgesprochen in seinem lesenswerten Werk, das die weltanschauliche Bedeutung der Maße und Zahlenverhältnisse behandelt: „Ein kommendes Weltbild wird erwachsen aus einer Klarschau der Normen und Urmaße. Der Mensch wird durch das Ergreifen der Urbilder und durch den Wachdienst an den Urbildern errettet vor dem Versinken in die Bewußtlosigkeit, deren Inbegriff die Technisierung der Lebensvorgänge ist ... Die Klarschau der Urbilder gibt dem Menschen das rechte

Maß. Das Leben wohnt im Maß. Leben und Maßhalten ist eines. Die Urbilder — die Urzahlen: sie selber sind der Lebensgeist des Menschen". (165, S. 165 ff.) Und: „Die Urbilder standen an der Wiege jeder Blütezeit. Nur so lange, wie die Völker die Urbilder sehen, stehen sie in Blüte. Verblaßt ihr Bild, um endlich ganz zu verschwinden, dann versinken die Völker in Willkür. Die Urzahlen sind die Urbilder. Die volkhaften Sinnbildwelten, die Sprache der Zeichen, die sich größtenteils an die Bahn der Sonne anlehnt, sind nicht die Urbilder selbst, sondern ihr Schutzmantel. Sie setzen ein Wissen voraus, um das Urbild, das selbstwirkend ist, dahinter zu finden ... Eine neue Wirklichkeit kann nur aus dem Kern der Urbildschau, aus dem in Gott ruhenden Ich erwachsen. Aber werden die Menschen die Umkehr vollziehen könnnen? Wenn ja — dann ist es eine reine Gnade. Da am Ende alles Denkens der Zweifel steht, können wir, solange wir den Verstand befragen, nur hoffnungslos die Flügel hängen lassen. Wenn aber die Gnade die unmöglich erscheinende Umkehr möglich macht, dann werden die Menschen erleben, wie das Wort von dem Reich Gottes, das wie ein Senfkorn so winzig sein soll, wahr ist." (ib. S. 248)

Geheimnisvolles Dunkel breitet sich über die Uranfänge der Kunst in vorgeschichtlichen Zeiten. Ausgrabungen von Schmuck und Kunstgeräten, prähistorische Monumente und Höhlenzeichnungen gestatten uns wohl Einblicke in Frühzeiten der Kultur, die bisher aufgefundenen vierzig Luren und Bronze-Hörner mit einem Alter bis zu mehr als 3000 Jahren bleiben aber stumm, und niemand weiß, was für Melodien ihren seltsam ziselierten Schalltellern entklungen sind. Immer wieder aber reizt es den Forscher, dieses Dunkel zu lichten, selbst wenn er sich aus Mangel an geschichtlichen Überlieferungen des unsicheren Hilfsmittels der Analogie bedienen muß. Ein solches Analogon beruht in dem Vergleich zwischen der Entwicklungsgeschichte der Menschheit und dem Werdegang des Individuums.

Ein Menschenalter nach Goethes Tode formulierte Ernst H a e c k e l das „biogenetische Grundgesetz", das bereits Vorläufer in Zeitgenossen Goethes, in Meckel oder Karl Ernst v. Baer besaß. Dieses Gesetz besagt, daß sich die Entwicklung des Stammes (Phylogenesis) in der einzelnen Art (Ontogenesis) spiegele, daß also die Ontogenesis eine durch Vererbung bedingte, durch Anpassung modifizierte Wiederholung der Phylogenesis sei. Versuche, dieses Gesetz auf alle Lebensbereiche anzuwenden, sind lückenhaft geblieben, besonders in der Kunst. F. A. von S c h e l t e m a s umfassendes Werk „Die geistige Wiederholung", das ein „psychogenetisches Grundgesetz" aufstellt, dürfte eine Einzelerscheinung geblieben sein.

Eine Anwendung des biogenetischen Grundgesetzes in der Musik ist kaum erfolgt, wenn auch H. J a n c k e (33) wertvolle Andeutungen macht. Er nimmt stammesgeschichtliche Überbleibsel in der menschlichen Seele an und fragt: „Sollten diese Residuen nicht durch Assoziation oder Resonanz von fernher durch musikalische Wirkungen zum Klingen gebracht werden können, so daß Nietzsches Wort zu Recht bestehen würde, daß die Menschheit in der Musik rührende Erinnerungen an die Freuden ihrer Jugend erlebte?" Die entscheidende Frage, die noch der Beantwortung harrt, die neues Licht auf den Ursprung der Musik werfen könnte, lautet nunmehr: Entspricht die musikalische Entwicklung des Kindes nach unseren bisherigen Erfahrungen dem geschichtlichen Werdegang der Musik? Und wenn ja — sind wir dann dazu berechtigt, aus dem musikalischen Verhalten des Kindes Rückschlüsse auf die Entstehung der Musik in einer uns noch verborgenen Vorzeit zu ziehen?

Hier bieten sich zweifellos vielversprechende Ansatzpunkte für eine psychogenetische Musikforschung. Hier müßte auf dem Weg über die „Wiederholungsentwicklung" (Haeckels „Palingenesis") untersucht werden, welche Analogien zwischen der Vorliebe des Kleinkindes für rhythmische Geräusche und dem rhythmisierten Lärmen primitiver Urvölker, den Musikgruppen der Händeklatscher im alten Ägypten, in Indien bestehen. Hier müßte gezeigt werden, wie das rythmische Empfinden dem melodischen Gefühl vorangeht, wie (nach Prof. Georg S c h ü n e -

mann) (35) die Urform aller Liedmusik in der fallenden Klangkurve eines schreienden Kindes zu finden ist, wie sich das Singen aus dem gehobenen Sprechen entwickelt, wie sich Tanz und Spiel zu einer Einheit verdichten. Erst zu allerletzt, in reiferen Jahren, entsteht ein Gefühl für harmonische Zusammenklänge, analog unserer Musikentwicklung, die eine Harmonieauffassung in heutigem Sinne erst seit der Jahrhundertwende um 1600 kennt.

Diese theoretischen Erwägungen veranlaßten mich zu einem praktischen Experiment. Mit dankenswerter Unterstützung der höheren Lehranstalten Wiesbadens ließ ich Kindern im Durchschnittsalter von 11-12 Jahren die Aufgabe stellen: „Malt einmal — was Musik ist!"* In mehreren Fällen wurde es mir ermöglicht, den Zeichenunterricht in den Quintaklassen eines Mädchen-Lyzeums, eines humanistischen Gymnasiums selbst zu übernehmen. Ich gab kaum Erklärungen, beschränkte mich auf die Andeutung loser Beziehungen zwischen Ton und Farbe und vermied jede Beeinflussung der kindlichen Phantasie. Und — das Ergebnis?

Goethe hat in einem Gespräch mit Legationsrat Falk geäußert: „Die Seele musiziert, indem sie zeichnet, ein Stück von ihrem innersten Wesen heraus, und eigentlich sind es die größten Geheimnisse der Schöpfung, die, was ihre Grundlagen betrifft, gänzlich auf Zeichnen und Plastik beruht, welche sie dadurch ausplaudert." Es gibt zahlreiche Beziehungen zwischen Tonkunst und Zeichenkunst: Die Farbigkeit der Musik, die räumlichen Bewegungen der auf- und absteigenden Melodie, die Helligkeit der hohen, die Dunkelheit der tiefen Töne, dann aber auch die Gesetzmäßigkeit und rhythmische Ordnung der Musik, der „zentrale Pol" des Grundtons und vieles andere. Kinder, die noch über eine ursprüngliche, um nicht zu sagen „urtümliche" Phantasie verfügen ohne allzustark verstandesmäßige geistige Belastung, zeigen sich für das Erkennen solcher Ähn-

* Vgl. Bildbogen S. VII und VIII.

lichkeiten sehr aufgeschlossen. Wenn sie nun an die Aufgabe herantreten sollen, Klangvorstellungen unmittelbar in Bildvorstellungen umzuwandeln, so ist der Verstand in nur geringem Maße beteiligt. Die Kinder „wissen“ nicht, was sie tun — sie folgen unbestimmten Gefühlsimpulsen, abseitigen Assoziationen, deren Wurzeln tief ins Unbewußtsein hineinreichen.

Aus über zweihundert Zeichnungen ergibt sich hierfür eine Bestätigung. In den meisten Fällen gilt der erste zeichnerische Impuls der Farbigkeit als Hauptmerkmal der Musik unter Auflösung der Form. Abstrakte Malerei erhält hier einen Sinn in Zusammenhang mit der Gegenstandslosigkeit der Musik. Hierbei ergeben sich zwei Arten der Darstellung. Das konturlose Ineinanderfließen der Farben, und die Zusammensetzung begrenzter Gebilde mit scharfen Kontrasten in erfindungsreichen Formen. Die Farbverteilung erfolgt durchaus nicht immer willkürlich, und die Phantasie, die hierbei von Zehn- bis Zwölfjährigen entwickelt wird, versetzt in Erstaunen. Von lichtzarten, gleichsam „hingetupften“ Malereien bis zu dunklen, schweren, „voluminösen“ Farbbildern finden sich alle nur erdenklichen Anwendungsarten. Die Parallele zur Musik ergibt sich aus dem Unterschied zwischen klar erkennbarer taktmäßiger Gliederung und dem freien Verlauf weite Abschnitte überspannender, vielfarbiger Stimmen.

Zeichnungen ohne musikalische Vorlage lassen häufig ein Streben aus dunklem Untergrund aufwärts ins Helle erkennen. Hier treten bereits die uns bekannten atavistischen Merkmale auf: Der Vergleich zwischen einer absinkenden Tonreihe und dem einfallenden Lichtstrahl. Eine Darstellung des Liedthemas aus Schuberts Streichquartett „Der Tod und das Mädchen“ weist vorwiegend dunkle Farben, einförmige Linien auf gemäß der geringen melodischen Bewegung — und überraschenderweise mehrfach mit Grabsymbolen, Kreuzen, ja sogar mit der Vision einer „toten“ Landschaft („Nach dem Krieg“), ohne daß den zehn- bis elfjährigen Sextanern vorher auch nur die geringste Andeutung über den Sinn des Tonstückes gemacht wurde!

Ein Beweis dafür, daß bei Sensitiven nicht Töne und Tonverbindungen „erlebt“ werden, sondern die geistigen Schaffensimpulse aus der transzendenten Empfindungswelt des Schöpfers.

Hier darf man bereits von einer typenmäßigen Erfassung der kleinen Kunstfreunde sprechen. Wer sich mit wahllosen Farbmischungen begnügt, scheint den Inhalt der Musik über die Form zu stellen. Mitunter nicht ohne konkrete Beziehungen: ein Mädchen wurde an das Tongewirr auf einem Jahrmarkt erinnert. Wer sich in erster Linie von der Form angesprochen fühlt, stellt Musik als geometrische Gebilde dar — auf Befragen ergab sich, daß diese Schüler auch gute Mathematiker sind. Und der dritte Typ sucht nach Gefühlssymbolen, die der reinen Empfindungswelt entsprechen, etwa ein Herz, aus dem farbige Strahlen brechen.

Das Symbol und das Ornament — das sind die beiden wichtigsten Mittel kindlicher Gestaltungskunst. Beides Urbegriffe der Menschheit, bestimmend für das Entstehen der Sprache, der vorzeitlichen Kunst, die ebenso wie die vorliegenden Zeichnungen einem durch Jahrtausende vererbten, unbewußten harmonisch-musikalischen Gefühl folgen. In der heutigen Musik hat das Ornament seine Bedeutung verloren, die es in den verschiedenen Arten des Melisma besaß — im Unterbewußtsein lebt es fort. Das zeichnerische Ornament, oft in engem Zusammenhang mit dem Symbol, gewinnt einen sehr verschiedenartigen Ausdruck in der geraden und gewundenen Linie, der Spirale, dem Kreis. Es lehnt sich mitunter an musikalische Zeichen an wie den Violinschlüssel, es sucht aber auch Beziehungen zur Natur, im Übergang von Notenzeichen zu einem Pflanzengerank, aus dem Töne zu Kreisen aufgelöst nach oben ins Helle verklingen.

Aufschlußreich ist die Vielseitigkeit in der zeichnerischen Symbolisierung der Musik. Es erscheint nicht nur künstlerisch, sondern auch ethisch bedeutsam, wenn in den kindlichen Zeichnungen der Sinn für den Symbolgehalt der Musik geweckt und gepflegt wird. Wie äußert sich zum Beispiel das Symbol der

Melodie? Meist in farbigen, vielfach verschlungenen, über- und untereinander geführten Linien, in „Verästelungen" mit Anlehnungen an Baumvorstellungen, in gruppenförmig auftretenden Strahlen, in Tonbändern (Band-Keramik!), und vielfach werden Notenlinien selbst zum Symbol der Melodie in wellenförmiger Bewegung. Am häufigsten erscheint die Note als Symbol der Musik, aber dann vom Gefühl phantasievoll modelliert, losgelöst vom Urgrund der Notenlinien, farbenreich und bildhaft gesehen mit Formveränderungen, in selbständiger Beweglichkeit. Schließlich können Instrumente zum Symbol der Musik werden: Die Geige, aus der farbige Strahlen brechen, das Saxophon als Charakteristikum der Jazzmusik. Es kommt zu interessanten Assoziationen: Kreuze als Vorzeichen werden zu Gittern, in Leitern ist die Tonleiter versinnbildlicht. Schließlich fehlt es auch nicht an konkreten Vorstellungen: Töne steigen aus wogendem Wasser empor, Musik wird mit einem Sonnenaufgang auf dem Meer verglichen oder mit einer von Bäumen umsäumten Wegstrecke. Mädchen neigen mehr als Knaben zu persönlicher Figürlichkeit wie Komponistengestalten, Tänzerinnen.

Was diese zeichnerischen Experimente besagen, ist eine Bestätigung des umstrittenen biogenetischen Grundgesetzes. Urformen tauchen auf, die eine Parallele in vorgeschichtlichen Zeiten besitzen. Vorstellungen werden wachgerufen, die den Tiefen des Unterbewußtseins entstammen — wie kommen zum Beispiel Kinder darauf, jede Notenlinie in einer anderen Farbe zu zeichnen, wie es in den Mönchshandschriften der Gotik etwa im „Kiedricher Graduale" des 13. Jahrhunderts üblich war? Das „Malen, was Musik ist" kann nicht als Spielerei gelten — es offenbart dem Fachmann eine größere Fülle von seelischen Zusammenhängen, als auf den ersten Blick zu erkennen ist und mit wenigen Worten ausgedeutet werden kann. Und wenn diese Versuche auch noch keine Lösung der Frage nach der Entstehung der Musik herbeiführen, so bedeuten sie doch systematisch betrieben und in exakter wissenschaftlicher Auswertung einen lohnenden Weg zu den Urquellen der tönenden Kunst, die den

Tiefen der menschlichen Seele entstammen und allein von hier aus Rückschlüsse auf den Ursprung aller Musik gestatten.

Eine besondere praktische Bedeutung könnten die Erkenntnisse über die Zusammenhänge zwischen Musik, Natur und Leben für die Erziehung erlangen, wenn den Kindern die Grundlagen der tönenden Kunst als Lebenserscheinungen nahegebracht würden und anhand von praktischen Beispielen die Übereinstimmung von Tongesetz und Lebensgesetz nachgewiesen würde. Eine dankbare Aufgabe für Gymnasien mit „musischem Zweig", für die auf diesem Gebiet fortschrittlichen Waldorf-Schulen, für die Neugründung der noch nicht vergessenen „Musischen Gymnasien". Es gibt sicherlich weit mehr Anstalten, die sich in diesem Sinne betätigen, als allgemein bekannt ist. Hugo Kükelhaus (165, S. 240 ff) macht auf die Atem- und Gesangsschule Schlaffhorst-Andersen in der Heide bei Celle aufmerksam, die mit bestimmten Schwingübungen Leib und Seele gleichermaßen in den Zustand der Lockerung bringt, „welche die durch ein Urzahlbild erwirkte Lösung unmittelbar mit Atmung und Gesang verbindet. Es werden also gleichsam die Maßwerke der Tonerzeugung gefunden ... Der Erlebende hat beim Singen von Tonfolgen die Vorstellung von ganz bestimmten geometrischen Figuren. Dem von unten kommenden Schema des Blutes, des Irdischen, entspricht das von oben kommende des Geistes. Die beiden durchdringen einander und bilden gemeinsam das Sprachfeld. Aus diesem Grunde entstehen mit bunter Kreide Maßwerkfiguren, meist im Quadrat, aber auch in Sechsecken, die in Kreise gespannt sind. Im Verlauf ihrer Linien und in den Schnittpunkten fängt sich der Austausch des Unten und Oben zu singbaren Gruppen und Abläufen ... Das Ebenmaß, das aus den äußeren Bildungen durch alle Schichten des Bewußtseins hindurch in unser Innerstes eindringt, ist das Ergebnis einer sittlichen Maßnahme."

Ein weites Gebiet der irrealen, transzendenten Tonwelt wurde durchmessen: der Mensch in seinem Verhältnis zu einem musikbestimmten Leben und zu einer „harmonisch" geordneten

Umwelt. Er selbst erscheint als „Musikinstrument“ nach den Regeln des „Goldenen Schnittes“, wenn wir Walter Blume glauben dürfen (34): Unterarm als mittlere Proportionale zwischen Oberarm und Hand, entsprechend der großen Terz im gleichen Verhältnis zwischen kleiner Terz und Quinte — bildlich dargestellt im Pentagramm, dem Drudenfuß als Zeichen der Teufelsaustreibung.

Zur „latenten“ Musik des menschlichen Organismus sei zum Schluß dieses Abschnittes noch ein interessantes Beispiel beigefügt. Im „Institut für harmonikale Forschung — Sektion Deutschland“ (auf Hans Kayser basierend) wurde eine „harmonikale Analyse von Schädelprofilen“ vorgenommen (69). Der Verfasser Rudolf Haase bezieht sich auf Gesetzmäßigkeiten im Schädelbau anhand von Röntgenbildern unter Berufung auf einschlägige Arbeiten von W. Bergerhoff und W. Höbler. Die hierbei angegebenen Meßpunkte wurden mit Linien verbunden und der uns bereits bekannten harmonikalen Analyse unterworfen. Aus den Proportionen, die aus dem Vergleich der verschiedenen Längen gewonnen wurden, ergibt sich nun, daß das Verhältnis der Quinte (2 : 3) am häufigsten ist. An zweiter Stelle steht die große Sekunde, die klanglich mit der Quinte in der neueren Musik eng zusammenhängt (V + II = Quintsextakkord). Bei einem Vergleich derselben Maße im männlichen und weiblichen Schädel stellt es sich heraus, daß beim weiblichen Geschlecht kleine Terzen und kleine Sexten vorherrschen, beim männlichen dagegen die entsprechenden großen Intervalle. Und der Verfasser folgert: „Und somit zeigt sich als erstaunlichstes und wesentlichstes Merkmal unserer Analyse, daß jene in der abendländischen Musik seit Jahrhunderten bekannte Bezeichnungsweise der beiden Tongeschlechter, nämlich Moll-weich-weiblich und Dur-hart-männlich sich auch bei rein medizinisch-naturwissenschaftlich ermittelten Merkmalen von Geschlechtsunterscheidungen am Schädelprofil als zutreffend erweist.“

Das „Erstaunen“ über dieses Ergebnis erscheint als verfrüht, solange nicht der Beweis erbracht ist, daß primitive Völker, denen ein abendländisches Musikverständnis fehlt, auch ein anderes Schädelprofil und damit auch anders gelagerte Meßpunkte aufweisen. Sollte vielleicht gar ein Wandel im Musikgeschmack mit der Vorliebe für andersartige Intervalle in ursächlichem Zusammenhang mit einer Veränderung des Schädelprofils stehen? Sind die Ergebnisse der harmonikalen Forschung für Menschenprofile allein zutreffend oder kommen sie auch für Tierschädel (Menschenaffen) in Betracht? Und wer wollte so kühn sein zu behaupten, daß die eventuell auch bei einem Urmenschen der Vorzeit ermittelten Schädelmaße Rückschlüsse auf sein Intervallverständnis zuließen? So wertvoll auch die Untersuchungen des harmonikalen Forschungsinstitutes erscheinen, so dürfte doch noch ein weiter Weg zurückzulegen sein, bis sich die Hypothese zur wissenschaftlich einwandfreien These verdichtet.

Wir sahen, daß der Mensch seitens seiner Umwelt musikalischen Einflüssen ausgesetzt ist, die wir als Urimpulse zur Entstehung unserer tönenden Musik auffassen wollen. Diese Urimpulse sind auf Erden überall die gleichen, mögen sie auch in der nachschaffenden Seele des Individuums und der Völker je nach der Verschiedenartigkeit ihrer Lebensformen und Lebensbedingungen eine andersartige „tönende" Ausprägung erhalten haben.

Aber auch diese vielen Urphänomene einer „latenten" Musik innerhalb eines nicht erklingenden, jedoch tonbereiten Lebensraumes sind nicht Ursachen, sondern Wirkungen einer höheren geistigen Ordnung, deren Ursprung sich im K o s m o s, im Geheimnis der „S p h ä r e n h a r m o n i e" verbirgt.

Zweiter Abschnitt

MUSIK DES KOSMOS

INTERMEZZO I

Harmonie der Sphären

Der Arzt hält die Geige in ausgestrecktem Arm, und sein Blick, glanzlos und leer, tastet darüber hin, als erschaue er das Instrument zum ersten Mal.

Es ist wie der Körper einer Frau. Hier der schlanke, ranke Hals, hier der Leib, durch übermäßige Einschnürung der Hüfte in zwei Hälften geteilt — und warum krönten alte Meister ihr Kunstwerk mit einem katzenhaften Löwenkopf?

Wenn ich den Bogen hebe, klagt und singt die gefangene Seele der fremden Frau. Ihre Töne erheitern und erheben, bestricken und entrücken den Hörer in Tiefen der Seligkeit — vielleicht wissen sie auch zu töten, zu morden — vielleicht....

„Warum spielst du nicht weiter?"

Der Arzt bewegt den Kopf willenlos nach dem Klang der Worte, das Auge sieht kaum die versunkene Gestalt des Musikers, des Freundes — drüben am Flügel. Die kurzen, plumpen Finger krallen sich eigenwillig in die Tasten, der unförmige Kopf ist lauschend geneigt, daß die strähnigen Locken die Stirn überschwemmen, und der breite Mund öffnet sich zu einem Lächeln, das Hohn wie Heiterkeit bedeuten könnte. Doch die tiefen, dunklen Augen strahlen herzenswarm zu dem Verträumten hinüber.

Der wendet sich ab, als schäme er sich der Schwäche, legt die Finger der Rechten an ermüdete Lider und sagt entschuldigend:

„Es ist nur... Du weißt, er wurde heute eingeliefert — zur Beobachtung — als Polizeigefangener..."

Unwillkürlich schweift der Blick aus dem Fenster nach den hochragenden Mauern, die den Hof begrenzen.

Ein heftiger Ruck des Stuhles dreht den Musiker ins Lampenlicht, daß die Unregelmäßigkeit seines wandlungsfähigen Gesichtes noch stärker zu Tage tritt.

„So so — wohl deine erste Amtshandlung als Anstaltsarzt?

Bist noch nicht seit einem Dutzend Jahre im Dienst? Hast noch nie erlebt, daß ein Irrsinniger seine Geliebte ermordet?"

Tief atmend legt der Arzt die Geige auf die Fensterbank.

„Wenn man einen Menschen gekannt hat — ihm in Achtung verbunden war .... Denkst du nicht mehr an unseren Besuch auf der einsamen Sternwarte, draußen, weit von hier — wie er uns sein prachtvolles Rohr zeigte, seine Instrumente, seine kostbare Bücherei, sein Musikzimmer, das für einen Astronomen erstaunlich reichhaltig war — die seltsamen Zeichen an den Wänden— eine Rose auf dem Kreuz — die geheimnisvollen Partituren — statt Notenköpfe — — Sterne .... "

„Ich weiß. Die jahrelange Einsamkeit — seine bekannte Abgeschlossenheit von den Menschen — ist es ein Wunder, wenn sich sein Geist verwirrt?"

Der Schwung des Sessels wendet den Musiker wieder dem Klaviere zu, und die Finger tanzen gleichmütig über die Tasten. Aber er findet bei seinem Freunde keine Aufmerksamkeit.

„Ich muß mit dir sprechen. Es ist wohl das erste Mal, daß ich deine Hilfe zur Beurteilung eines Falles brauche. Ich habe mich oft gewundert über dein reiches, für einen Organisten ungewöhnliches Wissen. Deine musikalischen Erfahrungen, deine Kenntnis unbekannter mittelalterlicher Schriften ... Schon gut, ich komme zur Sache. Hältst du .... glaubst du .... ich meine — einen gewissen übernatürlichen Einfluß der Musik auf den Menschen — vielleicht magischer Natur ..... "

Der Musiker verzieht den Mund zu gutmütigem Spott.

„So so — der Herr Doktor sucht sein Heil im Okkultismus. Merkwürdige Verirrung eines Gelehrten. — Aber ernsthaft: Alle Musik ist ursprünglich magischer Art, denn unter dem Wörtchen Magie versteht man die bewußte Beeinflussung der menschlichen Psyche zur Erzielung besonderer, vielleicht übernatürlicher Wirkungen. Ist die Musik nicht eine Ars magica von ungewöhnlicher Kraft? Soll ich dir einen Vortrag halten über die Zauberweisen der Urvölker, über die Fluch- und Beschwörungsgesänge des Mittelalters .... "

„Du verstehst mich nicht. Kann der Ton einen Menschen schädigen, ihn zu widernatürlichen Handlungen verleiten, ihn vielleicht sogar — umbringen?"

„Die höchsten, unhörbaren Töne — die sogenannten ultrasonaren Wellen sollen imstande sein, Bakterien zu töten. Aber was, zum Teufel, hat das mit unserem Astronomen zu tun?“

„Kann der Ton über weite Entfernungen wirken? Kann er Menschen willenlos machen, sie magisch anziehen, daß sie ihm folgen müssen, wohin es ihrem Urheber beliebt?“

„Lieber Freund — das Geschlecht der Rattenfänger ist ausgestorben, und der verborgene Kern der Sage unbekannt. Doch da fällt mir ein.... Ich habe eine Schrift aus dem 16. Jahrhundert von einem geheimnisvollen Engländer namens Robertus de Fluctibus. Er nennt sich den Führer der englischen Rosenkreuzer und behauptet, daß die Brüder die harmonische Übereinstimmung des menschlichen Organismus mit der Weltmusik gekannt hätten — daß sie mit eigenartigen Tonverbindungen Fürsten und Potentaten an sich zogen, wie es wörtlich lautet, durch die Oktavquinte des Jupiter und die doppelte Oktave der Sonne....“

Zwei, drei schnelle Schritte des Arztes, und sein Atem stößt.

„Was sagst du — Quinte und Oktave des Jupiter — das ist — aber das sind ja — die Sternnoten des Irren — sollte das.... “

Es klopft. Die Stationsschwester hält einige eng beschriebene Blätter. Der Arzt sieht Seiten um Seiten voll krauser, verstörter Züge. Und obenan die Überschrift: „Harmonie der Sphären.“

„Der Patient hat seine Aufzeichnungen beendet. Jetzt liegt er erschöpft, reglos... “

„Ich danke Ihnen, Schwester.“

Die Tür schließt sich geräuschlos. Leise Schritte entfernen sich. Stille steht erwartungsvoll im Raum. Das Licht flackert. Schatten huschen über die Wände. Donner, weit und ungewiß, kündet ein nächtliches Gewitter. Unheimlich starrt das „magische Auge“ des noch eingeschalteten Radios.

Der Arzt hat die Blätter in eine blaue Mappe gelegt, und die Augen haften mechanisch an Einzelheiten der längst gelesenen Protokolle.

Hier der Bericht des Kriminalkommissars. Betritt vormittags um zehn das Haus des Astronomen Professor Helmut

Hegewald, herbeigerufen durch seine Haushälterin. Findet den Angeklagten völlig verstört auf dem Fußboden seines Arbeitszimmers. Neben ihm der unbekleidete, entseelte Körper einer Unbekannten, Alter etwa dreißig Jahre. Äußere Verletzungen sind nicht festzustellen. Hegewald hält das Ohr an die Brust der Toten, lauscht, schüttelt den Kopf, erklärt auf Befragen mit verwundertem Lächeln: „Ich habe ihren Ton verloren. Hat niemand ihren Ton gehört?" Wird gewaltsam von der Leiche getrennt, schreit, schlägt um sich, wird tobend abgeführt.

Hier die Angaben der Haushälterin: Dient dem Angeklagten seit acht Jahren. Hat sich nie um die Lebensgewohnheiten des Astronomen gekümmert. Findet aber sein Wesen in den letzten Monaten seltsam verändert. Hört ihn tagelang singen und summen, besonders wenn er am Fernrohr sitzt. Trifft ihn einmal verzückt am Okular, sieht merkwürdiges Papier mit fünf Linien auf seinem Knie und wundert sich über seine Äußerung: „Hören Sie, wie die Sterne tönen? Diese herrliche Musik!"

In den Abendstunden der fraglichen Nacht muß sie Telegramme an mehrere Sternwarten über die Entdeckung eines Kometen besorgen. Der Professor brummt seiner Gewohnheit nach eine Melodie und behauptet, das sei die Weise eines Sternes. Und der würde nach ihm benannt.

Ein furchtbares Unwetter war, und als sie die Tür öffnet, lehnt draußen die Gestalt einer jungen Frau im Wanderkleid, verwirrt und verwildert, regennaß und erschöpft. Bittet um ein Obdach für die Nacht. Erschrickt beim Anblick des Professors: „Helmut?" und er: „Zu mir kommst du?" und leitet sie sorgsam nach oben.

Zeugin gibt weiter an, daß sie spät in der Nacht seltsame Klänge aus seinem Arbeitszimmer vernommen, daß sie neugierig die Treppe hinuntergespäht habe. Plötzlich sei aus dem Dunkel die Gestalt der Frau aufgetaucht — in langem Nachtgewand, die Haare gelöst, die Augen geschlossen, das Gesicht schneeweiß. So schreitet sie — gleitet schlafwandelnd über den Teppichbelag, kaum daß man eine Bewegung gewahrt, schwebend wie ein Geist.

Die Haushälterin habe sich entsetzt, daß sie sich im Bett

verbarg und nichts gesehen, nichts gehört haben will über die weiteren Vorgänge der Nacht.

Der Arzt fühlt die neugierigen Blicke des Freundes und schließt die Mappe.

„Willst du mir nicht endlich sagen, was dich bewegt?"

Der Gelehrte hebt langsam die Hand und läßt sie aus halber Höhe zweifelnd, mutlos sinken.

„Erkläre mir erst: was ist das, Harmonie der Sphären?"

„Die Sphärenharmonie? Seltsame Frage. Den Alten erschienen die Sterne an tönende Sphären geheftet, die in ewiger Drehung klingende Grüße in den Weltenraum sandten."

„Und niemand hat ihre Klänge gehört?"

„Wie können Sphären tönen, die es garnicht gibt?"

„Aber jedes Geschoß, das die Luft durcheilt, hinterläßt ein pfeifendes Geräusch. Die Sonne tönt nach alter Weise in Brüdersphären Wettgesang, und ihre vorgeschriebene Reise vollendet sie mit Donnergang."

„Goethe war ein Dichter."

„Dichter sind Seher."

„Lieber Freund, willst du die Gesetze der Physik aufheben? Es gibt im Weltenraum keine Luft, also können deine Sterngeschosse auch nicht tönen."

Der Musiker sieht die ratlos gebeugte Gestalt des Arztes und setzt leise hinzu:

„Und doch liegt in dieser ehrwürdigen Überlieferung das tiefste und schönste Geheimnis von der kosmischen Herkunft der klingenden Kunst. Würden wir je die lieblichste aller himmlischen Harmonien vernehmen, sagt Philo von Alexandrien, sie würde zügellose Lustgefühle wecken und uns zum Wahnsinn treiben."*

„Lustgefühle? Zum Wahnsinn, sagst du?"

Ein Blitz flammt flüchtig durch den Raum — der Hof ist in Feuer getaucht. Dumpf, unheimlich grollt der Donner.

Der Arzt packt den Freund mit flatternder Hand.

* Im Original: „Coelum perpetuo concentu suorum motuum reddit harmoniam suavissimam: quae si posset ad aures nostras pervenire, in nobis excitaret impotentes amores et insanum desiderium" (Philo: Liber de somniis).

„Eine Frage, die letzte! Halte mich nicht auch noch für verrückt, du! Wäre es ein Wunder? Sage mir — hast du je davon gehört — in der Stunde des Sterbens — rätselhafte Klänge — ohne sichtliche Ursache — wie vom Himmel herab .... "

Ruhig befreit sich der Organist.

„Weißt du, wie Gautama Buddha starb? Kennst du die Lebensbeschreibung von Seuse, dem Mystiker? Den vierten Dialog Gregors des Großen? Die Tübinger Kanzlerrede über den Tod der Herzogin Magdalena Sibylla von Württemberg?"*

„Und bei diesen Sterbefällen .... "

„... hörte man Stimmen — Töne, die ‚über der Menschen Sinne gingen', wie die frommen Nonnen kündeten."

Der Arzt stürzt zum Schreibtisch. Die Blätter der Akte öffnen sich wie von selbst. Die Augen irren über die Beichte des Kranken. Stutzen, starren, saugen sich fest an den verschlungenen Zeilen.

Jetzt liest er halblaut mit eintöniger, von Grauen umwitterter Stimme.

„... kann ich schlafen, wenn ich sie unter meinem Dache weiß? Sie — die nie vergessen, nie errungen, Jahr um Jahr erhofft, ersehnt, herbeibefohlen im Schrei des Wahns, im ...

Ihren Ton — weiß ich, wie ich mit der Feinfühligkeit geschärfter Sinne jeden Menschen am Eigenklang seines Herzens erkenne — es ist der Ton des Kometen auf der unsichtbaren Partitur des Himmels. Schweifender Stern, bist du zu halten, zu besitzen? Aber nein, sie kann mich nicht lieben — niemals lieben — nein — nein ...

Ich bin allein. Das Dunkel der Nacht krallt nach meinem Herzen. Mein Ich ist öde, leer, erloschen. Ich weiß nichts, fühle nichts.

Nichts?

‚Wer eine Kenntnis von den wahren Phöbus- oder Sonnentönen hat, dem wird auch nichts unmögliches seyn, durch ihre Zusammenstimmung alle durch sie ursprünglich zusammengesetzten Dinge herbeyzulocken und an sich zu ziehen.' **

* Hierüber Näheres im Abschnitt „Spirituelle Musik".

** Zitiert aus: Robert Fludd, „Schutzschrift für die Aechtheit der Rosenkreuzer-Gesellschaft", übersetzt von H. Booz (Leipzig 1782).

Diese Stimme — was — wer ist hier in diesem Raum?

Ah — ich — ich hatte laut gesprochen. Gesprochen? Gelesen. Gelesen? Hier aus diesem Buch? Aus der Schrift des Robertus de Fluctibus?

Ich sehe mich in das Musikzimmer gehen. Fühle die Hände auf den Tasten der Hausorgel, gewahre auf dem Pult ihr Bild, das in hellem Lichte liegt. Vergegenwärtige mir die sinnenden Terzen ihres Lebenstones, gestützt von der Oktavquinte des Sonnen-Intervalls. Leise beginnen die Stimmen der Orgel ihren klingenden Ruf.

Mir ist, als werden die Mauern zu Glas, als schaue ich durch das Bild hindurch in ihr Schlafgemach. Sie liegt reglos, nur ihr Atem stellt sich auf den Rhythmus der Phöbustöne ein. Jetzt verstärke ich ihr Lebensmotiv durch langfüßige Register.

Da zuckt sie in wallender Bewegung, da gleiten die Beine zu Boden, da hebt sie sich auf schwankendem Fuß, da schreitet sie zum Ausgang ...

... steht bereits am Treppenabsatz — ihre Sohle prüft die erste Stufe, die zweite, dritte ... Schwingt dort nicht die Tür in den Angeln? Oder ist alles Täuschung? Irrsinn? Fieberwahn?

Ich reiße die Finger von den Tasten — da ist sie — totenbleich — leblos — die Lider geschlossen. —

Ich fliege zu ihr, zwinge sie auf mein Lager, grabe mich in ihren Körper, überregne ihn mit Küssen ...

schrecke zusammen — lausche — nähere das Ohr ihrem Herzen — erstarre.

Ihr Ton ist verstummt. Sie ist ..."

Ein heftiger Donnerschlag unterbricht den Arzt. Das Haus zittert. Wolken schütten Feuer aus. Sturm wirbelt Strudel von Staub empor. Die Fenstervorhänge flattern, als bausche sie eine unsichtbare Hand.

Plötzlich, kaum vernehmbar, füllt ein leises, feines Singen, Klingen den Raum. Tiefe Oktaven, Quinten läuten, schwingen, läuten, schwingen, darüber hauchzart ein Terzengesang sinnend in sanftem, seidigem Ton ...*

Der Musiker schnellt auf, stößt an das Radio. Er greift ver-

* Über die „Magie" der Äolsharfe siehe den Abschnitt „Magische Musik".

wundert nach der tönenden Geige, die noch unter dem halboffenen Zugfenster liegt.

Eine fremde Stimme spricht:

„Was einmal in der großen Sphärenmusik vom allmächtigen Tonsetzer da oben angeklungen, wird nicht verhallen in Ewigkeit. Die zitternde Saite hier wird drüben nicht mehr beben, und frei vom irdischen Geräusche, das sie vom Saitenhalter der Erde noch an sich trug, wird sie dort in ungestörten Tönen fortklingen in allen Zeiten. Amen."*

„Sie hörten Worte von Carl Maria von Weber. Die Sendung . . ."

Der Fernsprecher schrillt.

„Stell' den Rundfunk ab! Wie? Ein Unglücksfall? Hegewald? Ich komme!"

Der Musiker steht am Fenster. Die Fackel der Blitze zeigt ihm den Freund, der schwankend, schwerfällig, von Zweifeln zerwühlt den Hof durchmißt.

Der Aeolston der Geige ist verstummt.

Ein letzter, verhauchender Hall hebt sich, schwebt hinauf zur ewigen Heimat aller Harmonie.**

* C. M. v. Webers Gesammelte Schriften, herausgegeben von Georg Kaiser 1908, Seite 425.

** Man vergleiche hiermit die berühmte Ballade „Der Todspieler" von Börries v. Münchhausen!

„Die Sterne lauter ganze Noten. Der Himmel die Partitur, der Mensch das Instrument."

Dieser Ausspruch des Dichters und Sehers Christian Morgenstern (zugleich eine Keimzelle der voraufgegangenen Erzählung) hat zwar symbolischen Charakter. Aber das Symbol ist Realität, die nur dem allzu irdisch verhafteten Sinn verschlossen bleibt. Symbol ist der Schlüssel zum Weltganzen, bereits Jamblichus stellte fest: „Die unerklärliche Macht des Symbols gewährt uns Zutritt zu den göttlichen Dingen." Und Goethe bezeugt: „Alles, was geschieht, ist Symbol, und indem es vollkommen sich selbst darstellt, deutet es auf das übrige." Und er spricht von der „wahren Symbolik, wo das Besondre das Allgemeine repräsentiert als lebendig-augenblickliche Offenbarung des Unerforschlichen." Für Alfons Kirchgässner ist das Symbol „das Urwort des Menschen. Es geht, metaphysisch gesprochen, dem Wort und dem diskursiven Denken voraus .... Im künstlerischen Werk sind physikalische Vorgänge Zeichen für Über-Physisches, und in dem höchst persönlichen Ausdruck eines Menschen ist etwas enthalten, das ihn übersteigt." (18, S. 81, 84) Auf die zunehmende Verarmung an Symbolen verweist C. G. Jung (36, S. 23). „Wer die historischen Symbole verloren hat und sich mit ‚Ersatz' nicht begnügen kann, ist heute allerdings in einer schwierigen Lage: vor ihm gähnt das Nichts, vor dem man sich mit Angst abwendet."

Wir mußten uns erst einmal über die wichtige Bedeutung des Symbolbegriffes klar werden, ehe wir uns auf dem Wege musikalischer Erkenntnis höheren Sphären zuwenden. Ob die Sterne nach Chr. Morgensterns Ansicht ganze, halbe oder Viertelnoten darstellen, ist das unwesentliche „Besondere." Wichtiger ist das Allgemeine, das von dem Besonderen repräsentiert wird: nämlich der nun schon seit Jahrtausenden bestehende Glaube an die Tonwelt der Sterne. Wie mag es überhaupt zu dieser Anschauung gekommen sein? Was haben denn die Sterne mit der Musik gemeinsam?

Antwort: Die Zahl.

Nun haben wir bereits erfahren, daß alle organischen und unorganischen Dinge unserer irdischen Heimat auf Zahlenverhältnissen beruhen, mithin also ihnen eine „latente" Musik eigen ist. Sollte nun — in einem negativen Schlußverfahren — der Kosmos eine Ausnahme bilden? Sollten die Himmelskörper nicht einer musikalisch-gesetzmäßigen Ordnung unterstehen?

Im Gegenteil. Die Zahl erhält unter höheren Gesichtspunkten einen noch größeren Wert als in irdischen Verhältnissen. Sie wird sogar als „Monade", als unteilbare Einheit, der Ausgangspunkt alles Seins. Schon vor der „Monadenlehre" eines Leibniz taucht dieser Begriff bei Plato auf, und der Pythagoräer Philolaos (500 v. Chr.) bezeichnet „Eins (Einheit)" als „Aller Dinge Anfang" (37, Bd. I, S. 410). Das bestätigt auch der griechische Arithmetiker Theon von Smyrna, der Kommentator Platos im 2. Jahrhundert n. Chr. (38, Anm.). „Eins" ist für ihn „unzusammengesetzt, unverändert in der Multiplikation mit sich selbst," ist daher „das Beständige, die Identität, Vernunft, Idee, Substanz." Die Eins eröffnet den Reigen der Zahlen, die als „pythagoräische Urphänomene" (43, S. 46) zu gelten haben. Nach Theon entsteht die Zwei durch das „Herausgehen der Einheit aus sich", sie ist die „Einheit, die sich selbst hinzutut", ist das „Gewordene, die Bewegung". Aus Eins und Zwei wird Drei, die Zahl, die Anfang, Mitte und Ende hat, die erste ungerade Zahl, Bezeichnung des Kreises, der Fläche.

Zahlen, die auf diese und ähnliche Weise mit Lebensfunktionen ausgestattet werden, wenden sich nicht allein an unser mathematisch-begriffliches Denken, sondern beanspruchen einen Erlebniswert, der uns heute verloren gegangen ist. Wir vermögen uns nur noch schwer in die Situation der pythagoräischen Zeit zurückzuversetzen, als die Saitenteilungen auf dem „Monochord“ (einsaitiges Meßinstrument) Zahlen in Klänge verwandelten und sie zu tönendem Leben erweckten. Philolaos (a. a. O.) weist darauf hin, daß alles, was man erkennen kann, „Zahl hat.“ Ohne sie wäre es nicht möglich, irgend etwas mit dem Gedanken zu erfassen. Die Natur der Zahl bezeichnet er als erkenntnisspendend, führend und lehrend. Wenn die Zahl nicht wäre und „ihr Wesen“, so wäre niemandem etwas klar von den Dingen und von ihrem Verhältnis zueinander. Nun aber kommt eine sehr wichtige Feststellung: Die Zahl bringt „innerhalb der Seele alle Dinge mit der Wahrnehmung in Einklang und macht sie dadurch erkennbar und einander entsprechend ... indem sie ihnen Leiblichkeit verleiht.“ Und die Natur und die Kraft der Zahl wird überall in allen menschlichen Werken und Worten wirksam, auf dem Gebiet aller technischen Verrichtungen und auf dem der Musik.

Die Zahl ist nicht mehr ein nur quantitativer Begriff, sondern stellt einen Qualitätswert dar. Sie sucht sogar einen religiösen Ausdruck zu gewinnen auf Grund der drei von Stenzel (43, S. 157) bei Platon im Timäus festgestellten Motive: „Sinnliches Schauen des Glanzes und der Schönheit des Himmels, theoretisches Wissen um die zahlenmäßig exakte Ordnung der Gestirnbahnen und das religiöse Gefühl der Abhängigkeit von den dort rein verkörperten göttlichen Mächten.“ Es handelt sich also um ein einheitliches Erleben von Schauen, Wissen um zahlenmäßige Ordnung und religiöses Gefühl in Wechselwirkung zueinander. Das bedeutet aber auch die Möglichkeit, daß Zahl und Tonempfinden in ursächlichem Zusammenhang zueinander gestanden haben — Zahl galt als Ton — Ton wiederum löste Zahlvorstellungen aus! „Auf Grund dieses Erlebnisses der tönenden Zahlen begann die Welt zu klingen," stellt Hans Kayser (17, S. 13) fest. „Die Materie erhielt eine psychische Tektonik (eine seelische Struktur), und das Geistige, das Reich der Ideen, einen konkreten Halt in den harmonikalen Gestalten und Formen: eine Brücke zwischen Sein und Wert, Welt und Seele, Materie und Geist war gefunden." Und mit Recht bedauert Kayser, daß die geistige Seite des Pythagorismus so bald verloren ging und das Qualitative der Zahl vor dem Quantitativen zurücktrat. Wir brauchen wieder „eine Einkehr, ein inneres Versenken in die meditativen Kräfte unserer Seele."

Über die Möglichkeit, Zahlenverhältnisse als „tönend" zu erleben, verbreitet sich Aleks Pontvik in seiner wertvollen Schrift „Heilen durch Musik" (70). Unter Berufung auf Augustinus kommt er bei der Betrachtung der musikalischen Wirkung „zu dem Schluß, daß es sich hier in erster Linie um ein Strukturproblem handelt, daß also die Wirkungen der Musik keineswegs auf Zufälligkeit beruhen, sondern gesetzlichen Verhältnissen entsprechen, die auf eine durch die Zahl zu erfassende Ordnung hinweisen." Pontvik spricht vom „ständigen unbewußten Gewahrwerden dessen, was als Ausdruck einer universellen Harmonik auf uns einwirkt." Er zitiert Kepler: „Eine der wichtigsten seiner Erkenntnisse beruht auf der Annahme, daß psychisches Reagieren durch einen Vorgang hervorgerufen wird, den er als „Wiedererkennen" bezeichnet und der heute etwa als Reaktivierung unbewußter Inhalte urbildlicher Prägung durch assoziative Elemente umschrieben werden könnte. Kepler ging davon aus, daß der menschlichen Seele die musikalischen Proportionen eingeboren sein müßten, eine Auffassung, die an C. G. Jungs Archetypen des kollektiven Unbewußten erinnert. Kepler meinte, die Seele reagiere auf harmonikale äußere Manifestationen spontan kraft der ihr eingeborenen urbildlichen Verhältnisse. Trüge nämlich die Seele diese Bilder nicht bereits als latente Veranlagungen in sich, so wäre es ihr unmöglich, sie als solche zu erleben." (S. 60)

Wäre es nicht durchaus denkbar, daß die pythagoräischen

Schüler nach den geradezu revolutionierenden Entdeckungen der Proportionen am Monochord nun bewußt zur Erweckung dieser „latenten Veranlagungen" angehalten wurden? Daß es zu ihrer Erziehung gehörte, musikalische Intervalle mit Zahlenvorstellungen zu verbinden und nun umgekehrt harmonikale Verhältnisse in der Natur umzuwandeln in Klangvorstellungen?

Die Verschmelzung von Hören und Sehen war bereits im alten China bekannt und wurde als „Ohrenlicht" bezeichnet. (80, S. 10)

Thimus (Bd. II, S. 190) äußert sich über das Hören der Weltharmonie in folgenden Worten: „Nur mittels des Gedankens und nur mit dem innerlichen Ohr eines gotterleuchteten Sinnes kann der unbeschreibliche Wohllaut dieser um ihrer Eindringlichkeit und Schönheit willen unendlich über jede menschlich-irdische Musik erhabenen Harmonie geahnt werden. Vom Schöpfer selbst allein, und von den mit ihm vereinten seligen Geistern wird sie in ihrer ganzen Vollkommenheit geschaut und erkannt. Ihre Klänge setzen sich zusammen aus dem Widerspiele und der Abstufung der in einer höheren Übereinstimmung harmonisch sich begegnenden und einigenden Kräfte, so wie aus der Verschiedenheit und dennoch festgeregelten Ordnung der durch die Wirkung und Gegenwirkung dieser Kräfte in bunter Mannigfaltigkeit nach dem Gesetze einer überaus musikalischen Zahl sich gestaltenden schnelleren oder langsameren, größeren oder kleineren, enger begrenzten oder in die äußerste Ferne tragenden Bewegung." (10)

Aber die Zahlen, die „innerhalb der Seele alle Dinge mit der Wahrnehmung in Einklang bringen", verharren als beseelt tönende Lebewesen in unfruchtbarer Isoliertheit, solange sie nicht der Bindekraft alles Lebens, der „Harmonie" gehorchen. Dieser Begriff ist wichtig genug, um eine eigene Betrachtung zu rechtfertigen, ehe wir uns den kosmischen Sphären und ihrer Harmonie zuwenden.

In der griechischen Mythologie war „Harmonia" die Tochter von Ares und Aphrodite. Ihre Eltern waren also der Gott des Krieges und die liebliche Friedensgöttin. Damit Harmonie entstehen konnte, mußten sich erst Krieg und Frieden in Liebe miteinander vereinigen. Somit ist also Harmonie die Einheit, die aus der Gegensätzlichkeit entstanden ist. Philolaos (a. a. O.) drückt das folgendermaßen aus:

„Mit Natur und Harmonie verhält es sich so: das Wesen der Dinge, das ewig ist, und die Natur gar selbst erfordert göttliche und nicht menschliche Erkenntnis, wobei es freilich ganz unmöglich wäre, daß irgend etwas von den vorhandenen Dingen von uns auch nur erkannt würde, wenn nicht das Wesen der Dinge zugrunde läge, aus denen die Weltordnung zusammentrat, sowohl der grenzebildenden wie der grenzenlosen. Da aber diese Prinzipien (gemeint sind eins und zwei) als ungleiche und unverwandte zugrunde lagen, so wäre es offenbar unmöglich gewesen mit ihnen eine Weltordnung zu begründen, wenn nicht Harmonie dazu gekommen wäre, auf welche Weise diese auch immer zustande kam. Das Gleiche und Verwandte bedurfte ja durchaus nicht der Harmonie, dagegen muß das Ungleiche und Unverwandte und ungleich Geordnete notwendigerweise durch eine solche Harmonie zusammengeschlossen sein, durch die sie imstande sind in einer Weltordnung niedergehalten zu werden."

„Harmonie" — das war ursprünglich nicht die Vielheit, sondern die Oktave selbst als einfachstes Verhältnis 1 : 2. Es „liegt gerade darin der Aufschluß für die ganze harmonische Weltansicht der Pythagoräer und zunächst für die Art, wie dieselben sich die Entstehung des Kosmos dachten aus den entgegengesetzten Urgründen, der Grenze und des Unbegrenzten. Die Einheit ist die Grenze, das Unbegrenzte aber ist die unbestimmte Zweiheit, welche, indem das Maß der Einheit zweimal in sie hineingetragen wird, bestimmte Zweiheit wird. Die Begrenzung wird daher gegeben durch das Messen der Zweiheit mittels der Einheit, das ist, durch die Setzung des Verhältnisses 1 : 2, welches das mathematische Verhältnis der Oktave ist. Die Oktave ist also die Harmonie selbst, durch welche die entgegengesetzten Urgründe verbunden werden, und will man billig sein, so wird man gestehen, daß hierin eine tiefe Weltanschauung liegt, indem mit mathematischer Symbolik ausgesprochen ist die Einheit des Einen und des Verschiedenen der Vielen ..." (40, S. 65)

Die esoterische Deutung des Harmoniebegriffs ist keineswegs allein Eigentum griechischen Geistes. Sie findet sich in China, als Lao-tse im „Tao-te-king" etwa 600 v. Chr. aussagte, daß die Einheit die Grundlage alles Seins ist, aus der die Vielheit mit ihrer Gegensätzlichkeit von Gerade und Ungerade (das männlich-weibliche Prinzip) hervorgegangen ist. Einer der Kommentatoren bemerkt hierzu: „Es haben diese beiden sich verbunden, und aus ihrer Verbindung ging die Harmonie hervor. Der Hauch der Harmonie aber hat, sich verdichtend, alle Wesen hervorgebracht." (10, S. 80) In der chinesischen Musikphilosophie war Eins der Grund aller Dinge, der die Zwei erzeugt, nämlich Himmel und Erde. Und in der ältesten kabbalistischen Urkunde der Hebräer, im „Buch Jezirah" (45) liest man: „Eins: der Geist des lebendigen Gottes, gebenedeiet und abermals gebenedeiet sei sein Name! Der da lebet in die Ewigkeiten. Stimme und Geist und Wort, und dies ist der Heilige Geist." Thimus (10, Bd II, S. 140) erkennt in diesen letzten drei Begriffen zunächst das Sinnbild der Klangwelt, des Tones, dessen Ursache das zweite Symbol kennzeichnet („Geist"), und dessen Inhalt der dritte Begriff bildet („Wort"). Also „Geist" verleiht dem „Klang" das „Wort"! Sollte nicht vielleicht die Stimme das Primäre sein, die dem Geist gehorcht, wenn im Buch Jezirah von den „zweiundzwanzig Buchstaben des Grundes" die Rede ist, „gezeichnet durch die Stimme, gehauen durch den Geist, geheftet in den Mund"? Buchstaben, mit denen die hebräische Astronomie auch die Sternbilder bezeichnete, sodann Zahl und Sternbilder selbst — „in diesen Kombinationen fand die Weisheitslehre des frühesten Altertums die musikalischen Abbilder aller Kräfte und aller geordneten Bewegungen der Weltharmonie." (10, II, S. 142)

Noch einige Deutungen des Harmoniebegriffs aus der altgriechischen Geisteswelt. *Platon* schreibt am Ende des 13. Buches von den Gesetzen: „Jede Figur und Aneinanderreihung von Zahlen und Zusammenfügung von harmonischen Klängen, und die Übereinstimmung in den Umläufen der Gestirne — und jenes *Eine* als das Analoge für alles sich Darbietende — müssen hervorleuchtend klar werden demjenigen, der in rechter Weise forscht. Es wird aber ans Licht kommen das, was wir sagen, wenn jemand so recht auf das Eine schauend alles zu erlernen strebt. Dann wird nämlich ein verbindendes Band der genannten Alle ans Licht treten." Dieser Zusammenhang des „Einen" mit dem „Allen" durch die bindende Kraft der Harmonie bedarf kaum noch einer Erklärung.

Ein anderer Weiser, *Heraklit* der Dunkle, nannte die Harmonie „das Werk des Schicksals oder des innerlich in richtigen Verhältnissen gebildeten Wesens der Seele" (46, III, S. 13). Und *Xenokrates* aus Platons Schule bezeichnet die Seele als eine sich selbst bewegende Zahl!

Aus den bisherigen Darlegungen — die nur einen Bruchteil der vielfachen und vielseitigen Überlieferungen darstellen — dürfen wir schließen, daß das Altertum ein andersgeartetes Verhältnis zur Zahl besaß als die Gegenwart. Vieles, auch Abfälliges, ist über die „spekulative Mystik" ältester Zahlentheorien geschrieben worden. Aber man übersieht dabei, daß die Zahl heute zu toten Formen begrifflichen Denkens entwertet ist, während sie einst als lebendiger, sinnvoller Organismus galt, der die Menschheit in innere seelische Beziehungen zum All, zum Kosmos brachte. Haben wir Anlaß, uns unserer „Fortschrittlichkeit" zu rühmen, die den Verstand über die Seele stellt und uns den erhabenen Symbolismus der Zahlenwelt vergessen ließ? Denn die Symbole waren es, die der Zahl erst geheimes Leben verliehen, wir sind „verarmt", solange wir uns dieser einst selbstverständlichen Zusammenhänge nicht wieder bewußt werden, solange wir nicht ahnend, „meditativ" spüren, daß das „Besondere" der Zahl nur das „Allgemeine" repräsentiert, nach

Goethe „als lebendig-augenblickliche Offenbarung des Unerforschlichen.“

Und dieses „Besondere“, das vor dem „Allgemeinen“ zurücktritt — wir finden es auch in dem Sphärenbegriff, in der Anschauung, daß die Sterne an halbkugelförmige Sphären geheftet seien, die bei ihrer Drehung Klänge, d. h. also „tönende Zahlen“ erzeugten. Handelt es sich auch bei den Planetenbahnen nicht um Kreise, sondern Ellipsen, so vollführt doch der Fixsternhimmel bei der Drehung der Erde einen scheinbaren Kreis. Die gleiche Form hat der Horizont. Und wenn wir im vorigen Abschnitt den Kreis als ein musikalisches „Urphänomen“ der Menschheit kennen gelernt haben — hier am Himmel gewahren wir das Urbild dieser Form, das die irdischen Musikanten übernahmen, unbewußt der Zusammenhänge zwischen tellurischer und kosmischer Musik. Die „zweiundzwanzig Buchstaben des Grundes“ im Buch Jezirah waren „geheftet in den Kreis, und es dreht sich der Kreis vor- und rückwärts ...“ Ton hat Ursprung und Heimat in der „Weltseele“ des platonischen Timäus. Ist die Welt aber beseelt, so ergeben sich ursächliche Zusammenhänge zwischen Göttlichem und Irdischem durch Vermittlung harmonisch geordneter Zahlen. Materielles und Ideelles, Göttliches und Weltliches, Einheit und Allheit, Erde und Kosmos sind keine isolierten Begriffe mehr, sondern werden durch das Wunder der Zahl in „Einklang“ miteinander gebracht. Daß wir uns dieser Erscheinungen nicht mehr bewußt sind, sie nicht mehr als lebensvolle Naturzusammenhänge ansehen, sie vielleicht gar nur noch als rein „zufällig“ auffassen, ist von schwerwiegenden Folgen für die gesamte abendländische Musikentwicklung bis zur völligen Entfremdung von den religiösen Urquellen in der jüngsten Gegenwart. Aber diese ursächlichen Zusammenhänge zwischen Gott, Musik und Natur sind geradezu entscheidend für das gesamte musikalische Weltbild. Wir werden im nächsten Abschnitt über „Magische Musik“ sehen, wie sich von ältesten Zeiten her der Ton immer noch mehr oder minder intensiv mit dem Gottglauben verbindet, mag auch der einstige Kultgedanke infolge von Mängeln der heiligen Überlieferung in Mystik, Sage und Aberglaube ausarten und damit verflachen. Nicht ein einseitiger, sondern ein beiderseitiger Austausch von geistigen Strömungen liegt vor, wenn wir die Grundbegriffe Gott, Musik und Natur in Wechselbeziehungen zu einander bringen. Etwa im Sinne des Aristides Quintilianus, nach dessen Ansicht die Tonkunst alles lehre „bis zur Natur und Wesenheit des Menschen und der Seele des Weltalls." Oder wenn Panacmus die Ansicht vertrat: „Musik soll sich nicht darauf beschränken, Klänge zu verbinden und die Stimmen zu regeln, sondern ihr obliegt es, alle Dinge der Natur zu vereinen und in Harmonie zu bringen." (47, S. 16) Die ersten Jahrhunderte unserer Zeitrechnung wurden noch bestimmt von der beziehungsreichen Dreiteilung der gesamten Musik in „Musica mundana", die Weltmusik, „Musica humana", die Menschenmusik, dazu die „Musica instrumentalis", die Instrumentalmusik, ebenfalls göttlichen Ursprungs, wenn die Tonwerkzeuge nur als Vermittler göttlichen Geistes gelten (auch hierüber Näheres im folgenden Abschnitt).

Damit dürfte eigentlich schon das Wesentliche über die Sphärenharmonie als „kosmisches Urphänomen" gesagt sein, und die mehr oder minder konstruktiven Versuche, die einzelnen Planeten auf bestimmte Töne in wechselnder Anordnung festzulegen, erscheinen als Vermenschlichungsbestrebungen, als eine Art von Anthropomorphismus — sofern diesen Verbindungen nicht unmittelbare astrologische Anschauungen zugrunde liegen. Darüber nachher mehr. „Das Eine aber ist gewiß, daß unter den Zahlen ein gewisses Etwas verborgen liege, das mit den höchsten Begriffen analoger Natur ist," schreibt der gelehrte Jesuitenpater Athanasius Kircher 1665 in seiner „Arithmologia" (48, S. 3). Und er „wagt es, kühn zu behaupten, daß derjenige auf jeden Fall jedes Rätsel der Natur aufzulösen imstande sein müßte," der imstande wäre, dieses „Etwas aus der wirren Menge der kosmischen Erscheinungen" in den rechten Konnex zur materiellen Welt zu bringen. Es ist ferner sehr wohl zu bedenken, daß fast alle Überlieferungen eine esoterische Bedeutung haben, deren tieferer Sinn in den pythagoräischen Geheimbünden nur den Eingeweihten zugänglich war und nicht aufgeschrieben wurde. Das geht aus dem siebenten Brief Platons hervor: „Aber die Veröffentlichung jener Geheimnisse halte ich für kein Glück für Menschen, mit Ausnahme von wenigen Auserwählten, von allen jenen nämlich, welche imstande sind, auf einen ganz kleinen Wink selbst zu finden. Den übrigen muß sie teils auf unverantwortliche Weise eine ganz dumme Verachtung einflößen, teils eine Überspanntheit und Aufgeblasenheit infolge des Wahns, als wenn sie jetzt alle Weisheit mit Löffeln genossen hätten." (17. S. 21) Thimus, Hans Kayser, neuerdings Anny von Lange sind teils wissenschaftlich, teils intuitiv jenen Geheimnissen am nächsten gekommen, soweit es Menschengeist möglich ist.

Anny von Langes esoterische Deutung der griechischen Tonarten eröffnet neuartige Aspekte. (Sie verweist — das sei hier nur der Originalität wegen angeführt — auf ein mir nicht zugängliches Büchlein über „Tonleitern und Sternenskalen", mit denen sich kein anderer als der berühmte Dirigent und Komponist Felix von Weingartner — Leipzig 1927 — befaßt hat). Von dem Gedankenreichtum dieses esoterischen Werkes vermag die nachstehende Probe ein nur unzureichendes Bild zu vermitteln. Die Verfasserin geht auf die heliozentrische Orientierung der altgriechischen dorischen Tonleiter ein, plagal von H-A notiert, wobei der Zentralton E als Schlußton und Anfangston eines Tetrachordes (Viertonreihe) „der Sonne gleichgesetzt wurde." Diese Reihe (unter Berufung auf Thimus) „war exoterisch und esoterisch streng entgegengesetzt. Exoterisch — als äußerlich gegebene feste Form — folgte sie dem damals noch durchaus lebendigen Empfinden eines Empfangens der Musik aus kosmischen Sternenweiten, also abwärts. Esoterisch — im Innern der Mysterienstätten geheimgehalten — wurde sie dagegen aufwärtsgehend gepflegt. Hier galt es, gestaltgebende Bewegungskräfte erübend zu wecken und an ihnen eine kommende Haltung vorwegnehmend vorzubereiten. Es kann hier nicht auf die verschiedenen Versionen kosmischer Beziehungen eingegangen werden. Doch ist es im Zusammenhang mit den jetzigen Ausführungen wesentlich, daß sich der Aufbau der Skala nicht mehr im Sinne der Pentatonik (Fünftönigkeit) zentripetal von außen nach innen, sondern zentrifugal von innen nach außen ergibt. Bezogen auf den damaligen musikalischen Bewußtseinszustand der Menschheit ist dies tief bedeutsam. Denn — der erwachende Ichmensch weitet sich damals aus seinem Wesenszentrum allmählich in die Welt hinaus, sei diese geistig oder irdisch erlebt. Damit ergibt sich ein völlig neues Verhältnis der beiderseitigen tetrachordischen Teiltöne zueinander, nämlich das Verhältnis einer ergänzenden Polarität." Angesichts der Umkehrungsmöglichkeiten der Tetrachorde in den verschiedenen Tonreihen kann man verstehen, „wie sehr alles dieses eine ganz neue Wachheit des Erlebens und der Führung zwischen oben und unten erforderte und erzog, eine Wachheit, die dem ungleich bewußteren Ich entsprach." Und dann die esoterische Bedeutung der Oktave in ihrem ersten Auftreten: „Der freie, in wunderbarer Gelöstheit schreitende Mensch war das Wunder griechischer Plastik. Hier will ein völlig entsprechendes musikalisches Wunder zum Ereignis werden: die Geburt der Oktavgattungen als tönender Niederschlag der Freiheit des Menschen im Schreiten durch Himmels- und Erdenräume ..." (23, S. 248 ff.)

Dorische Tonreihe
in esoterischer Bedeutung

Wenn in der Geburtsstunde der Musik, bei der ersten sinnvollen Ordnung der Töne zu Reihen derart gewichtige außermusikalische, kosmisch bedingte Faktoren mitsprachen — sollten sie nicht noch bis in unsere Zeit hinein das kompositorische Gebäude der Tonwelten durchklingen und durchleuchten — sollten sie nicht vielleicht doch noch unser Unbewußtsein ansprechen in allem, was uns in der Musik als ethisch und ästhetisch wertvoll erscheint?

Wir können uns vorstellen, wie alle diese bis heute noch nicht endgültig gelösten Geheimnisse die jungen Lernenden der altgriechischen Philosophenschulen bewegten. Und wir wollen kraft unserer Phantasie die Jahrtausende einmal überwinden und uns zurückversetzen in jene Zeiten, in denen die Zahl noch tönendes Leben besaß (denn was sind „Zeit“ und „Raum“? Nichts als Täuschungen des materiellen Daseins!).

Über die Dächer von Athen verstreut die Sommernacht ihren Silberglanz. An Marmorsäulen gelehnt sind die jungen Schüler in den Anblick des gestirnten Himmels versunken. Die ungezählten Lichtfünkchen sind wie Augen Gottes, die über dem Menschenwerk wachen. Kein Laut dringt aus himmlischen Höhen zu irdischen Ohren. Wirklich — nur eine Welt des Schweigens, die jeden Laut verschlingt?

Dann mögen sich einige Schüler in leisem Ton unterhalten über die Wunder des Sternenhimmels.

„Sieh dort — der Saturn. Der Meister sagt, er gibt den tiefsten Ton der himmlischen Skala.“ — „Ich weiß: dann folgen Jupiter und Mars, die Sonne steht im Mittelpunkt der siebentönigen Reihe, dann Merkur, Venus, Mond.“ „Ist die Siebenzahl nicht heilig?“ — „Ist die Lyra nicht siebensaitig nach dem Vorbild der himmlischen Sphären? Hat die Panflöte nicht sieben Töne? Und Platon meint, daß es die Stimme der Sirenen ist, die von den beseelten Sternen zu uns herabtönen.“ — „Warum bleibt uns der Meister denn heute fern? Will er nichts von uns wissen?“ — „Sei still — er meditiert. Nur wer sich abschließt von der Außenwelt, vermag die Zahlen in Töne zu verwandeln.

Im Lauschen empfängt er himmlische Botschaft, die seine irdische Kraft stärkt."

Ein dritter mischt sich mit überlegenem Lächeln ein. „Wie könnt ihr behaupten, daß die Sterne tönen! Sie haften ja an ihren Sphären — also sind nur sie die Klangerzeuger, nicht die Himmelskörper selbst! Ein schönes Märchen, die Sirenenklänge, keine Wirklichkeit! Und warum hören wir sie nicht selbst?" Finster sieht ihm der erste Sprecher entgegen. „Mir scheint, du gehörst zu den Schülern des Aristoteles, der selbst erst bei Meister Platon gelernt hat. Weißt du nicht, daß Gewohnheit die Wahrnehmung aufhebt? Ebensowenig wie wir die Luft schmekken, weil sie uns immer umgibt, ebensowenig können wir den Himmelston vernehmen, weil er uns von der Geburt bis zum Tode unausgesetzt umklingt. Erst wenn die Bewegung des Himmelsraumes erstirbt, der Ton verstummt — dann erst würden wir über die grauenvolle Öde des Schweigens erschrecken!"

Der Jüngere will sich zu einer heftigen Äußerung aufraffen, aber schon hat der Ältere die Lyra ergriffen, die an einer Säule lehnt. Und aus sangeskundigem Mund erklingt die ehrwürdige Hymne des P i n d a r :

„Güldene Laute!
Droben im Himmel spielt dich Apollon,
und der veilchenlockigen Musen
Tanz und Sang regierest du.
Unten auf Erden lauschen der Chöre Meister
auf deine Klänge,
und die Sänger folgen der Weisung,
wenn du angeschlagen zum Vorspiel
Takt und Ton dem Liede zeigst.
Nur die widrigen Wesen, auf welche Zeus
nicht mit Wohlgefallen blickt,
scheuen schaudernd die Macht der Musik,
all das wilde Getier in Wäldern und Wüsten,
Schlünden und Schlüften des endlosen Meeres,

und drunten in Tartaros Tiefen
Typhon, der alte
hundertarmige Götterfeind." (49, auch 50)

Das Bild verblaßt, die Vision der Philosophenschüler im alten Athen entschwindet dem inneren Blick — eine neue tritt an ihre Stelle. Jetzt sind wir im Studierraum eines mittelalterlichen Scholaren, der an seiner Dissertatio arbeitet. Natürlich in lateinischer Sprache, denn noch hatte der Aufklärungsphilosoph Christian Wolf der deutschen Sprache nicht den Zugang zu den Universitäten erschlossen. Auf dem Pult des kleinen turmartigen Gemaches steht die eingerührte Schreibtinktur bereit, ein paar Gänsefedern sind frisch beschnitten, der Finger prüft den gespaltenen Kiel, vor dem jungen Gelehrten breiten sich die Pergamentblätter aus. Noch ein sehnsüchtiger Blick aus dem Fenster in die lockende, lichte Weite — dann malt die Hand den mit vielen Schnörkeln versehenen Titel „De sphaerarum coelestium symphonismo", und darunter — beileibe nicht allzu winzig — den eigenen Namen „David Blaesing". (51) Seufzend setzt er die Feder an zum ersten Satz: „Dicunt astrologi vel musici . . . "

„Es sagen die Astrologen o d e r Musiker . . ." Der junge Verfasser hatte keineswegs Unrecht, so seltsam uns dieser Anfang auch erscheinen möge. Denn in der Tat: Astrologie, Astronomie und Musik waren gleichberechtigt in der mittelalterlichen Anschauungswelt. Zwischen Sternenkunde, Sterndeuterei und Tonkunst gab es kaum Unterschiede — immer wieder begegnet man in alten Schriften der Meinung, daß der Astronom musikkundig sein müsse und der Tonkünstler an die Macht der Sterne glaube. Ist das alles, was nach Jahrtausenden von den Weisheiten der alten Griechen übrig geblieben ist?!

Und was sagen nun „astrologi vel musici"?

Wenn der junge Gelehrte über weitgehende Kenntnisse verfügt, dann knüpft er wohl an die Neuplatoniker und die Nachfolger des Aristoteles an. Und bereichert seine Arbeit mit wichtigen Zitaten.

Da darf er dann vor allem nicht Ciceros „Somnium Scipionis" vergessen — jene bedeutsame geistige Brücke zwischen altgriechischer Kultur und dem Abendland. Eine Schrift, die weit ins Mittelalter hinein Einfluß besaß.

Der römische Staatsmann und Rhetoriker Marcus Tullius Cicero, der 106 bis 43 v. Chr. lebte, verfaßte sechs Bücher „De re publica" (Vom Staate), die nur in Bruchstücken erhalten sind. Das letzte Buch enthielt den „Traum des Scipio", der uns vollständig von dem römischen Grammatiker Macrobius überliefert ist. Der römische Feldherr Scipio erzählt hierbei Traumerlebnisse, die in die Zeit seines Aufenthaltes in Afrika verlegt wurden, als er im Jahre 149 das Amt eines Kriegstribunen bekleidete. Die berichteten Begebenheiten vernahm er aus dem Munde seines Adoptivgroßvaters, des älteren Scipio, und seines Vaters Lucius Aemilius Paulus. Die Erzählung beginnt mit der Begegnung zwischen Scipio und dem König Masinissa, der sich der Taten des Scipio „Africanus" erinnert. Während der Nachtruhe erschien ihm Africanus selbst, gab ihm Belehrungen über die Staatsführung und ließ ihn an einem Flug durch das Weltall teilnehmen.

Hier folgen nun in wörtlicher Übersetzung die uns interessierenden Abschnitte des Traums. (52). Nicht minder aufschlußreich sind in diesem Zusammenhang auch die „okkulten" Ansichten über das Leben nach dem Tode. (Abschnitte III-IV):

Aber damit du umso freudiger in der Verteidigung des Staatswohles seiest, so wisse, daß allen, die das Vaterland errettet, gefördert oder vergrößert haben, im Himmel ein bestimmter und abgegrenzter Ort vorbehalten ist, wo sie in Seligkeit sich eines ewigen Lebens erfreuen sollen. Denn nichts von allem, was auf Erden geschieht, ist dem höchsten Gott, der diese ganze Welt regiert, angenehmer als die auf der Grundlage des Rechts geschlossenen Vereinigungen und Verbindungen der

Menschen, welche man Staaten nennt. Wer diese regiert und erhält, der kehrt, wie er von hier ausgegangen ist, auch wieder hierher zurück."

Nun fragte ich, obwohl heftig erschrocken (nicht sowohl aus Furcht vor dem Tode als vielmehr aus Betrübnis über die mir von meinen eigenen Verwandten drohenden Nachstellungen), ob denn er selbst und mein Vater Paulus und die anderen, die wir für tot hielten, noch lebten.

„Gewiß", antwortet jener, „leben die, welche aus den Fesseln des Körpers wie aus einem Gefängnis entflohen sind. Im Gegenteil ist das, was ihr Leben nennt, eigentlich Tod. Warum siehst du denn nicht deinen Vater Paulus, der sich dir dort nähert?"

Kaum aber hatte ich diesen erblickt, als mir die Tränen aus den Augen stürzten. Doch er umarmte und küßte mich und verbot mir, zu weinen.

Als ich nun die Tränen niedergekämpft hatte und wieder sprechen konnte, da begann ich: „Ich bitte dich, seligster und bester Vater, wenn also dies hier erst das wahre Leben ist, wie ich den Africanus sagen höre, warum weile ich dann noch auf Erden? Warum eile ich nicht, hierher zu euch zu kommen?"

„Nein", antwortete jener, „denn wenn der Gott, dem dieses ganze Weltall gehört, das du hier siehst, dich nicht von deinem Körper, diesem Gefängnis, befreit hat, kann dir der Zutritt hier nicht verstattet werden. Denn die Menschen sind mit der Bestimmung erschaffen, daß sie jene Kugel schauen, welche du mitten in diesem weiten Raume siehst, und die man Erde nennt. Und ihnen ist eine Seele verliehen aus jenen ewigen Feuern, welche ihr Sterne und Sternbilder nennt, und die, kugelförmig und rund, von göttlichen Seelen belebt, ihre Umläufe und Kreise mit wunderbarer Schnelligkeit vollführen. Deswegen mußt du, Publius, wie alle frommen Menschen, deine Seele in ihrem Gefängnis, dem Körper, zurückhalten und nicht ohne Geheiß dessen, von dem euch jene gegeben ist, aus dem menschlichen Leben scheiden, damit es nicht scheine, als hättet ihr euch der von Gott vorgezeichneten menschlichen Bestimmung entziehen wollen. Übe vielmehr, Scipio, gleich deinem Großvater hier und mir, deinem Erzeuger, Gerechtigkeit und Frömmigkeit, welche gegen Eltern und Freunde zu beobachten von großer Wichtigkeit ist, gegen das Vaterland aber von allergrößter! Das ist der Weg zum Himmel und in diese Gemeinschaft derer, die schon gelebt haben und, von dem Körper befreit, diesen Ort bewohnen, den du hier siehst (es war dies aber ein zwischen Flammen hervorleuchtender Kreis von außerordentlich glänzender Helligkeit), und den ihr nach dem Vorbilde der Griechen die Milchstraße nennt."

Als ich von dort aus alles betrachtete, erschien mir auch alles übrige herrlich und wunderbar. Es waren aber da solche Sterne, die wir niemals von uns aus gesehen haben, und aller Größe war derartig, wie wir es niemals ahnten. Und das war der kleinste von ihnen, welcher, dem Himmel am fernsten, der Erde am nächsten, mit fremdem Licht leuchtete (Der Mond!). Die Sternkugeln aber übertrafen die Erde unstreitig an Größe, und nun kam mir die Erde selbst so klein vor, daß mir unser Reich, welches doch gleichsam nur einen Punkt derselben ausmacht, förmlich Mißmut einflößte.

Wie ich nun die Erde länger anschaute, sagte Africanus: „Aber ich bitte dich, wie lange werden deine Gedanken auf die Erde geheftet bleiben? Siehst du denn nicht, in welche Räume du gekommen bist? Alles nämlich ist in neun Kreisen oder vielmehr Kugeln verbunden, von denen die eine, die himmlische, die äußerste ist. Sie umfaßt alle übrigen und ist selbst der höchste Gott, der alle andern in sich schließt und zusammenhält. In ihr sind jene sich ewig drehenden Bahnen der Sterne befestigt. Ihr sind derer sieben eingeordnet, welche in einer der Bewegung des Himmels entgegengesetzten Umdrehung verharren, und von diesen wieder besitzt eine Kugel das Sternbild, welches man auf Erden das des Saturn nennt. Ferner dort jener glänzende Stern, der als Jupiter bezeichnet wird, ist dem Menschengeschlecht glückbringend und segensreich, dann jener rötliche, der Erde unheilvolle, den ihr das Sternbild des Mars nennt, ferner nimmt darunter ungefähr die Mitte die Sonne ein, die Führerin, Herrscherin und Lenkerin aller übrigen Sterne, die Seele der Welt und das regelnde Prinzip. Sie ist von solcher Größe, daß sie alles mit ihrem Licht erhellt und erfüllt. Ihr folgen gleichsam wie Trabanten einerseits die Bahn der Venus, andrerseits die des Merkur, und ganz im untersten Kreis dreht sich der Mond, entflammt von den Strahlen der Sonne.

Darunter aber ist nichts als Sterbliches und Vergängliches außer den dem Menschengeschlecht durch die Gnade der Götter verliehenen Seelen. Über dem Monde aber ist alles ewig. Das neunte und mittelste Gestirn, die Erde, bewegt sich nicht und ist das allerunterste, und zu demselben hin werden alle Körpermassen durch eigene Schwerkraft gezogen."

Alles dies schaute ich voller Staunen an, und sobald ich mich ein wenig gefaßt hatte, fragte ich: „Was aber ist dies für ein starker und doch lieblicher Ton, der meine Ohren erfüllt?"

„Dies", erwiderte jener, „ist der Ton, welcher entsteht durch die Bewegung und den Umschwung jener Kreise. Er ist zusammengesetzt aus ungleichen, aber trotzdem nach dem Verhältnis genau unterschiedenen Intervallen und bringt, indem hohe und tiefe Töne mit einander sich mischen, in gleichmäßiger Folge mannigfache Harmonien hervor. Denn nicht ohne Geräusch können so starke Bewegungen erregt werden, und die Natur bringt es mit sich, daß Entgegengesetztes auf der einen Seite tief, auf der andern hoch klingt. Deswegen bewegt sich auch die sternbesäte Himmelsbahn, deren Umdrehung ziemlich rasch ist, mit hellem und hohem Tone, mit sehr tiefem dagegen die Mondbahn hier, die unterste. Aber die Erde, das neunte Sternbild, haftet immer unbeweglich an einem Punkte und nimmt die Mitte der Welt ein.

Jene acht Bahnen aber, von denen zwei gleichen Wesens sind, bringen sieben durch Intervalle verschiedene Töne hervor, eine Zahl, welche der Knotenpunkt fast aller Dinge ist, und dies haben gelehrte Männer auf Saiteninstrumenten und in Gesängen nachgeahmt, wodurch sie sich die Rückkehr zu unserem Aufenthalt hier geöffnet haben, ebenso wie andere, welche, mit hervorragendem Talent begabt, während ihres Lebens als Menschen der Götter würdige Beschäftigungen trieben.

Die Ohren der Menschen nun sind durch das Anhören dieses Klanges abgestumpft worden, und ihr habt in der Tat keinen weniger scharfen Sinn als das Gehör, gleichwie das Volk, welches jene Gegend bewohnt, wo der Nil von gewaltigen Bergen herab sich in die sogenannten Katarakte stürzt, wegen der Stärke des Getöses den Gehörssinn entbehrt.

Hier aber entsteht durch die rasend schnelle Umdrehung des ganzen Weltalls ein so starker Schall, daß ihn die Ohren des Menschen nicht zu fassen vermögen, gleichwie ihr die Sonne nicht gerade ansehen könnt, weil die Strahlen derselben für euren Gesichtssinn zu stark sind."

Alles dies bewunderte ich, indes wandte ich meinen Blick doch wiederholt der Erde zu.

Was lehrt uns nun Scipios Traum?

Einschränkungen seines Wertes beziehen sich auf manche Mängel der Selbständigkeit bei der Übernahme platonischer und aristotelischer Lehren. Der „Traum" ist selbstverständlich erfunden, seine „Technik" ebenfalls von Platon übernommen aus seinem gleichnamigen Werk über den Staat. Hier ist es der Pamphylier Er, der im Kriege gefallen war, aber nach zwölf Tagen wieder zu sich kam und von seinen Erlebnissen im Jenseits berichtete. Natürlich war auch Cicero ein Opfer der damaligen Unkenntnis über die wahre Bewegung der Erde — Galilei lebte erst anderthalb Jahrtausende später. Aber der von Cicero geschilderte Blick ins Weltall könnte auch von einem modernen Weltraumfahrer stammen. Es sind doch erstaunliche Perspektiven, die Cicero teils aus Überlieferungen, teils aus eigener Phantasie anbringt — so besonders die Kugelgestalten der Sterne, die an Größe die Erde tatsächlich um ein Vielfaches übertreffen — woher wußte das Cicero angesichts des damaligen Standes der Astronomie? Und die Seele, für die außerhalb des körperlichen „Gefängnisses“ weder Zeit noch Raum existieren, wird des gleichzeitigen Anblicks aller Kugelgestalten teilhaftig! Ob es sich nun wirklich um „Kugeln“ handelt, ist von unwesentlicher Bedeutung (für Gründlichkeitsfanatiker: die Erde ist in Wirklichkeit ein „Rotations-Ellipsoid“!). Wie viele seiner Anschauungen über das Leben nach dem Tode decken sich mit anthroposophischen und theosophischen Ansichten!

Wir verzichten darauf, alle die Tonskalen wiederzugeben, in denen die griechische Metaphysik — und Cicero in Anlehnung an Platon — die Intervalle zwischen den einzelnen Planeten festgelegt haben. Die Reihenfolge ist veränderlich, sie wird teilweise sogar direkt umgestellt. Diese vielen planetarischen Tonreihen sind Versuche, das unfaßbar Göttliche des harmonischen Ordnungssinnes mit irdischen, allzu menschlichen Maßstäben zu messen und aus dem Überirdischen auf die weltliche Ebene zu projizieren. Uns kommt es vor allem auf das „Wesen der Dinge“ an, auf das Allgemeine, das sich hinter dem „Besonderen“ des Symbolvorganges verbirgt. Und das ist die Äußerung Ciceros, daß der Ton der Sternenbahnen von „gelehrten Männern auf Saiteninstrumenten und in Gesängen nachgeahmt“ wurde. Entspricht das nicht inhaltlich der mitgeteilten Pindar-Hymne in der Übersetzung vom Wilamowitz-Moellendorff: „Unten auf Erden lauschen der Chöre Meister auf deine Klänge ....“? Mag auch diese Anschauung, wie sie im „Traum des Scipio“ wiedergegeben ist, kein Originalgedanke Ciceros sein — die Art, wie er hier in platonischem Sinne alles irdische Musizieren als Nachahmung der himmlischen Harmonien bezeichnet, ist von ausschlaggebender Bedeutung für das gesamte Mittelalter und in ihrem tiefen, gehaltvollen Sinn von berufenen Wissenschaftlern noch nicht einmal ausreichend gewürdigt. Denn sonst könnte ein so kundiger Fachmann wie Julius Stenzel (42, S. 184) sich nicht zu der Bemerkung verleiten lassen: „Ungemein eindrucksvoll und eine aufregende Bestätigung für meine Schlußworte ist der Ausblick ‚Toeplitz‘ am Schluß: ‚Sollte die Sphärenharmonie, in der die

Wandelsterne ihren Reigen aufführen, die große Theorie sein, die sich abspiegelt in der irdischen Harmonie der Klänge und Rhythmen? Dann wäre es das Studium der homozentrischen Sphären des Eudoxos, das uns neue Aufschlüsse über den Sinn unserer Stelle bringen könnte'".

Nun, die homozentrischen Sphären des Eudoxos dürften ebensowenig „eindrucksvoll und aufregend" sein wie die Systeme der Sphärenharmonie. Der Astronom und Geometer Eudoxos, der in der zweiten Hälfte des vierten Jahrhunderts v. Chr. lebte, erklärte die verschiedenartigen und rückläufigen Bewegungen der Planeten durch mehrere Sphären, die auf eigenen Achsen mit andersgelagerten Polen rotierten, im Gegensatz zur unverrückbar feststehenden „Weltachse". Auf diese Weise kam er zu nicht weniger als 27 Sphären. Seine Lehren wurden von Aristoteles weiter ausgebildet, dann von Ptolemäus durch die „Epicyklen" (Nebenkreise) ersetzt. Aber diese Betrachtungen führen auf abseitige Gebiete.

Kehren wir lieber zu unserem gelehrten jungen Freund zurück, der in seinem Turmstübchen über die Symphonie der Himmelssphären nachgrübelt und aus Verzweiflung vielleicht schon einige Gänsefedern zerknickt hat, weil es ihm an geeigneten Zitaten aus dem frühen Mittelalter fehlt. Helfen wir ihm ein bißchen auf die Sprünge — aber bitte, nicht den Nachweis vergessen, daß es der Geist Ciceros ist, der hier nachwirkend die Erkenntnisse der Alten dem Abendland schmackhaft gemacht hat!

Dann greift er wohl am besten gleich nach dem bereits erwähnten Aristides Quintilianus, jenem bedeutenden griechischen Gelehrten auf römischem Boden. Über sein Leben ist nichts bekannt, nicht einmal seine Lebenszeit ist einwandfrei ermittelt, vermutlich wirkte er um 100 n. Chr. und Anfang des 2. Jahrhunderts. Wir besitzen von ihm das einzige authentische Lehrbuch der Musik aus der Kultur der Antike (82). Hierin nimmt die „Naturlehre", „Seinslehre" und „Weltenharmonie" einen bedeutsamen Platz ein. Es sind nicht gerade neue Gedanken, die er im Anschluß an Platon und die griechischen Harmoniker vorträgt, jedoch versteht er es, ihnen eine fesselnde Form zu verleihen voll Tiefe und Hintergründigkeit. Immer wieder betont er die menschliche Unzulänglichkeit, die „Ohnmacht der Materie", die uns den geistigen Zugang zu den Kraftströmen des Universums verwehrt. Er spricht von einer „göttlich-erhabenen und geheimnisvoll-unsagbaren Lehre" (S. 321), wenn er auf die Unvollkommenheit in der irdischen Nachahmung göttlicher Vorbilder hinweist. „Somit ist die Behauptung nicht unglaubwürdig, daß die Musik zwar denselben Ursprung im Universum habe wie auch die übrigen Dinge, daß sie aber durch die Mischung mit der körperlichen Materie die den Zahlen anhaftende Genauigkeit und höchste Erhabenheit einbüße, da sie (die Musik) ja in den überirdischen Regionen genau und richtig stimmt und unverdorben ist." Er zitiert, daß Weltkörper bei ihrer großen Geschwindigkeit eine Erschütterung des Äthers hervorrufen müßten. Wir hätten aber nicht die geeigneten Ohren, um die Klänge wahrnehmen zu können. Aber für „die Besten von denen, die unter Menschen nicht schlecht gelebt haben", kommt der Schall ihrer Gehörgrenze nahe. Und ebenso wie der Eingeweihte die Gegenwart göttlicher Gestalten zu schauen vermag, „so sei auch das Getöse des Weltalls zu hören, zwar aus unserem eigenen Vermögen und zumal für die Unwürdigen völlig unerreichbar. Die ernsthaft Strebenden und Wissenden aber würden, wenn auch selten, doch dann ausgiebig einer solchen Ehre und eines solchen Glückes von seiten der höheren Mächte teilhaftig." (81, S. 345 ff.)

Seine Naturphilosophie mit der Intervallbestimmung der Jahreszeiten ist chaldäischen Ursprungs. Auch die Chaldäer waren der Ansicht, der Frühling stehe zum Herbst im Verhältnis der Quarte, zum Winter im Verhältnis der Quinte, während der Frühling zum Sommer eine Oktave bilde. Es ist nicht möglich, auf die Fülle der Anregungen einzugehen, die Aristides Quintilianus vermittelt, wie etwa die kosmisch-musikalische Ausdeutung des berühmten Pythagoräischen Lehrsatzes. Die Seele ist „eine Harmonie auf Grund von Zahlen." Eindrucksvoll ist die ausführliche Beschreibung, wie die Seele aus den reinen Regionen des Alls herabschwebt, „versinkt in dem nächtlichen Dunkel der Körperlichkeit", wie sie deshalb nicht mehr dazu imstande sei, „in rein gedanklicher Schau das Universum zu umspannen" und die „überirdisch schönen Dinge" vergißt. Aber sie übernimmt bei ihrem Durchgang durch die Ätherkreise alles, „was lichtstrahlend ist" und bereitet sich eine körperliche Harmonie, wobei der Instrumentalklang auf natürliche Weise alles Verwandte zum Mitschwingen bringt: Die Saiten versetzen die Sehnen in Erregung, die Luftsäulen der Blasinstrumente die Atemluft des Körpers.

Boëtius, Cassiodor, Isidor von Sevilla, Regino von Prüm tragen die Idee der Sphärenharmonie weiter, Cicero wird kommentiert von dem Augustinus-Schüler Favonius Eulogius und von Macrobius, zitiert von Boetius. Censorinus entwickelt im 3. Jahrhundert aus der Sternenskala das chromatische Tongeschlecht. Um das Jahr 400 — stellt Jacques Handschin (44) fest — ist der Vergilkommentator Servius der Meinung, Orpheus „habe als erster die Harmonie gefunden, d. h. den Klang der Weltkreise." Ferner bei Handschin: der Grammatiker Marius Victorinus nimmt an, die sakralen Gesänge mit ihren Strophen und Gegenstrophen sollen „die Musik und die Bewegung des Weltalls nachahmen (sic!), denn wie der Himmel sich vom Aufgang zum Niedergang nach rechts dreht, so bewegt sich der Chor im Reigen erst nach rechts, und wie die Planeten nach links ziehen, so geht der Chor hierauf nach links zurück. Schließlich bleibt der Chor singend stehen, da die Erde, um die sich der Himmel dreht, unbeweglich in der Weltmitte steht." Und Cassiodor, der gelehrte Kanzler am Hofe Theoderichs, erklärt: „Alles, was sich im Himmel und auf Erden ereignet, ist musikalischen Gesetzen unterworfen." Bei Johannes Scotus Erigena (810-877) liest man: „Die Schönheit des ganzen geschaffenen All ist in Ähnlichkeit und Unähnlichkeit mit wunderbarer Harmonie gegründet und aus verschiedenen Gattungen und mancherlei Formen durch unterschiedene Ordnungen der Bestandheiten und des zu ihnen Hinzutretenden zu unaussprechlicher Einheit gefügt." (23, S. 272)

Noch einen kurzen Blick auf die Anschauungen der Neupythagoräer. Philo von Alexandrien ist der Ansicht, wir würden beim Anhören der Sphärenharmonien Gott gleich sein wie Moses in den vierzig Tagen seines Fastens. „Der Himmel gilt ihm geradezu als das Urbild aller musikalischen Instrumente, das irdische Abbild der himmlischen Harmonie ist ihm die siebensaitige Lyra." Die Harmonie der Seele ist der des Universums analog (nach Abert 118). Plotin, der Begründer der Lehre von dem Schönen, erklärt: „Alle Musik, wie sie auf Melodie und Rhythmus beruht, ist der irdische Stellvertreter der himmlischen Musik, die sich im Rhythmus der ursprünglichen Idee bewegt." (151, S. 57) In längeren Ausführungen befaßt er sich mit der Sphärenharmonie. Bei Jamblichus war die Seele des Menschen vor der Geburt der göttlichen Harmonie teilhaftig. Daher gibt sich der Mensch auf Erden nur solchen Harmonien hin, in denen die Spuren jenes göttlichen Ursprungs erkennbar sind. Jeder Gottheit weist er eigene heilige Gesänge zu, die ihr harmonisch verwandt sind, und die beim Erklingen den Gott herbeirufen.

Gott hat die Welt durchaus als Harmonie geschaffen, nur dürfen wir nicht die göttliche Harmonie mit dem Maßstab der irdischen messen (118, S. 80 ff.). „Man ging im Orient nach neuplatonischem Vorbild sogar so weit, diese Musik des Universums überhaupt für die einzig wirkliche Kunst zu erklären, von der die irdische nur ein schwacher Nachhall sei. So sagt Gregor von Nyssa, die Musik sei eine Harmonie, welche den Gesang der alles beherrschenden göttlichen Macht darstelle; denn die Sympathie und Übereinstimmung aller Dinge unter einander, die nach einer bestimmten Ordnung geregelt sei, bilde die urbildliche, wahre Musik, die der Weltenordner erklingen lasse. Direkt pythagoräischen Ursprungs, wenn auch mit biblischer Zahlensymbolik verquickt, ist der Satz des Methodius, daß die Schöpfung der Welt nach dem Prinzip der Zahl und Harmonie erfolgt sei, da Gott in sechs Tagen Himmel und Erde geschaffen habe. ... Auch bei Ambrosius gilt diese Weltenmusik für das Ur- und Vorbild der irdischen ... Kein Wissenszweig, sagt Rabanus Maurus, kann vollkommen sein ohne die Musik, denn ohne sie vermag überhaupt nichts zu bestehen, ist doch die ganze Welt nach harmonischen Gesetzen zusammengefügt und bewegt sich der Himmel selbst in harmonischen Klängen." (118)

Isidor von Sevilla, der bedeutende spanische Bischof und Gelehrte (570-636), erklärt, daß ohne Musik überhaupt keine geistige Disziplin möglich sei, denn ohne sie ist nichts (nihil enim est sine illa). Denn die Welt sei doch sogar nach harmonischen Regeln zusammengesetzt, und der Himmel werde unter harmonischem Gesang bewegt (51, S. 9). Der Erzbischof Anselm von Canterbury im 12. Jahrhundert übernimmt die altgriechische Einsicht, daß nichts tönen könne, was sich nicht in der Luft abspiele. „Aber von der Erde aufwärts bis zum Firmament wird die himmlische Musik gemessen, nach deren Vorbild unsere Musik erfunden wurde (a terra usque ad firmamentum coelestis musica mensuratur, ad cuius exempla musica inventa est — aus „De imagine mundi", Bd. III, cap. XXIV). Der italienische Philosoph und Neuplatoniker Marsilius Ficinus in „De scientibus mathematicis" § 47: „Der Himmel ist nach harmonischer Teilung zusammengesetzt, wird harmonisch bewegt, und durch die harmonischen Bewegungen und Töne ist er die Ursache von allem (harmonicis motibus atque sonis efficit omnia)." Der hundert Jahre nach Ficinus lebende Dominikanermönch Thomas Campanella (geb. 1568) hält es für selbstverständlich, daß die ganze Welt Harmonie sei (nullum videri debet dubium, quod mundus totus sit harmonia), nur können wir nicht Töne empfinden, in denen wir geboren sind (51). Ähnlich äußert sich der Neuplatoniker Leo Hebräus in seinem Dialog „de amore" neben vielen andern.

In der Renaissancezeit war es vornehmlich der Arzt, Astrologe und niederländische Historiograph Agrippa von Nettesheim (1486-1535), der vor allem mit seiner Schrift „De occulta philosophia" bedeutenden Einfluß gewann. Auch er verschloß sich nicht dem tönenden Universum. „Wenn man den Plan des Weltgebäudes kennen lernen will, muß man die Verhältnisse verstehen, auf denen es aufgebaut ist. In den Zahlen verbergen sich Kräfte, die in beiden Welten wunderbare Fähigkeiten entfalten. So ist die Zahl Eins der Ursprung und die Grundlage aller Zahlen, zugleich bezeichnet sie auch den einen Gott, den Ursprung aller geschaffenen Welt." Nach den Pythagoräern, sagt Agrippa, gibt es heilige Zahlen, die den Elementen und den planetarischen Göttern zugehören. Diese Zahlen sollten in magischen Figuren benutzt werden. Mathematische Kenntnisse sind auch unerläßlich für die musikalische Harmonie, die ihrerseits ein Spiegelbild der Harmonie des Alls ist ... Agrippa zeigt die verschiedenen Körperteile des Menschen, die er in Kreise und Dreiecke eingeschlossen hat. Da die Welt nach menschlichen Verhältnissen gebaut ist — so erklärt er —, bedeutet die Bewegung des Menschen in harmonischen Gesetzen, daß er die Harmonie des Universums ausdrückt. Wenn sein Körper sich in Übereinstimmung mit diesen idealen Figuren bewegt, dann hat er die magische Bedeutung der ältesten heiligen Tänze begriffen, die in rhythmischen Riten aufgeführt werden. Solche Bewegungen machen die Götter froh und lassen die Planeten erklingen wie Saiteninstrumente, die vibrieren, wenn man ihre harmonischen Töne singt. Vom Tanz gehen heilende Kräfte aus. „Wer krank ist, stimmt nicht mehr mit dem Universum überein. Er kann aber die Harmonie wiederfinden und gesund werden, wenn er seine Bewegungen nach denen der Gestirne richtet." (73, S. 243 und 284)

Weiter: „Die musikalische Harmonie, sagt Agrippa, ist eine mächtige Schöpferin. Sie zieht die himmlischen Einflüsse an und ändert Gefühle, Entschlüsse, Gesten, Ideen, Handlungen und

Veranlagungen ... Sie verlockt Tiere, Schlangen, Vögel dazu, schönen Weisen zu lauschen ... Die Fische im See von Alexandrien freuen sich an harmonischen Klängen, die Musik hat Freundschaft zwischen Menschen und Delphinen gestiftet (NB in bezug auf den griechischen Arion-Mythos?)". Und Seligmann fährt nach den Agrippa-Zitaten fort: „Tanzen, Singen, Musizieren gehören in das Gebiet der weißen Magie ... In dem Buch Sohar (NB der Kabbala) lesen wir: ‚Durch die ganze Weite des Himmels, der die Welt umgibt, zeigen sich bestimmte Figuren, Zeichen, durch die wir Geheimnisse und tiefste Mysterien erkennen können. Diese Zeichen werden durch die Konstellationen der Sterne gebildet, die für den Weisen Gegenstand der Betrachtung und des Entzückens sind'." (73, S. 288 ff.)

Es ist nicht schwer, die verschiedenartigen antiken Einflüsse, sowie rosenkreuzerische und kabbalistische Gedankengänge bei Agrippa festzustellen. Bezeichnend ist sein Bemühen, die gesamte Welt in den Kreislauf der „Musica mundana" einzubeziehen. Wir werden bei den Lehren der Rosenkreuzer der Anschauung wiederbegegnen, daß „die musikalische Harmonie die himmlischen Einflüsse anziehe." In der Ansicht über die Heilkraft der Musik, die im Abschnitt „Magische Musik" eingehender behandelt werden soll, begegnet er seinem großen Kollegen Paracelsus. Dieser ist der Meinung, daß zu wenige die Augen zum gestirnten Himmel erheben, „aus dem ein ununterbrochener Strom der Erleuchtung fließt, die die Menschheit zu neuen Wissenschaften und Künsten führt. Die Musik kommt z. B. von dem Planeten Venus. Wenn sich alle Musiker dem Einfluß ihres Lichtes öffneten, würden sie eine schönere, himmlischere Musik schaffen als die bisherige Musik, die noch immer mechanisch wiederholt wird." (73, S. 250)

Sollte die Musik an der weiteren Entwicklung und Umwandlung des sphärischen Begriffes, wie er sich in der Renaissance des neuplatonischen Pythagoreismus, bei Nikolaus von Kues, bei Giordano Bruno, bei den Mystikern kundgibt, nicht auch stark beteiligt sein? Klingt die tönende Kunst nicht immer wieder hindurch im gestaltenden Ordnungssinn großer mittelalterlicher Denker, die in mathematischem Symbolismus die Urformen, Urphänomene der alten Griechen übernehmen, um mit ihrer Hilfe das Wesen Gottes und die Unendlichkeit zu definieren: nämlich die Kugel — der um die dritte Dimension erweiterte, „körperlich" gewordene flächenhafte Kreis? Die „Sphaera infinita" taucht auf, das Sinnbild Gottes als „unendliche Sphäre". Von Plotin wird der Begriff der „geistigen Sphäre" übernommen (sphaera intelligibilis, amplissima, intellectualis orbis). Für Nikolaus von Kues, den ersten deutschen Renaissance-Philosophen, sind die mathematischen Zeichen und Figuren gleichzeitig die höchsten göttlichen Symbole, in denen die himmlische Welt sich selbst auf Erden unmittelbar widerspiegelt, und die vollkommensten menschlichen Gedankenbildungen, durch die wir zur genauen Erkenntnis des sichtbaren Universums gelangen. Kreis und Kugel sind ihm die allerbesten sinnbildlichen Darstellungen der Gottheit selbst (67, S. 80). Wenn Giordano Brunos Monadologie im Einzelwesen einen Spiegel der Unendlichkeit erblickt, wenn dem großen Naturphilosophen Tiere, Pflanzen, als „Abbild des Weltalls" erscheinen, so entwickelt die kosmische Theologie doch eine deutliche Parallele zu unserer musikalischen Kosmologie. Für Jakob Böhme ist alles im Menschen selbst: Himmel und Erde und Sterne und die Elemente. Und dazu die „ewig gebärende Harmonie" der menschlichen und anderen Geister. „Das ist eine himmlische Musik, denn da singet ein jeder nach seiner Qualitätsstimme ... und das ist in dem Herzen Gottes wie ... ein ewiges Spiel in der unendlichen Einheit" (67, S.37). Der Kreis, den wir ja als Urphänomen der Musik und irdisches Abbild der kosmischen Sphären bezeichnet haben, ist bei Suso, Böhme, Tauler — Gott selbst. Er versinnbildlicht sich in allen Kreisformen, deren geheimes Wesen in der „Wiederkehr" beruht — im Kreislauf der Natur, der Tages- und Jahreszeiten — letzten Endes in allem periodischen Geschehen des menschlichen Lebens, in wiederkehrenden Zuständen des irdischen Daseins, in seinen rhythmischen Pulsschlägen. Ist es so abwegig, die „ewige Wandlung", die den altgriechischen Mysterien ihren Sinn gab, auch in den musikalischen Schöpfungen zu suchen und zu finden? Gewinnt die thematische Wiederkehr im Aufbau der Sonate, der Symphonie nicht in diesem Zusammenhang eine tiefere Bedeutung, — und sei es auch nur für den Hörer, der in seiner Vorstellung Wandel und Wiederkehr als tönendes Naturgesetz nunmehr bewußt erlebt, das ihm bisher vielleicht nur als Ahnung im Unbewußtsein vorschwebte? „Wie jeder Gedanke, jede Seele Melodie ist, so soll der Menschengeist durch sein Allumfassen Harmonie werden." (Bettina B r e n t a n o)

„Durch sein Allumfassen, denn das Gefühl ist erst gesättigt, wenn das All in und mit der Seele klingt. Alles ist Musik, heißt: alles ist fühlbar, alles in Einheit, in Kontakt mit der Seele. Das Allgefühl der Mystik verlangt die Weltharmonie, und so verkündet sie gerade Jakob B ö h m e besonders feurig: alle Instrumente seien wie Hundegebell gegen den göttlichen Schall oder die Musika, die durch ihn aufgehet von Ewigkeit zu Ewigkeit .. A g r i p p a vergleicht das Universum mit einer gespannten Saite, die, an einem Ende berührt, sogleich überall erklingt ..." (68, S. 98) Und nehmen wir den von Joel zitierten, in diesem Zusammenhang besonders wichtigen N o v a l i s auf unserem Weg durch die Jahrtausende vorweg: „Die Musik hat viel Ähnlichkeit mit der Algebra, sagt Novalis, aber das sagt noch zu wenig. Er hört alles als Musik, und e r h ö r t i n a l l e r M u s i k d i e Z a h l (!), er hört alles als Rhythmus, und er hört im Rhythmus die Ordnung, an der man alles erkennt. ‚Jahreszeiten, Tageszeiten, Leben und Schicksale sind alle, merkwürdig genug, durchaus rhythmisch, metrisch, taktmäßig. In allen Handwerken und Künsten, allen Maschinen, den organischen Körpern, unseren täglichen Verrichtungen — überall Rhythmus, Metrum, Taktschlag, Melodie — Rhythmus findet sich überall ... hat man den Rhythmus in der Gewalt, so hat man die Welt in der Gewalt. Jeder Mensch hat seinen individuellen Rhythmus. Die Algebra ist die Poesie. Rhythmischer

Sinn ist Genie.'" Und im „Rhythmus" des Hexameters „erscheint, indem sich die höchsten Gedanken von selbst diesen sonderbaren Schwingungen zugesellen und in die reichsten, mannigfaltigsten Ordnungen zusammentreten, der tiefe Sinn der geheimnisvollen Lehre von der Musik als Bildnerin und Besänftigerin des Weltalls." (68, S. 180 ff.)

Das sechzehnte und siebzehnte Jahrhundert ließ drei bedeutende Gelehrte entstehen, die sich intensiver als alle Zeitgenossen mit der Sphärenmusik befaßt haben. Es sind dies: der Jesuitenpater Athanasius Kircher, der englische Rosenkreuzer Robert Fludd (Robertus de Fluctibus) und der hervorragendste unter ihnen: der Astronom und Entdecker der Planetengesetze Johannes Kepler. Alle drei grundverschieden in Gesinnung und Anschauung, Herkunft und Lebenszielen: Kepler („astrologus vel musicus!!"), der Sterndeuter Wallensteins, trotz seiner astrologischen Nebentätigkeit in erster Linie Wissenschaftler, Mathematiker — Kircher ein Zauberer, ein E.T.A. Hoffmann des Mittelalters, Mechaniker und Erfinder in einer Welt von Wunderpuppen, lebenden Figuren und akustischen Hexereien — Fludd der streitsüchtige und rechthaberische Okkultist, spekulativer Mystik zugeneigt. Diese drei nun bereicherten unsere Erkenntnisse über die Musik der himmlischen Sphären.

„Gib dem Himmel Luft, und es wird wirklich und wahrhaftig Musik erklingen!" ist Keplers Bekenntnis. Aber auch ohne die unmittelbaren Übertragungen von Schallwellen aus dem Kosmos empfinden wir die geregelte Ordnung des Universums als Musik. Es muß also eine geistige Kraft, ein „concentus intellectualis", eine geistige Harmonie vorhanden sein, „an der reine Geistwesen und in gewisser Weise auch Gott selber nicht weniger Genuß und Ergötzen empfinden, als der Mensch mit seinem Ohr an musikalischen Akkorden." (53, S. 108).

Das sind seine Ansichten in der ersten Studie über die Weltharmonie, die er später in seiner „Harmonice mundi" wesentlich erweiterte. Sein Ziel war, „das herrliche Gebäude des harmonischen Systems oder der musikalischen Tonleiter aufzurichten, ein Gebäude, dessen Gliederung nicht willkürlich, wie einer denken möchte, nicht eine menschliche Erfindung ist, die man abändern könnte, sondern sich durch und durch vernunft- und naturgemäß darstellt, so daß Gott der Schöpfer selber sie beim Abstimmen der himmlischen Bewegungen ausgedrückt hat." Wie Kepler die Urharmonien oder Konsonanzen zuerst aus der Symmetrie der fünf regulären Körper errechnet, wobei er den Begriff der Symmetrie als das räumliche Korrelat zur Harmonie auffaßt, oder wie er seinen Erwägungen die Winkelgeschwindigkeiten der Planeten zugrunde legt, mag uns im Augenblick weniger interessieren als die geistigen Voraussetzungen und Folgeerscheinungen seiner Lehren. Sie bauen sich einmal auf dem „concentus intellectualis" auf, der uns ja als die hinter der Tonwelt wirkende geistige Kraft nicht mehr unbekannt ist, und zum andern Mal auf seinen Anschauungen von der „Weltseele". Hier nimmt er erstaunlicherweise Ansichten des Naturphilosophen Gustav Theodor Fechner voraus, wenn er die Erde als beseelten Organismus ansieht und das Atmen des Erdkörpers mit den Erscheinungen von Ebbe und Flut vergleicht. Beseeltheit setzt aber auch Empfänglichkeit für die geistigen Strömungen voraus, die den göttlichen Ordnungssinn als Harmonie, als Musik erscheinen lassen. Und so heißt es denn in der Übersetzung der „Harmonice mundi" (54): „Darum wird man sich nicht weiter wundern, daß die schöne, zweckmäßige Folge der Töne in den musikalischen Tongeschlechtern von den Menschen gefunden wurde, wenn man sieht, daß sie dabei nichts anderes getan haben als Gottes Werke nachzuahmen, und nur sozusagen das Schaustück des himmlischen Bewegungsbildes herunterspielen" (S. 93). Es ist mehr als nur mystische Spekulation, wenn Kepler Rückschlüsse auf das Alter der Welt in Erwägung zieht aus der Zeit, in der alle Planeten in einer harmonischen Konstellation zu einander standen und somit eine „ausgezeichnete Gesamtharmonie" bildeten. Die tatsächliche Entfernung der inneren Planeten (Merkur, Venus, Erde) von der Sonne beträgt in Millionen Kilometern 58, 108 und 149. Das ist annähernd das Verhältnis 1 : 2 : 3, also Grundton, Oktave und Quinte. Daß diese Entfernungen seit Ewigkeit konstant waren, ist undenkbar. Ließe sich nicht eine Zeit annehmen, in der das Verhältnis tatsächlich „rein" war in der Proportion 50 : 100 : 150? Und wie kommt es, daß in alten Schriften häufig von dem „Phöbuston", dem Sonnenton die Rede ist mit dem Quint-Oktav-Verhältnis? Ist es nur ein Zufall, daß unser gesamtes Musiksystem auf dem harmonischen Urgrund der Oktave und Quinte basiert? Lag in dieser hypothetischen „Reinheit" der kosmischen „Stimmung" die Quelle, die in der „Erdseele" überhaupt erst einmal die Prädisposition, die Empfänglichkeit für musikalische Wirkungen schuf? Sollte Kepler vielleicht etwas Ähnliches gemeint haben? „Es ist nicht mehr verwunderlich, daß der Mensch, der Nachahmer seines Schöpfers, endlich die Kunst des mehrstimmigen Gesangs, die den Alten unbekannt war, entdeckt hat. Er wollte die fortlaufende Dauer der Weltzeit in einem kurzen Teil einer Stunde mit einer kunstvollen Symphonie spielen und das Wohlgefallen des göttlichen Werkmeisters an seinen Werken soweit als möglich mitkosten in dem so lieblichen Wonnegefühl, das ihm diese Musik in der Nachahmung Gottes bereitet." Denken wir dabei nicht an die religiöse Bedeutung des mehrstimmigen Gesanges in der Kirche, im Gottesdienst?

Schade, daß Kepler in Konflikte mit Robert Fudd — oder, wie er sich gern nannte: „Robertus de Fluctibus" geriet. Der weit angesehene Oxforder Arzt und Theosoph, Haupt der englischen Rosenkreuzer-Bewegung, stimmte mit Kepler wohl in den Zielen seiner Anschauung überein, in der Ergründung der geistigen Beziehungen zwischen Musik und Kosmos, fand aber bei Kepler kein Verständnis für seine tiefsinnig-mystischen Darlegungen. Fludd erhob gegen Kepler den Vorwurf, daß sich seine Wissenschaft nur der Außenseite der Dinge zuwende und nur den Schatten anstatt das Wesen der Dinge messe. Fludd war kein Freund der pythagoräisch-platonischen Zahlenspekulationen und hielt Kepler seine „mystische Astronomie“ entgegen. Dieser — obwohl selbst Astrologe — ließ nur die Stimme der Vernunft gelten und wandte sich scharf gegen alle Rosenkreuzer, Kabbalisten und „geistischen Zahlenpropheten“ (53, S. 347).

Es hieße aber Robert Fludd ein Unrecht erweisen, wollte man ihn allein aus dem Gesichtswinkel seines mit Pamphleten geführten Kampfes gegen Kepler beurteilen. Auch in den „unverständlichen Rätselbildern von der Wirklichkeit“, die Kepler seinem Gegner ankreidet, ruht tiefer Sinn voller verborgener Bedeutung.

Ein Beweis für die erhabene Sinnbildlichkeit seiner Auffassung ist eine der schönsten symbolischen Darstellungen von der „Weltharmonie“, die uns das Mittelalter beschert hat (Bildbogen S. VI). Das einsaitige Meßinstrument, mit dessen Hilfe die Pythagoräer die Intervalle errechneten, weitet sich bei Fludd zum „Weltmonochord.“ Es entstammt seiner „Metaphysica“ (aus dem Besitz der ehem. Preußischen Staatsbibliothek, Berlin. 55). Das Tonwerkzeug ist auf der Erde (terra) verankert. Sie entspricht dem „Gamma graecum“, dem tiefsten Ton des mittelalterlichen Tonsystems. Darüber liegen in Sekund-Abständen die restlichen Elemente Aer, Aqua, Ignis (Luft, Wasser, Feuer, das höchste, weil leichteste Element) — mithin also die gesamte materielle Welt. Dann steigen wir auf in das Reich des Kosmos vom Mond bis zum Jupiter anhand der beigefügten Planetenzeichen, wobei die Sonne die „Mese“, die Mitte bildet, wie wir es schon wiederholt bei Cicero, bei der esoterischen Auffassung der dorischen Tonleiter kennen gelernt haben. Die dritte Region hinter den Sternen umfaßt das geistige Jenseits, die „empyräischen Himmel“, die „Gefilde der Seligen“, die von der „Epiphania“ hoch oben am Geigenwirbel abgegrenzt werden, das ist die Region der göttlichen Offenbarung. Die Kreisbögen an den Seiten beziehen sich auf die tonalen Abstände, rechts die Intervalle, links die mathematischen Proportionen. Der Abstand der Sonne von der Erde ergibt eine „Diapason materialis“, die griechische Bezeichnung für die Oktave (wieder die geheimnisvolle „Sonnen-Oktave,“ der „Phöbus-Ton“!), das entspricht links einer „Proportio dupla,“ d. h. „1 : 2.“ Wir finden weiter unter den „materiellen“ Intervallen „Diatesseron“, das ist die Quarte, „Diapente“, die Quinte, „Diapason mit Diapente“ usw. Das gesamte Universum ist also in eine Doppeloktave eingeteilt, deren Mitte die Sonne bildet. Hinter ihr beginnen die jenseitigen Gefilde. Es ist der Bezirk des „Formalen“, der dem „Materiellen“ gegenübergestellt wird. Und nun kommt die eigentliche Bedeutung dieser symbolischen Darstellung: Gottes Hand greift aus den Wolken nach dem Wirbel — G o t t h ä l t d a s W e l t m o n o c h o r d i n „S t i m m u n g“ u n d w a c h t d a r ü b e r, d a ß s i c h j e d e B e w e g u n g i n h a r m o n i s c h e n B a h n e n v o l l z i e h t! Kann man sich etwas Erhabeneres vorstellen als diese tiefe Verinnerlichung in der Ausdeutung eines klingenden Kosmos?

Bei der Betrachtung des Intervallsystems fällt das Fehlen der Terz auf. Die Oktavquinte beherrscht das Weltall als Grundlage unserer gesamten Musik, in der Tat trat die Terz als Konsonanz erst später in den Anschauungskreis der Menschheit als typisch „menschliches“ Produkt. Das „Intervall-Erlebnis“ ist uns weitgehend verloren gegangen — ganz zu schweigen vom Erleben des Einzeltones! Was hat man es beispielsweise dem Komponisten Carl O r f f verdacht, daß er in seiner Oper „Antigonae“ dem Einzelton eine besondere Bedeutung beigemessen hat! Oder Anton von Webern in seinen Orchesterstücken! Dabei haben sie — ob mit Absicht oder unbewußt, spielt keine Rolle — die Praxis altägyptischer Mysterien aufgenommen, in denen jeder gemeinsam gesungene, lang ausgehaltene Einzelton einen Anruf an die verschiedenen Gottheiten bedeutete!

Hier erscheint es angebracht, die Intervalldeutungen Rudolf S t e i n e r s (56) einzuschalten; (im Privatdruck nur als mündliche, nicht überarbeitete Mitteilungen anhand der Vortragsprotokolle anzusehen): „Erst im Terzenerlebnis fühlt der Mensch Musik in Verbindung mit seiner physischen Organisation ... Beim Terzenerlebnis begann das Subjektive in sich zu ruhen, die Schicksalsempfindung wird mit dem Musikalischen verbunden, Dur und Moll bekommen einen Sinn ... Wenn wir gehen, uns bewegen, wirken in uns die abwärtsgehenden Strömungen des physisch lebenden Innen-Ich, sie geben die Grundlage für die innere Gliederung der Oktave. Es folgen die Töne, in denen das Vibrieren des ätherischen Leibes wirkt. Dann kommen wir da hinauf, wo die Vibrationen des astralischen Leibes mitleben. Das Erlebnis stockt bei der Septime. Jetzt müssen wir aber gehen zu dem direkt zu empfindenden Ich, indem wir zur Oktave hinaufkommen. In der Oktave müssen wir uns ein zweites Mal finden ... Das eigene Selbst auf höherer Stufe findet er (der Mensch) in dem Oktaverlebnis ... In den allerältesten Zeiten hätte der Mensch einen abgesonderten Ton nicht hören können, er erlebte sich weder in sich noch außer sich, sondern mit der Welt zusammen: nur einen Ton, der aus äußerem Objektiven und innerem Subjektiven zusammengesetzt war. Dann trennt sich dieses Erleben nach dem Objektiven und nach dem Subjektiven. Der Mensch kann im musikalischen Erleben den Anschluß an die Welt noch nicht finden. Er wird ihn finden im Oktaverlebnis. In ihm wird der Mensch sich zweimal erleben: als physisches Innen-Ich und als geistiges Außen-Ich. Das Oktaverleben wird eine neue Art sein, das Dasein Gottes zu beweisen ... Der Mensch wird die Tonleiter empfinden als sich selber, aber als sich selber befindlich in beiden Welten, vertauscht und wiederum sich zurückgegeben. Er wird sein Ich erleben, wie es in der Prim ist, und dann noch einmal erleben, wie es im Geiste ist ..." Und weiter spricht Rudolf Steiner davon, wie der Mensch beim Quintenerlebnis aus der physischen Organisation heraustritt, wie er sich selbst in der göttlichen Weltenordnung gewahr wird. „Es ist also gewissermaßen ein Hinausschreiten in das weite Weltenall beim Quintenerlebnis, und es ist ein Zurückkehren des Menschen in das eigene Haus der Organisation beim Terzenerlebnis. Dazwischen liegt das Erleben der Quart ..." Steiner ist der Meinung, daß sich der Mensch beim Erleben der

Quarte noch seiner Menschlichkeit bewußt bleibt im geistigen Bereich, daß er bei der Quinte dagegen „seiner selbst zu vergessen hat," um unter Göttern zu sein mit der Empfindung: „ich stehe in der geistigen Welt dadrinnen." Und das Quintenerleben „als geistiges Erlebnis ist zuerst der Menschheit verloren gegangen." Und wenn man beim Hören der Quinte etwas „Leeres" empfindet, so deckt sich das durchaus mit den Tatsachen, denn die Quinte entspricht der „Imagination", die Terz der mehr sinnlichen „Wahrnehmung."

Wertvolle Gedanken über das Symbol der Terz — das im Menschentum aufkeimende bewußte Terzen-Erlebnis — spricht auch Hans Erhard Lauer (162, S. 45ff.) aus. Die Terz versinnlicht „dieses persönliche, im Leiblichen webende Seelenleben." In den Zeiten uralter Vergangenheit „war musikalisches Erleben und übersinnliches Erleben im wesentlichen ein und dasselbe, indem das Letztere noch inspirierten Charakter trug; durch diesen vernahm es die Harmonie der Sternensphären, durch welche sich dem Menschen die himmlischen Hierarchien: die Weltenseelenwesen kundgaben. In der Terzen-Epoche ist das Musikalische ein im Erdenbereiche erklingendes geworden; wieder offenbart sich in ihm ein Seelisches, aber nicht das übersinnlich-kosmische Götterseelenleben, sondern das irdisch verleiblichte Menschenseelenleben. Auch zwischen diesen besteht jedoch eine Art von Spiegelbildverhältnis." — Jeder Kenner der Musikgeschichte weiß, in welchem Maße die Terz dazu beigetragen hat, das Ichbewußtsein zu wecken: von J. S. Bach, der in seinem Schaffen ebenso wie seine größten Vorgänger noch ein kollektives Allgemeingefühl der Menschheit zum Ausdruck brachte, über seinen Sohn Philipp Emanuel als „Urahne" der Romantik bis zum ichbetonten neunzehnten Jahrhundert, dessen Subjektivität (Wagners „Tristan"!) ohne das immens wachsende Terzen-Erlebnis überhaupt nicht möglich gewesen wäre! Und wer wollte so kurzsichtig sein, angesichts folgender Tatsachen einen „Zufall" anzunehmen und tiefere „mystische" Zusammenhänge zu bestreiten: Keine der mittelalterlichen Darstellungen der Sphärenharmonie, des „Weltmonochords", der „Weltenorgel" bei Fludd, Kircher weist eine Terz auf. Die Kunstmusik des Frühbarock bevorzugte einen „kosmischen" Quint-Oktav-Abschluß ohne Terz. Dabei wurde sie doch schon seit Odington um 1300 als (unvollkommene) Konsonanz angesehen. Warum war aber die Terz im einfachen Volk („Sommerkanon" 1240!) viel eher heimisch geworden als in der Kirchenmusik? Weil das Volk mehr dem leiblich-Sinnlichen, die „Musica sacra" mehr dem kosmisch-Göttlichen zugeneigt war?

Betrachten wir noch einmal Fludds Weltmonochord, so stellen wir fest: Die Quarte vom „Gamma graecum" bis zum C durchmißt die materielle Welt, in der sich der Mensch noch seiner Menschlichkeit bewußt bleibt. Die darüberliegende Quinte führt in kosmische Bereiche bis zum Sonnenton, wobei sich der Mensch selbst „in der göttlichen Weltordnung gewahr wird." In der aus Quarte und Quinte bestehenden Oktave Erde-Sonne findet der Mensch das „eigene Selbst auf höherer Stufe wieder" — die Doppel-Oktave (Umkehrung?) verbindet ihn unmittelbar mit Gott. In dieser geistigen Region führt die Quinte aus den kosmischen Bereichen durch die „empyräischen Himmel" hindurch (auch in Dantes Divina Comedia die „Lichthimmel" als höchste Instanz) als Quarte (Diatesseron formalis), das geistige Gegenstück zur Quarte „materialis." Könnten Steiners Deutungen nicht als Kommentar zu Fludds Weltmonochord gelten? Sind diese unbewußten Beziehungen nicht eigenartig, da Steiner das Weltmonochord garnicht kennen konnte?

Aber für das Mysterium der „Sonnen-Oktave" mit Rudolf Steiners Oktav-Erleben, um „das Dasein Gottes zu beweisen", müssen wir noch weitere Bestätigungen aus frühmittelalterlicher Zeit anführen. „Octavus sanctos omnes docet esse beatos". — Die Oktave lehrt alle Heiligen, glückselig zu sein — lautet eine der geheimnisvollen Inschriften an den Kapitellen der Abteikirche zu Cluny, deren musikalische Bedeutung Leo Schrade (74) eindringlich nahegebracht hat. In symbolischer Form entsprechen acht Säulen den acht Kirchentonarten. In der Oktave liegt ein Hinweis auf Jenseitiges. Marchettus von Padua, der bedeutende Theoretiker der italienischen „Ars nova" im 14. Jahrhundert, führt den angenehmen Klang der Oktavkonsonanz darauf zurück, daß der achte Tag unserer Auferstehung vor allen anderen Tagen am süßesten und angenehmsten sei, und durch die acht Töne erkennen wir die acht Seligkeiten. Bereits den Pythagoräern galt die Oktave als Ton der Gerechtigkeit. Sie übersteigt das Endliche, die irdischen Arbeiten und alle Mühsal. Im achten Ton findet „die ewige Ruhe und Glückseligkeit den gemäßen Ausdruck" — nach einem von Schrade (74, S. 263) zitierten Traktat. „Die Einheit und die Zahl acht sind deutlich die Grenzen, an denen das Irdische sich mit dem Jenseits berührt." Und die Achttonreihe spiegelt sich im Bau der Kathedralen, über deren Entstehung Hans Sedlmayr (75) wertvolle Aufschlüsse gegeben hat. Er verweist u. a. auf die seit Laon kanonische Achtzahl der Figurenbaldachine und geht auf die „hintergründige Symbolhaftigkeit der musikalischen Kunst des gotischen Mittelalters" ein, „ihres Tonsystems und ihrer Instrumente (als Abbilder des Kosmos) sowohl, wie ihrer Klanglichkeit und ihrer Bauformen. Das Klangliche der Musikinstrumente und der Singstimmen wird in ein Überklangliches hinausgedeutet."

Es liegt ein tieferer, physikalisch allein nicht erfaßbarer Sinn in dem Oktavenverhältnis 1 : 2. Diese beiden „Ur-Zahlen" scheinen geradezu nach symbolischer Deutung zu verlangen. Über Einzelzahlen in ihrer Symbolik bringt Hermann Abert (118) eine ausführliche Aufstellung. Eins ist die Einheit, die Ganzheit, Zwei das Sinnbild des Unvollkommenen, des Nichtselbständigseins, Drei entspricht der Dreieinigkeit Gottes, Vier wird in Zusammenhang gebracht mit den vier Elementen, Jahreszeiten, Winden, Temperamenten, daher die viersaitige Lyra usw. Aber es fehlt noch eine vollständige Symbolik der Intervalle. Auf diesem Gebiet unternimmt Ernst Bindel (119) einen mutigen Vorstoß, wenn er Quinte und Quarte als „seelische Urerlebnisse" bezeichnet und besonders für die Oktave eine sinnvolle Deutung findet. Er zitiert die Schrift August Halms, des Bruckner-Interpreten, über „Das Wunder der Oktav," bei der übereinandergebaut die Oktaven immer wieder Primen werden. „Dieses ‚wieder das Erste', dieses ‚ein anderes dasselbe' ist ein Wunder, und somit ist die ganze Musik ein Wunder," sagt Halm. Und Bindel stellt fest: „Ich und Weltengeist stehen einander polar gegenüber und sind dennoch äquipollent. Denn was drinnen im Ich ist, wir finden es auch draußen wieder und stellen uns ihm dennoch gegenüber. Das Rätsel der Oktavverwandtschaft ist nur der musikalische Ausdruck unseres Ichrätsels. Prim und Oktav stehen in unserer Seele einander wie niederes und höheres Ich, wie Erde und Himmel, wie Tiefe und Höhe gegenüber." (S. 30)

Man sollte doch einmal die Mühe nicht scheuen, in den Tonsätzen großer Meister diesem Geheimnis der Intervall-Symbolik (in ihrer „Vergeistigung" über das Wesen der „Hermeneutik" hinausreichend) nachzuspüren — Gedanken, die abseits unseres eigentlichen Themas hier nur angedeutet werden können. Man frage sich einmal, warum in den Lektionen der katholischen Liturgie der Prim-Ton eine so bedeutsame Rolle spielt. Man stelle diesem Gebrauch die „göttliche Umkehrung", die Oktav-Aussage bei Bach gegenüber. Da findet man in vielen Chorälen das Absinken in die Tiefe mit dem sofortigen Oktav-Aufstieg — die Verbindung des Irdischen mit dem Himmlischen, des Ich-Wesens mit der göttlichen Wesenheit. Diese Oktav-Sprünge wären nicht weiter bemerkenswert, wenn Bach nicht der Oktave eine ganz besondere Bedeutung dadurch verliehen hätte, daß er auf ihr verweilt und ihr einen auffällig längeren Notenwert verliehen hätte, als wenn er die Überlegenheit der himmlischen Höhen über die Tiefe andeuten wollte.

Die folgenden drei typischen Notenbeispiele sind den Chorälen „Da Jesus an dem Kreuze stund", „Puer natus in Bethlehem" und „Christ lag in Todesbanden" entnommen.*

* Vielseitige Aufschlüsse über Einzeltonsymbolik und Tonabstände auf kosmischer Grundlage bietet Anny von Lange (23).

Die Menschheit ist nach wissenschaftlichem Dafürhalten von der Oktave ausgegangen, um über die Quinte und Quarte zum „sinnlichen" Terz-Erleben zu gelangen. Würde man diese Art der Entwicklung „symbolisch" auslegen — was würde sie anderes bedeuten, als daß die Menschheit von der „kosmischen Weite" der Oktave, die Ich und All miteinander verband, zu einer gedrängten irdischen Enge gelangt ist, in der die „Tonballung" bis zur Einbeziehung der Vierteltöne Sinnbild unserer heutigen Lebensform wird — in Abkehr vom kosmisch „Überklanglichen" der Oktave?

Nach dieser kleinen Abschweifung in das Gebiet der „kosmischen" Intervall-Symbolik wollen wir uns wieder der geschichtlichen Entwicklung der Sphärenharmonie zuwenden.

Auch Athanasius Kircher (57) bereichert unser Wissen durch eine wertvolle symbolische Darstellung. (Siehe S. 8). Er vergleicht die Weltschöpfung mit einer Orgelmusik. Sechs Gruppen von Pfeifen, angeordnet in der heiligen Siebenzahl, versinnbildlichen die sechs Schöpfungstage. Der Geist Gottes, der sichtbar den Pfeifen entströmt und die gewaltige „Harmonia nascentis mundi" (Harmonie der Weltschöpfung) zum Erklingen bringt, „materialisiert" sich in den Schöpfungsakten der kleinen Kreise mit ihren bildlichen Darstellungen. So trägt die Taube als Lichtbringerin aus dem Zentralfeuer heraus, umgeben vom wogenden Äther, in der „Harmonia primi diei“ (Harmonie des ersten Tages), das erste Schöpfungswort davon: „Fiat lux!“ (Es werde Licht). Die „Harmonia IV diei“ umgibt die Planeten mit einem Kranz von Fixsternen, wobei die zentrale Stellung der Erde nach dem ptolemäischen Weltbild erkennbar ist. Der sechste Tag zeigt die Menschen am Apfelbaum in Gesellschaft des mysteriösen Einhorns, mittelalterliches Symbol der Jungfräulichkeit. Alle Register der Orgel sind gezogen zum Zeichen, daß die Schöpfung vollendet ist. Und unterhalb der Tastatur findet sich eine winzige lateinische Inschrift „Sic ludit in orbe terrarum aeterna Dei sapientia“ — „so spielt auf dem Erdkreis Gottes ewige Weisheit.“

Daß die Orgel als Sinnbild dient, hängt naturgemäß mit ihren engen Beziehungen zum Gottesdienst zusammen. Dabei dürften zwei Äußerungen angebracht sein, die in keiner unmittelbaren Verbindung mit dieser Darstellung stehen und doch wieder aus den Tiefen eines „kollektiven Unterbewußtseins“ hervorzuleuchten scheinen. Goethe sagte in den Gesprächen mit Eckermann („mit Boisserée“ 8. 9. 1815): „Die Natur ist so, daß die Dreieinigkeit sie nicht besser machen könnte. Es ist eine Orgel, auf der unser Herrgott spielt, und der Teufel tritt die Bälge dazu“ (d. h. der Teufel übernimmt nur rein mechanische Handlangerdienste). Und aus irgend einem Werk des Dichter-Arztes Carl Schleich habe ich mir einmal die Sentenz herausgeschrieben: „Denkt euch: Gott saß vor der Orgel der Möglichkeiten und improvisierte die Welt — und wir armen Menschen hören immer nur die Vox humana heraus. Ist sie schon schön, wie herrlich muß das Ganze sein!“ („Vox humana“ doppeldeutig als „Menschenstimme“ und Name eines Orgelregisters) — Es sind die Tiefen geheimnisvoller seelischer Zusammenhänge, die uns immer wieder mit Andacht vor den Gemeinsamkeiten erleuchteten menschlichen Geistes erfüllen.

Auf den im allgemeinen nicht mehr zugänglichen Schriften des Robert Fludd konnte noch Dr. H. Jennings (24) fußen, als er ein anschauliches Bild von der Musiktheorie der Rosenkreuzer entwarf. Er führt aus (Bd. 1, S. 208 ff):

„Die ganze Welt wird als ein Musikinstrument angesehen, das heißt, als ein chromatisches, sensibles Instrument. Die gewöhnliche Achse oder der Pol der Himmelswelt wird an der Stelle, wo das höhere Diapason oder der himmlische Einklang oder die Harmonie ist, von der geistigen Sonne, dem Zentrum der Empfindung, geschnitten. Ein jeder Mensch hat einen kleinen Funken (Sonne) in seiner Brust. Die Zeit ist nur in die Länge gezogenes Bewußtsein, weil keine Welt außerhalb des sie begreifenden Verstandes existiert. Die irdische Musik ist die schwächste Wiedergabe des Engelsstadiums, dieses bleibt im Geiste des Menschen als der Traum vom verlorenen Paradiese und als die Sehnsucht danach. Die Musik ist jedoch der Meisterer der Emotionen des Menschen und daher auch der des Menschen selbst. Die himmlische Musik wird durch den Kreuzundquermarsch der Sonne von Note zu Note, d. h. von Planet zu Planet, infolge des Haltmachens auf den Bahnen der Planeten hervorgebracht, die als Saiten oder Sehnen fungieren, und die irdische Musik ist mikroskopisch (richtiger „mikrokosmisch“) eine Nachahmung davon, ein „Rest vom Himmel.“ Die Fähigkeit des Wiedererkennens entspringt demselben übernatürlichen musikalischen Ausfluß, der die Planetenkörper in motivierter Projektion von der Zentralsonne aus, in ihrer entwickelten, proportionalen, harmonischen Ordnung hervorgebracht hat. Die Rosenkreuzer lehrten, daß die Harmonie der Sphären etwas Wirkliches und nicht bloß ein poetischer Traum sei: denn die ganze Natur wird wie ein Musikstück durch melodische Kombinationen der kreuzenden Bewegung des heiligen Lichtes hervorgebracht, das auf den Pfaden der Planeten spielt: das Licht flammt als geistige Ekliptik oder als das Schwert des Erzengels Michael, bis zu den äußersten Punkten des Sonnensystems. So sind Musik, Farben und Sprache Verbündete.“ Soweit Jennings.

Man vergleiche damit, was ich oben (S. 67) über die Beziehungen zwischen Licht, Ton und Sprache gesagt habe!

Hören wir hierzu Robert Fludds eigene Worte (58, S. 185 ff.): „Der Tonkunst ist, als einer Wissenschaft und Kunst, eigen und gemein, daß sie die durch menschliche Geschicklichkeit erfundenen zusammenstimmenden Notensysteme genau untersuche ... Aber, gütiger Gott, was will das sagen gegen die wahre und tiefe musikalische Kenntnis des Weisen, durch welche die Verhältnisse natürlicher Dinge erforschet, der übereinstimmende Wohlklang und die Eigenschaften der ganzen Welt entdecket werden, wodurch auch die Bande untereinander verknüpfet, und die streitenden Elemente befriedigt werden, und jeder Stern in seiner Schwere, Kraft und Verhältnis seines lichtreichen Wesens an seinem bestimmten Orte immerwährend erhalten wird? — Durch welche Bande der geheimen Musik wird das fürtreffliche Wesen des Menschen mit seinem Körper verbunden? Oder wie ist es möglich, daß es sich, vermittels des himmlischen Geistes, in eine ihm so entgegengesetzte, und von seinem natürlichen Geburtsorte sogar weit entfernte Wohnung, als das Licht von der Finsternis ist, nämlich in den finsteren Schattenkörper, herabbegeben, und in selbigem eine für die Welt ziemlich ergötzende Musik aufführen kann? Ist es wohl möglich, daß jemand auf diese Frage ohne zugehörige Betrachtung dieser heiligen und göttlichen Musik richtig antworten könne? Glücklich ist demnach derjenige, der in solchen Geheimnissen der verborgenen Musikwissenschaft gründlich unterrichtet ist, denn ohne diese Kenntnis ist es unmöglich, daß jemand sich selbst erkennen könne. Geschiehet dieses aber nicht, so kann er auch nicht zur vollkommenen Erkenntnis Gottes gelangen. Denn nur derjenige, der sich selbst wahrhaftig und von innen kennt, kann in sich selbst eine Abbildung der göttlichen Dreieinigkeit wahrnehmen. Überhaupt verhält sich die Musik, so wie sie von uns gemeiniglich erlernet und ausgeübet wird, zu jener hohen und geheimen Musik der Natur, wie der weiße Anstrich zur Wand, oder die Oberfläche zum Körper, denn die

Instrumental- oder Vokalmusik wird bloß deswegen von Menschen gebraucht, weil ein Schatten von Wollust ihre Ohren kitzelt. Die Welt- und Menschenmusik hingegen, wodurch die menschliche Seele zum Thron ihres Schöpfers erhoben werden kann, ist gänzlich vernachlässigt und unbekannt."

Wie hier die Göttlichkeit als Ursprung und Urbild aller Musik erfaßt wird, läßt die tiefe Religiosität der Rosenkreuzerbewegung in günstigstem Licht erscheinen. Dem Abbild der Dreieinigkeit in der irdischen Musik begegnen wir noch häufig im Mittelalter bis zur Barockzeit. Dem Musikfreund ist es mitunter wohl aufgefallen, daß ein kirchliches Musikstück, das durchgehend in Moll steht, überraschend mit einem Durakkord schließt. Das hat einen religiös-mystischen Hintergrund. Die „göttliche Dreieinigkeit", die sich im Prim-Terz-Quintakkord realisiert, könnte niemals in Moll ihren vollkommenen musikalischen Ausdruck erhalten, weil hier eine „kleine" Terz das Tongeschlecht bestimmt. Gott darf aber für seine musikalische Realisierung die „große" Durterz im Schlußakkord für sich in Anspruch nehmen.

Auch in der dreiteiligen Form (Arie, Sonatensatz, Symphonie) soll sich der Trinitätsgedanke ausprägen.

Eigenartig, wie im kosmischen Mythos der Musik uralte Motive ahnend hindurchklingen, sich zu erfüllen versuchen in der menschlichen Unzulänglichkeit, die sich immer erneut bemüht, das Unfaßbare begreiflich zu machen, das Unwägbare zu deuten, ihm irdischen Sinn zu verleihen, daß auch die Uneingeweihten seiner teilhaftig werden. Zu den unsterblichen Gestalten der klingenden Muse, die am Himmel weiter tönen, gehört der Sänger O r p h e u s. Der Himmel „tönt nach alter Weise in Brudersphären Wettgesang" — es sind nicht zuletzt die S t e r n b i l d e r, die in der griechischen Mythologie musikalischen Ausdruck besitzen: Der S c h w a n, der Vogel des Musengottes Apollon, der bei dessen Geburt singend aus Lydien herbeikam, mit seinen Geschwistern den Kayster-Strom, den Hermos und den Paktolos bevölkerte und auf dem Weltstrom des Okeanos heimisch war. Sein trauriges Lied begleitet die Seelen der Verstorbenen nach Tuonela, dem finnischen Totenreich, wie es Jean Sibelius in seiner erhabensten Tondichtung darstellt. Dann der Delphin, der den Sänger Arion davontrug, als er goldgierigen Schiffern entrinnend, ins Meer sprang. Und schließlich die Leier des Orpheus, die laut Eratosthenes nach dem Tode des Sängers nicht mitbegraben, sondern von Zeus an den Himmel versetzt wurde, wo sie heute noch denen tönt, die „heimlich zu lauschen verstehen." Meine sapphischen Strophen im „Mythologischen Sternenzug" greifen diesen Gedanken auf:

Heute schwingt dein Sang noch im Sternenraume!
Sphärenton, zum Erdenreich niederrauschend,
hallt durchs Herz der Kinder, die selig lauschend
lächeln im Traume.

Es war der Dichter Omons im 13. Jahrhundert, der ebenfalls in „Image du monde" Kindern die Fähigkeit zuschrieb, den Sphärenton zu vernehmen, da sie ja dem Ursprünglichen näher stehen als die Erwachsenen, und ihre Seelen erst allmählich sich in das Kleid der Körperlichkeit hüllen. „Die Kinder genießen um ihrer Unschuld willen den Vorzug, diese himmlische Harmonie zu vernehmen, und ihr Lächeln während des Schlafes ist die Folge jenes Genusses, den ihnen die himmlische Harmonie bereitet." (50, S. 16) Und es war „fast noch ein Kind," dem sich im 28. „Sonett an Orpheus" von R. M. Rilke „die dumpf ordnende Natur nur völlig hörend regte, da Orpheus sang." — „Du wußtest noch die Stelle, wo die Leier sich tönend hob — die unerhörte Mitte" (sic!). Und (No. 19): „Über dem Wandel und Gang, weiter und freier, währt noch dein Vor-Gesang(!!), Gott mit der Leier."

Vielseitig sind die Auslegungen, die der Orpheus-Mythos erfahren hat. Goethe wurde bereits erwähnt bei der Betrachtung tönender Architekturen (vergl. S. 58). Diese Stelle in seinen „Maximen und Reflexionen (Verschiedenes Einzelne über Kunst)“ ist wert, im Zusammenhang gelesen zu werden:

„Man denke sich den Orpheus, der, als ihm ein großer wüster Bauplatz angewiesen war, sich weislich an dem schicklichsten Ort niedersetzte und durch die belebenden Töne seiner Leier den geräumigen Marktplatz um sich her bildete. Die von kräftig gebietenden, freundlich lockenden Tönen schnell ergriffenen, aus ihrer massenhaften Ganzheit gerissenen Felssteine mußten, indem sie sich enthusiastisch herbeibewegten, sich kunst- und handwerksgemäß gestalten, um sich sodann in rhythmischen Schichten und Wänden gebührend hinzuordnen. Und so mag sich Straße zu Straße anfügen! An wohlschützenden Mauern wird's auch nicht fehlen. Die Töne verhallen, aber die Harmonie bleibt. Die Bürger einer solchen Stadt wandeln und weben zwischen ewigen Melodien, der Geist kann nicht sinken, die Tätigkeit nicht einschlafen, das Auge übernimmt Funktion, Gebühr und Pflicht des Ohres (vergl. oben das „Hören tönender Zahlen!!“), und die Bürger am gemeinsten Tage fühlen sich in einem ideellen Zustand, ohne Reflexion, ohne nach dem Ursprung zu fragen, werden sie des höchsten sittlichen und religiösen Genusses teilhaftig.“ Es ist wunderbar, wie Goethe hier die Beziehungen zwischen der göttlichen Macht des Orpheus und seiner Musik, den versteinerten „ewigen Melodien“ und dem religiösen Empfinden der Menschheit knüpft.

Auf eine interessante mittelalterliche Auslegung des Orpheus-Mythos in der „Musica enchiriadis“ und bei Regino von Prüm verweist Hermann Abert (118, S. 170). Orpheus ist der Idealmusiker, seine Gattin Eurydice das Sinnbild der tiefsten harmonischen Geheimnisse. Sie bleiben dem gewöhnlichen Menschen verschlossen. Nur dem antiken Sänger gelingt es, sie aus den Tiefen hervorzulocken, im Licht des Tages aber verliert er sie. „Das bedeutet: es wird dem Menschen trotz allen Versuchen niemals gelingen, alle Rätsel der Harmonie mit dem Verstande zu begreifen.“ Zu berücksichtigen ist, daß sich die stoische Schule bewußt der alten Mythen bemächtigte, um sie in allegorischer Form zur Verdeutlichung ihrer Lehren heranzuziehen. Hierbei handelt es sich um eine „Vermittlung zwischen dem philosophischen und dem gewöhnlichen Bewußtsein." Aufschlußreich bleibt jedenfalls, in welchem Umfang gerade der Harmoniebegriff zur Veranschaulichung der Lebensgesetze zu allen Zeiten dienen mußte. Die Vorrangstellung der altgriechischen „Harmoneia" = „Eintracht", „Übereinstimmung" (es heißt ja auch nicht „Musik" der Sphären, sondern Harmonie) stellt den vielzitierten Ausspruch Hans von Bülows in den Schatten: „Im Anfang war der Rhythmus." Wir haben bereits die symbolische Bedeutung des Rhythmus als „Triebkraft" kennen gelernt, und wer den Rhythmus an den Anfang alles Werdens setzt, stellt sich selbst das beschämende Zeugnis aus, die Triebhaftigkeit zum Lebensideal erhoben zu haben. Nein: Im Anfang war die Harmonie als Ausdruck geistig-seelischer Verbundenheit des Menschen mit dem Makrokosmos.

Und da kommt nun ein Athanasius Kircher mit der Anschauung, daß es die Macht der Sterne, der Sphärenharmonie sei, die Orpheus die Kraft verliehen habe, leblose Dinge, Pflanzen und Tiere mit seinem Gesang zu „bewegen" (dieser Begriff enthält bereits eine vielsagende Substitution: die Bewegung äußerlicher Dinge als Symbol der seelischen „Bewegung"). Diese recht bedeutsame Stelle mag zunächst im mittelalterlichen Original (59) wiedergegeben sein mit anschließendem Kommentar:

„Andere sagen / Orpheus sey ein vortrefflicher Astrologus und Medicus gewesen / hab beede Künsten gantz vollkomlich verstanden / die sonos also bequem temperiren und vermischen können / nach der Harmony deß himmlischen Gestirns / welche er imitirt / daß er alle ihren influxum auf sich gezogen / und ihme gemeine gemacht / kraft welches er alles was er gewollet / mit seiner Leyren hab zu sich ziehen und ihme holdselig machen können. Andere setzen auch das hinzu / er habe gantz vollkomlich verstanden / in welcher Proportion und Concept ein jegliches Ding von der Natur componirt sey / welchem Stern es underworffen und pariren mußte / daher hab er seine Musicalische rationes denselben gleichförmig gemacht / und derselben Stern sich accomodirt / und durch dieser innerlichen Krafft und Würckung hab er auch die inanimata zur Bewegung angereitzet / welche er mit seiner äußerlichen Harmony gleichsam heraus gelocket habe / nicht anderster / als wie das Eisen aus dem Feuerstein das verborgene Feuer heraus bringet / oder wie ein Blasbalg die verborgene Flamm eröffnet / sintemalen in allen Dingen heimliche Füncklein / semina harmoniae / verborgen ligen / (das ist rosenkreuzerisch!) so gar / daß auch die Alten gesagt / Gott selbsten sei harmonia omnium. Daher sagt auch Proclus / alle Ding singen ihre verborgenen hymnos zu den Führern ihres Ordens / aber etliche mit verständlicher / andere mit vernünfftiger / etliche mit natürlicher / andere mit sinnbarer weis: dann wann iemand vernehmen sollte die Pulsation und Schlag-Music, welche alle natürliche Ding in der Luft verrichten / als die Solaria zur Sonne / die Lunaria zum Mond / würde er bekennen müssen / daß es eine recht Königliche Music sey."

Kircher gibt die Ansicht wieder, daß Orpheus den Einfluß (influxum) der Gestirne auf sich gezogen und auf alle Dinge übertragen habe. Wollen wir es modern ausdrücken, so könnten wir sagen: ihm war der Schwingungskoeffizient bekannt, auf den die Sterne und alle Dinge der Natur „eingestimmt" waren. Das und nichts anderes könnte die Annahme bedeuten, daß er den „harmonischen Samen" in den „Inanimata" (leblosen Dingen, besser „unbeseelten") hervorgelockt habe (wie sagte doch Hans K a y s e r? „Es bestehen psychische Resonanzen vom Menschen zur Materie"). Im Anschluß an sein Zitat von Proclus, griechischer Philosoph und Kommentator des Platonischen Timäus (412—485 n. Chr.), geht Kircher auf die Weltsymphonie ein und ordnet die der Sonne zugeteilten Dinge (bestimmte Mineralien, Pflanzen, usw.) dem Phöbuston unter, die dem Mond zugehörigen Nachtkräuter usw. dem Mondton.

Mit diesen merkwürdigen Anschauungen begeben wir uns

auf ein abseitiges Gebiet — die Astrologie. Die inneren Zusammenhänge zwischen Tonkunst und Sterndeutung seit den klassischen Zeiten Griechenlands bis zu den Zitaten in Gerberts „Scriptores ecclesiastici“ 1784 sind zu auffallend, als daß wir sie übergehen könnten. Niemals hat es an Versuchen gefehlt, bis zu Hans Kayser, die Sphärenharmonie in Tönen festzulegen. Dazu kommt die astrologische Bedeutung der Planeten. Kircher (59) überlegt: Wenn der Mond vermittelnd zwischen Sonne und Erde steht, muß auch sein Ton zwischen beiden Gestirnen ausgleichen. Mars und Saturn müßten wegen ihres unheilvollen Einflusses als Dissonanzen gelten. Zwischen ihnen aber steht Jupiter lösend und beschwichtigend. Und so schuf er folgendes Notenbild:

Das also soll die geheimnisvolle „Harmonie der Sphären“ sein? Dem Klangbild nach zu urteilen handelt es sich lediglich um eine sogenannte „Erweiterte Kadenz“ (Schlußformel) in g-moll über Subdominante, Dominante und Tonika mit einem Grundton-Vorhalt in vierstimmigem Satz mit dem „himmelwärts geöffneten“ Schlußakkord ohne die irdisch-subjektive Terz. Aber die Sternzeichen deuten auf den astrologischen Sinn. Den Baß übernimmt unsere Mutter Erde, den Tenor Venus, Merkur, Mond, die Sonne steht im Alt, im Sopran erscheinen Saturn, Jupiter und Mars. Daneben die griechischen Tonbezeichnungen. Der tiefste, „hinzugefügte“ Ton ist der Proslambanomenos, eigentlich das tiefe A. Darüber liegt die „Hypathe“ (Name für den untersten Ton der jeweiligen Tetrachorde — „Hypathe Hypathon“ = tiefster Ton des tiefsten Tetrachorchordes), „Mese“, der Mittelton, „Nete“, der oberste Ton.

Selbstverständlich lehnen wir die Fixierung der Sphärenharmonie im Notenbild ab und halten an unserem Grundsatz fest, daß von der „harmonischen“ Ordnung des Weltalls (Keplers „concentus intellectualis“) die geistigen Impulse ausstrahlten, die sich in der menschlichen Seele zu irdischen Klangbildern verdichteten. So vermochte auch Kircher, „angeregt“ vom klingenden Universum, nur eine Tonfolge zu Papier zu bringen, die seinen eigenen, zeitgebundenen Musikvorstellungen entsprach.

Aber nur auf astrologischen Erkenntnissen konnten derart kühne, phantastische Geistesprodukte wuchern, wie sie F l u d d in seiner Schutzschrift bekannt gibt (58): „Denn was stimmt wohl mehr mit der himmlischen Musik überein als der Mensch? Dessen wunderbare Zusammensetzung ein Abdruck der ganzen Weltmusik ist, wegen des doppelten Wohlklangs der Oktave und Quinte, nämlich des vom Jupiter in seinen himmlischen Luftgeist eingeflossenen Geistigen und Materiellen, hernach auch wegen der doppelten Oktave (!) und Übereinstimmung der Sonne, nämlich der geistigen und materiellen, in den Elementen seines Körpers, und in seine ganze sowohl geistige als materielle Zusammensetzung. Es ist also nicht zu verwundern, wenn die Brüder (vom Rosenkreuz) durch Kenntnis und Wirkung dieser Musik Fürsten und Potentaten haben an sich ziehen können. Wer also eine Kenntnis von den wahren Phöbus- oder Sonnentönen hat, dem wird auch nichts unmögliches seyn, durch ihre Zusammenstimmung alle durch sie ursprünglich zusammengesetzten Dinge herbeizulocken und an sich zu ziehen.“

Diese Behauptung (zugleich eine weitere dichterische Keimzelle meiner diesem Kapitel vorangestellten phantastischen Erzählung) besagt also, daß die Rosenkreuzer bewußt mit Tonkombinationen arbeiteten, die sie mit astrologischen Sternkonstellationen in Zusammenhang brachten. Sie brauchten damit nicht gerade „Fürsten und Potentaten“ und alle durch sie ursprünglich zusammengesetzten Dinge „herbeizulocken und an sich zu ziehen“ (wie in der Alchimie das Gold der Sonne, das Silber dem Mond, bestimmte chemische Substrate den Planeten zugehörten) — das war entschieden eine Übertreibung. Aber sie mochten damit den unerklärlichen Einfluß erhellen, den ganz bestimmte Tonstücke auf bestimmte Menschen ausübten — teils abstoßend, teils „anziehend". Ziehen wir zum Vergleich eine Stelle des angesehenen Andreas Werckmeister heran, Organist, Theoretiker (1645-1706). Er schreibt (60): „Ich will auch nicht in Abrede seyn / daß der Mensch durch die Ordnung der Proportionen des Gestirns / und deßselben Bewegung / wodurch mancherley Facies, Conjunctiones und harmonische Aspectus veruhrsachet werden / regieret / und zur Musik-Kunst getrieben werde." (S. 20) Und weiter: „Wie Mag. Bartholus in seiner Musica mathematica (NB ist 1608 in Altenburg erschienen. Näheres über Abraham Bart(h)olus nicht zu ermitteln) schreibt / daß man aus der Musica einen Menschen erkennen könnte / in welchem Planeten er gebohren / denn wie einem jeglichen Clavi (NB hier in der Bedeutung „Ton", sonst Taste, Saite) ein sonderlicher Planeta des Himmels zugeeignet würde / als liebet der Mensch denselben / in welchem er gebohren wäre..." Und nun schlagen wir zwischendurch einmal Dr. Schwabs Statistik in „Sternenmächte und Menschenschicksal" auf und lesen verwundert, daß die bedeutendsten Musiker unter einem gemeinsamen Sternbild geboren sind!

Man liest vielleicht etwas oberflächlich über solche Angaben hinweg und wird vielleicht einmal garnicht gewahr, was sich hier und anderorts für tiefe Zusammenklänge ergeben, für deren Verständnis unser menschliches Begriffsvermögen vielleicht garnicht auszureichen vermag! Denken wir auch an den Orpheus-Mythos in diesem Zusammenhang...

Wenn aber die Rosenkreuzer tatsächlich versucht haben sollten, „astrologische Kompositionen" zu liefern und Sterneneinflüsse in Töne zu bannen, um damit bestimmte Wirkungen zu erzielen — grenzen derartige Vorhaben nicht schon fast an „schwarzmagische" Praktiken? Dieser Ansicht ist auch Athanasius Kircher, der in seiner „Hall- und Tonkunst" (Nördlingen 1684) S. 138 vom „teuflischen Bund eines Zauberers" und seinen „Zeichen" spricht und dazu meint, daß der Teufel auch jegliches Musik-Instrument dazu gebrauchen könne, um einen bestimmten "effectum" zu erzielen. „Durch diese Kunst sollen die Brüder des Rosen-Creutzes allerhand unheilbare Krankheiten vertrieben haben." (59, S. 172) Kircher setzt sich damit allerdings in Widerspruch zu dem allgemeinen Aberglauben seiner Zeit, daß der Teufel Musik nicht vertragen könne.

Nach kabbalistischen Anschauungen — insbesondere nach Rabbi Abenezra — soll die biblische Heilung des Saul durch Davids Harfenspiel dadurch erfolgt sein, daß David „den Stern gekannt habe, durch den notwendig die Musik reguliert werden mußte, um die Kur zu bewirken." (47, S. 226)

Es kann selbstverständlich nicht meine Aufgabe sein, die musik-astrologischen Darlegungen bis in die Gegenwart hinein zu verfolgen und Stellung zu einzelnen heftigen Meinungsstreitigkeiten zu nehmen. Da liegt mir ein Blatt aus einer astrologischen Zeitschrift vor: „Harmonie im All" von A. Sigrist. Die astrologischen Aspekte werden mit den Intervallen identifiziert, die Zwölftönigkeit mit dem Zodiakus, dem Tierkreis. Dann ergibt sich zum Beispiel, daß die Waage, von der Venus inspiriert, den Ausgleich im Tonsystem schafft, indem sie die beiden mit je sechs Kreuzen und sechs B's belasteten Tonarten (Fis-dur und Ges-dur) bei sich aufnimmt, C-dur entspricht dem Widder und dergleichen mehr. Albert Nobel setzt sich in den „Astrologischen Monatsheften" (No. 7/8, 1951) mit Walter Kochs „Aspektlehre nach Johannes Kepler" (Hamburg 1950) auseinander und einer Kritik von Dr. Heinrich Reich in der „Astralen Warte." (August 1950). Er verweist darauf, daß die „Opposition" musikalisch die Essenz von Quint und Quart ist, zwischen beiden „liegt der Punkt der stetigen oder göttlichen Teilung des Oktavraumes, nach welcher übrigens auch die Altmeister des Geigenbaues ihre Instrumente richteten. Die Dreier-Familie der Terz ... liegt im Bereich von Quintil und Quadrat, aber auch im Umkreis des Trigons. So ist es möglich, daß das

Quadrat der großen Terz vom Trigon oder Quintil seiner Verwandten erlöst wird. Dann verwandelt sich die Sucht in Sehnsucht, und zwar in die Sehnsucht des Objektes nach dem Subjekt, welche die Starrheit der Welt zum Gottmenschentum werden läßt." Und er tritt für das „weltanhörende Horoskop der Person" ein, aus dem „Fragmente von Sphärenharmonien" ertönen.

Die Vielzahl derart weitverzweigter Gedankengänge, die in Gründe und Abgründe menschlichen Seelenlebens führen, verleitet zu Abschweifungen, die wir uns im Interesse unserer Methodik ersparen wollen.

Aber auch ein der Astrologie gegenüber so kritisch eingestellter Wissenschaftler wie Thomas Ring (72) bezweifelt nicht, daß „der Lebensrhythmus in Einklang mit kosmischen Perioden verläuft" (S. 277). „Es ist nun ein Grad der Entwickeltheit solcher kosmischer Einstellungen denkbar, bei dem der Lebensprozeß eines irdischen Wesens an allen Rhythmen des ununterbrochen laufenden Gestirnsystems, in dessen Wirkungszusammenhang sich ja praktisch alle Funktionen der Erde und die Gegenwirkungen des Lebens auf das Elementargeschehen abspielen, Anteil hat . . . Es sind die Kräfte des Organismus selbst, deren Wirkungsradius eingestimmt ist in den großen Rhythmus des Sonnensystems. Wenn also die kosmische Einstellung einer Art so weit gehen sollte, daß das astrologische Bezugssystem in seinen physikalisch gegründeten Elementen mit allen Feinheiten zur Geltung kommt, so sind diese Außenbedingungen immer vom Leben übersetzt zu denken in Elemente einer organischen Ordnung, worin die physikalischen Wirklichkeiten symbolisch genommen die Repräsentanten lebendiger Elementarbedeutungen darstellen." (S. 201) Also wäre vielleicht die Astrologie nur eine Projektion irdischen Lebens auf das Weltall ohne die Anerkennung einer innneren Wechselbeziehung? Sollte der Verfasser in dieser Annahme nicht doch ein wenig zu weit gegangen sein? Aber „An den Ordnungen der Wesenskräfte und der Urphänomene erwächst die Einsicht, daß die Elemente eines uns denkbaren Naturplans auch außerhalb unseres Denkens (?!) existent sind" (S. 283). Mit Recht stellt der Verfasser fest, daß „Kosmos" alles „Geordnete, Wohlbeschaffene" bezeichnet, „unabhängig von der Erscheinungsform und Größe, von Zeit und Ort des Auftretens. Zu Gestirnen hat dieser Gedanke nur insofern eine besondere Beziehung, als ihr gesetzmäßig geregelter Gang uns die große Weltordnung sinnfällig macht. Doch auch die Bau- und Kräfteordnungen der Materie sind Kosmos, auch im Lebewesen wirkt die Fähigkeit zur Harmonie und zur Erhaltung des Gleichgewichts in symmetrischen Verhältnissen. Der Kosmosgedanke wird so verstanden zum Schlüssel für universelle Zusammenhänge." Der Rhythmus von Sonne, Mond, Planeten, in der Drehung des ganzen Fixsterngewölbes sind nicht physikalische Wirklichkeiten „an sich" im Sinne des Astronomen, sondern „geophysikalische Wirklichkeiten für uns sind es und darum grundlegend wichtig im biologischen Sinne" (S. 81). Und die lesenswerten Betrachtungen schließen mit einem Ausblick auf die gesetzmäßige Ordnung der Musik, die uns lehrt, „daß strengste Regel den Ausdruck gedrängtester Lebendigkeit erst ermöglicht". Und „Der Starke findet zum tönenden Bewußtsein der Naturordnung," — das ist allerdings das Alpha und Omega des musikalischen Schöpfungsprozesses — „der Schwache hält sich an künstliche Übereinstimmungen" (S. 287) — gibt es in der Tat einen überzeugenderen Beweis für musikalische Impotenz als die fruchtlose Experimentierwut der in amusikalische Künsteleien verrannten Kranichsteiner Musiklaboranten?!

Aber kehren wir von unserem Seitenweg in musikastrologische Gefilde zurück zu unserer chronologischen Darstellung der weiteren Entwicklung auf dem Gebiet des kosmischen Musikgedankens.*

* Weit über die mir bekannten musikalisch-astrologischen Spekulationen erheben sich die sachkundigen Ausführungen über innere Beziehungen zwischen Klangwelt und Sternenwelt in den beiden Bänden „Mensch, Musik und Kosmos" (23) von Anny v. Lange, die eine Fülle weittragender Erkenntnisse bieten.

Die Romantik wurde ein günstiger Nährboden für die Ausbreitung der kosmischen Idee. Der Expansionsdrang des Gefühls eroberte sich das Universum und schob den mathematischen Theoremen des überwundenen Rationalismus einen Riegel vor. Kennzeichnend für die neue geistige Entwicklung wird das vertiefte religiöse Verhältnis zu Gott, dem Urheber aller sphärischen Harmonien, und die Identifizierung der Tonwelt mit dem göttlichen Bereich. Typisch ist das „Herauswallen" der Empfindung aus engherzigen geistigen Fesseln, ist das oft schwärmerische Verströmen der Seele an die göttliche Offenbarung der Sphärenharmonie. Man fragte kaum noch nach der Anordnung der Gestirne auf der Tonskala des Himmels, Andacht trat an die Stelle rechnerischer Kalkulation und Spekulation, voll erfaßt wurde jetzt der Symbolwert der Sphärenharmonie.

In dieser Beziehung darf Andreas Werckmeister als früher Vorläufer der Romantik gelten mit folgenden Abschnitten (60, S. 19 u. 92):

„Die Meinung ist zwar nicht, / daß die Sternen ihre natürlichen Sonos (Töne) geben müßten / sondern das ist gewiß / dass sie in ihre harmonische Proportion und Ordnung von Gott dem Schöpfer gesetztet sind / und in ihrem Lauffe / die Ordnung der musicalischen Proportionen und Harmonia behalten und in acht nehmen müßten ... Und hierdurch können wir etlichermaßen das große Wunderwerk der Schöpfung erkennen und sehen / dass Gott selber der Autor und Fautor der Music sey: denn derselbe hat alles in Zahl / Maß und Gewichte geordnet / und die Welt also erschaffen ..."

„Denn wie die Unität (Einheit) vor sich selber ist (d. h. aus sich selbst besteht) und von keiner Zahl den Anfang hat / sondern der Anfang aller Numerorum (Zahlen) selber ist / und kein Ende hat. Also ist Gott ein eintziges Wesen von Ewigkeit / der Anfang ohne Anfang / und Fortgang aller Dinge / dessen Wesen und Kraft sich in Ewigkeit erstrecket und kein Ende hat.

Die Zahl 2 wenn sie mit der vorigen Unität 1 als eine Proportion gegen einander gehalten wird bedeutet das ewige Wort, welches ist Gott der Sohn / wie nun die 1 und die 2 die vollkommenste Harmoniam machen / dass sie gleichsam als ein Unisonus (Einklang) klingen. Also sind die beyden Personen der Gottheit einander so nahe verwandt, daß der Sohn saget: Ich und der Vater sind e i n s item wer den Sohn siehet der siehet den Vater. Hierauf folget die 3 welcher Wesen von den vorigen beyden als 1 und 2 ausgehet / und eine genaue Verbindung mit denen hat. Diese Zahl 3 vergleichet sich mit dem Heiligen Geiste / denn sie giebet mit ihrer vorigen Zahl 2 eine solche Consonanz, d i e d i e N a t u r a n s i c h h a t (!) als wie sie mit der Unität zusammengesetzet wäre ..."

Angesichts dieser vielen Zitate und Bekenntnisse erhebt sich doch vielleicht die Frage, ob die Musikwissenschaft nicht eine Unterlassungssünde begeht, wenn sie derartige Äußerungen nicht in ihren Aufgabenkreis einbezieht, um damit die Bedeutung der Oktave und Quinte in der Geschichte der Musiktheorie vom volkspsychologischen Standpunkt aus zu ergründen und die Vorherrschaft dieser Intervalle und das späte Eintreten der Terz (z. B. bei den terzlosen Ganzschlüssen) ausreichend zu motivieren! Wie tief ragen doch die Wurzeln musikalischer Erkenntnis als Grundlage alles kompositorischen Schaffens hinein in die Urgründe menschlichen Seelenlebens!

Keiner, der nicht zu dem mystischen Fest gelassen,
kann den Sinn der dunklen Kunst erfassen,
keinem sprechen diese Geistertöne,
keiner sieht den Glanz der schönsten Schöne,
dem im innern Herzen nicht das Siegel brennt,
welches ihn als Eingeweihten nennt,
woran ihn der Tonkunst Geist erkennt!

Das ist der Standpunkt des Romantikers Ludwig Tieck (nach seinen Beiträgen zu Wackenroders Werken in der Jenaer Ausgabe 1910, S. 266 ff.).

Wir brauchen uns kaum noch zu fragen, woher Wilhelm Heinse*, der Schöpfer der ersten Musikromane, seine Kenntnisse nahm, wenn er die Terz gleichsam als das Herz, den Sitz der Leidenschaften, bezeichnete, und die Quinte als den himmlischen Geist, den der Schöpfer dem Menschen einhauchte. Herder distanziert sich ausdrücklich von allen Zahlenspekulationen, verweist sie sogar in das Gebiet des Aberglaubens. Aber die Töne der Musik sind rein und hell, das höchste Muster einer zusammenstimmenden Ordnung. Sie sind die Verhältnisse und Zahlen des Weltalls im angenehmsten, leichtesten, wirkendsten aller Symbole, sie schließen ein Unendliches ein. Im engen Umfang unserer wenigen Tongänge und Tonarten fühlt die Musik alle Schwingungen, Bewegungen, Akzentuationen des Weltgeistes, des Weltalls. „Schöpferin bin ich, spricht die Tonkunst, und ahme nie nach. Ich rufe die Töne hervor, wie die Seele Gedanken hervorruft, wie Jupiter Welten hervorruft, aus dem Nichts, aus dem Unsichtbaren, und so dringen sie auch wie die Zaubersprache aus einer anderen Welt zur Seele, daß diese ergriffen vom Strom des Gesanges sich selbst vergißt, sich selbst verliert." Und: „Um uns tönt ein großes, ewiges Konzert von Bewegungen und Ruhe."

Die Philosophie der Romantik kokettiert gern ein wenig mit dem großen Unbekannten, dem die Schöpfungskraft entstammt. Sie ist für Wackenroder ein „ewiges Geheimnis", wobei dem Menschen schwindlig wird, „wenn er die Tiefen desselben ergründen will." Weise Männer stiegen in die „Orakelhöhlen der verborgensten Wissenschaften" oder in „geheimnisvolle Grüfte" hinab, um die „tiefsinnigen Zahlen" ans Tageslicht zu bringen. Wackenroder genügt es schon, die Sympathie „unerklärlich" zu finden, die sich zwischen den „einzelnen mathematischen

* Falls keine Quellen angegeben, sind die Abschnitte über Musik der Romantik nach 6 und 61 gestaltet.

Tonverhältnissen und den einzelnen Fibern des menschlichen Herzens offenbart." Die Romantik spricht gern in Metaphern, in Bildern und Illusionen, die aus subjektivem Drang heraus an die Stelle geistiger Systematik und Methodik treten, die im Altertum und Mittelalter die Herrschaft besaßen. Jetzt ist Musik „der letzte Geisterhauch, das feinste Element, aus dem die verborgensten Seelenträume wie aus einem unsichtbaren Bach ihre Nahrung ziehen" (Tieck), oder „Luftsubstanz", „Luftseele", „gebrochene Bewegung, in dem Sinn, wie die Farbe gebrochenes Licht ist" (Novalis). Musik ist „Nachklang aus einer entlegenen harmonischen Welt, Seufzer des Engels in uns" (Jean Paul), sie ist das „Unendliche im Endlichen" (B. Brentano). „Die Harmonie wäre (für A. W. Schlegel) das eigentlich mystische Prinzip in der Musik." — „Ist nicht die Musik die geheimnisvolle Sprache eines fernen Geisterreichs, deren wunderbare Akzente in unserm Innern widerklingen und ein höheres, intensives Leben erwecken?" fragt E. T. A. Hoffmann in seinem Dialog „Der Dichter und der Komponist."

Der Glaube steht in der romantischen Dichtung über dem Wissen, dem Autor genügt es, den Leser an die Schwelle des Wunderbaren heranzuführen, ohne den Mut, sie zu überschreiten, wenn Kleist in seiner schönen Legende „Die heilige Cäcilie oder die Gewalt der Musik" die Schutzpatronin der Tonkunst zitiert, die zur Zeit der Bilderstürmerei Menschengestalt annimmt, eine Messe dirigiert und die Sinne der Störenfriede verwirrt, die in die heilige Handlung eindrangen. Und Tieck begnügt sich mit der Hoffnung, „einst einen noch höheren, überirdischen Gesang der Sphären anzutreffen, gegen den alle hiesige Kunst roh und unbeholfen ist."

Von Mystik umwittert, lebt der Glaube an die Sphärenharmonie weiter, die E. T. A. Hoffmann (in den „Serapionsbrüdern") als „das große unwandelbare Lebensprinzip der Natur selbst" erscheint. Von C. M. v. Weber kennen wir bereits aus der voraufgegangenen Erzählung sein von mystischer Schönheit erfülltes Bekenntnis zur Sphärenharmonie. Unter den Philosophen des Idealismus hat sich Friedrich Wilhelm Schelling (1775-1854) am eingehendsten mit der Sphärenharmonie befaßt und auseinandergesetzt.

Musik ist für ihn nichts anderes als der urbildlich vernommene Rhythmus und die Harmonie des sichtbaren Universums oder diejenige Kunst, die am meisten das Körperliche abstreife und von unsichtbaren, fast geistigen Flügeln getragen werde. Musik bringt die Form der Bewegungen der Weltkörper zur Anschauung, die Harmonie der Sphären darf keineswegs als ein wirkliches Tönen verstanden werden. Pythagoras sage nicht, daß die Bewegungen der Himmelskörper eine Musik verursachen, sondern daß sie es selbst seien. Demgemäß ist, wie Sokrates bei Plato angibt, derjenige der Musiker, der von den sinnlich vernommenen Harmonien fortschreitet zu den unsinnlichen, intelligiblen und ihren Proportionen, d. h. die wahre, ideale Musik werde überhaupt nicht gehört, sondern sei un- und übersinnlich. Rhythmus, Harmonie und Melodie sind ihm die ersten und reinsten Formen der Bewegung im Universum: Centripetalkraft ist Harmonie, Centrifugalkraft ist Rhythmus. Im Sonnensystem drücke sich das ganze System der Musik aus. Dur und Moll, Baß, Tenor, Alt und Diskant findet Schelling in den Sternen wieder, die Bewegung der Planeten deutet er als reine Melodie.

Wichtig sind uns auch die Anschauungen von A. W. Schlegel. Er spricht davon, daß die Pythagoräische Lehre von der Musik der Sphären „so oft mißverstanden und albern angewandt worden" sei. Die Verhältnisse der musikalischen Töne seien wirklich ursprünglich durch die Natur der Dinge festgesetzt. Die Lehre des Pythagoras ist aber „unendlich schön und von der erhabensten Bedeutung." Es liegt in ihr „die Ahnung von der Möglichkeit der kompliziertesten Harmonien, denn die ganze Tonleiter derselben sollte ja zusammen und dennoch harmonisch klingen."

Es bleibt dem Leser überlassen, hieraus einen Beweis für die „natürliche“ Existenzberechtigung der Zwölfton-Technik in der neuzeitlichen Musik abzuleiten.*

Jahrtausende hindurch hat sich der Glaube an die Sphärenharmonie erhalten, von nicht geringerer Lebendigkeit als der Gottesglaube selbst. In ihr begegnen wir dem Bindeglied zwischen Musik und Religion — ob es sich nun um die ältesten Mysterien eines klingenden Sternenkultes handelt, oder ob ein Apostel der Neuzeit — Riccioto Canudo — der Musik die Aufgabe überträgt, eine „Religion der Zukunft“ einzuleiten. „Die Musik ist die einzige Kunst der Evolution, die einzige von lebendigem Charakter, der alleinige seelische Schöpfer. Die Musik erfaßt in der Unendlichkeit der Welt ihre Elemente ...“ und der Verfasser erwartet den Messias, der von Musik inspiriert eine totale, neuartige Vorstellung vom Universum vermittelt (62).

Sicherlich haben wir den Ursprung dieser Anschauungen, in denen Musik, Religion und Sternenkunde zu einer Einheit verschmelzen, in denjenigen Ländern zu suchen, in denen die Astronomie in höchster Blüte stand: Babylonien, Ägypten. Aber die Zueignung einzelner Töne zu bestimmten Gottheiten treffen wir nicht allein am Nil an, sondern auch in Indien. Dr. Fritz Gysi (63) weist darauf hin, daß nach dem Mahabharatam und der Naradasiksa der Ton C dem Feuergott Agni, E dem Soma, F dem Vishnu angehört. „Eine eigentümliche Bewandtnis hat es in der indischen Musik mit dem sogenannten höchsten Ton, der selbst zum Objekt kultischer Verehrung wurde.

* Karl Grebe berichtet über einen Besuch im Elektronischen Studio des Westdeutschen Rundfunks („die Lesestunde“, Darmstadt, 36. Jahrg., Heft 3) und flicht folgende interessante Bemerkung ein: „Das Tonband läuft. Man vernimmt einen Ton von satter Klangfarbe, der sich plötzlich in das Spektrum seiner Obertöne auseinanderfaltet. Die Obertöne — bis zu ihnen reicht für gewöhnlich das akustische Wissen des Musikers, bis zu der Ahnung, daß diese Teiltöne mit ihren unveränderlichen Proportionen Abbild kosmischer Ordnung sind, Teil jener Weltharmonik, der Kepler sein Hauptwerk gewidmet hat.“

Die Skala der Samaveda umfaßt zwar die sieben Töne der Oktave, wobei die absolute Tonhöhe oft wechselt, desgleichen die Intervallgliederung in Ganz- und Halbtöne. Der oberste, siebente Ton — und das ist das Merkwürdigste — kommt in der Praxis sozusagen nie vor. Es hängt das mit mystischen Vorgängen zusammen, und schon der Umstand, daß er von den sechs übrigen streng gesondert wird, deutet auf die heilige Bestimmung dieses obersten Tones hin. Im Samavidhana-Brahmana heißt es zu Beginn des ersten Abschnittes: ‚Von dem allerhöchsten Ton des Saman leben die Götter, von dem ersten unter den folgenden die Menschen, von dem zweiten Gandharven (himmlische Genien) und Apsarasen (Paradiesmädchen, ähnlich den Huris der Mohammedaner), von dem dritten das Vieh, von dem vierten die Manen und diejenigen, die in den Eiern liegen (also die noch nicht geborenen), von dem fünften die Asuras (Dämonen) und Raksasas (eine Art Riesen, die auch Menschenfleisch fressen), von dem letzten die Kräuter, die Bäume und die übrige Welt‘. Ähnlich an einer weiteren Stelle: ‚Der hohe Ton gehört dem Prajapati oder Brahman (hier Personifikation der Schöpferkraft) oder den Allgöttern, der erste den Adityas (einer speziellen Götterklasse), der zweite Sadhyas (ebenso, eine andere Göttergruppe), der dritte Agni, der vierte Vayu (Windgott), der Mandra (fünfte) dem Soma (Gott des Opfertranks), der Atisvarya (sechste) dem Mitra-Varuna, d. h. den im Dual zusammengefaßten altvedischen Gottheiten.“ — Ob wir in dem höchsten Ton, den es „in der Praxis gar nicht gibt“ — wohl wieder unserem geheimnisvollen „abstrakten Ton“ begegnen?

Indischen Ursprungs ist auch die Vorstellung von „tanzenden Gestirnen“. Indra erscheint in Begleitung von Himmelstänzern und Himmelsmusikern, der Harmonie der Sonnen- und Sterngöttern entfloß die Sphärenharmonie, der Sonnengott Krischna setzte mit seiner Flöte als Gott der Harmonie die ihn umkreisenden Himmelskörper in rhythmische Bewegung, ähnlich wie der Sonnengott Apollo mit seiner Leier in der griechischen Mythologie (22).

G o t t s c h u f d i e W e l t a u s M u s i k ! In dieser Anschauung ältester Kosmogonien haben wir wohl den Höhepunkt in den Gemeinschaftsbeziehungen zwischen Religion und Tonkunst zu suchen. Marius S c h n e i d e r macht in seinem vielseitigen und inhaltsreichen Werk (80, S. 12 ff.) darauf aufmerksam, wie die „singende Kraft“ als „erste Manifestation eines Gedankens die Welt dadurch erschuf, daß der Klang der Urvibration sich selbst aufopferte, um sich in einem spiralig anwachsenden Rhythmus von immer höheren und neu gearteten Vibrationen progressiv auszubreiten und allmählich in Stein und in Fleisch zu verwandeln ... Sowohl die Schöpfungsmythen der Naturvölker wie die Kosmogonien der afro-asiatischen Hochkulturen erwähnen einen dunklen, überbegrifflichen Klang als die Mutter des Weltenschöpfers.“ — Unser mysteriöser „abstrakter Ton“ vielleicht? Eine Parallele übrigens auch zur Seelenlehre des Aristides Q u i n t i l i a n u s. „In Ägypten war es die singende Sonne, welche die Welt durch ihren Lichtschrei erschuf, oder Thot, der Gott des Wortes und der Schrift, des Tanzes und der Musik ... Prayapati, der vedische Schöpfergott, war selber nur ein Hymnus.“ (80) Marius S c h n e i d e r erwähnt, wie der „Lichtklang“ zunächst nur eine rein akustische, leuchtende Welt erschuf und die Ursubstanz alles Geschaffenen bildet. Wortklang formt den Körper, Wortsinn ist das Licht, das den Klang erhellt. „Die Urbilder, welche die vedische Tradition als Urrhythmen (Rishis) bezeichnet, sind Hörbilder ...“ Materie entstand nach altindischer Auffassung durch Erstarrung der klingenden Urbilder, Schall ist das Urelement, Götter sind reine Klänge, und es gibt kein Ding, das nicht eine verborgene Stimme hätte. Das ist wieder die „latente Musik“, die wir in einem Ausspruch Richard Wagners kennen gelernt haben. Hiervon spricht auch die spanische Mystik als von einer Manifestation der Stimme Gottes. Nach San Juan d e l a C r u z heißt Gott erkennen: die „Substanz der Dinge zuerst akustisch vernehmen, um sie dann richtig zu sehen.“ (80, S. 51) Nach J a m b l i c h u s wird der Mensch selbst zum Musikinstrument, wenn er sich beim Anhören von Musik an die himmlischen Harmonien erinnert, die seine Seele schon vor der Geburt seines Leibes vernahm. Augustinus bezeichnete den gekreuzigten Christus selbst als Musikinstrument, aus dem das Lied der Gnade tönt, für Johannes Tinctoris ist (nach Coussemakers Scriptores) Christus der höchste Musiker (summus musicus). Nur wenn der Mensch selbst eine Gottheit wäre, vermöchte er die reine Himmelsmusik zu hören, die von himmlischen Mittlerwesen zur Erde gebracht wurde, meinte Philo von Alexandrien. Er erwähnt auch, daß es bereits die Chaldäer waren, die in der Verbindung des Himmlischen mit dem Irdischen die Harmonie aufzeigten, die beides in einer Art musikalischen Zusammenklangs vereinigte (73, S. 23).

Es sollte uns doch zu denken geben, daß verschiedenste Kulturen unabhängig von einander zu der gleichen Auffassung vom Ursprung der Musik in göttlichen Regionen und von der Offenbarung Gottes im Ton gelangt sind.

Vom Gottglauben geadelt ist jeder einzelne Ton nicht allein im klassischen Griechenland, sondern im Abendland ebenso wie in der orientalischen Welt. Die Gottheit wird zum Symbol der Beseelung — und darin liegt die tiefere Bedeutung des Urmythos, der jeden Stern einer Gottheit zuweist und ihr die Aufgabe stellt, die Menschheit mit Licht und Klang zu beglücken — beides in ursächlichem Zusammenhang zueinander. Das hat Cicero so sinnvoll formuliert in dem diesem Buch vorangestellten Motto: „Musica capitur omne, quod vivit, quia anima coeli est." — Von der Musik wird alles erfaßt, was lebt, da sie die Seele des Himmels ist.

Der kosmische Gedanke der Musik, in vieltausendjähriger Tradition verwurzelt, lebt und wirkt bis in die jüngste Gegenwart hinein und dürfte auch in Zukunft weiterhin unbewußt hinter allen hörbaren Erscheinungen echter tönender Kunst stehen, bis wir uns des Wertes uralter Weisheiten wieder deutlich bewußt werden und abgerissene Zusammenhänge erneut zu einem einheitlichen Erkenntnisbild verknüpfen. Schlagen wir ein kleines Lehrbuch der Musikästhetik auf von Dr. Karl Grunsky (64), so finden wir wiederum Hinweise auf den kosmischen Ursprung der Musik. Für Grunsky gehören Musik und musikalische Bewegung „in den Weltenraum über die Erde hinaus," den Tönen wird „kosmisches Geschehen" beigelegt. „Die kosmische Bewegung wird ohne Schwierigkeit Bewegung in uns, die wir gewiß auch zum Kosmos gehören ... Freude und Schmerz, die Pole unseres Empfindens, erfühlen und erkennen wir aus der Musik als kosmischer Bewegung ... Mit nichts kann man die kosmische Bewegung der Musik zutreffender erläutern, als indem man sie einem Willen entsprungen denkt, einem Willen, der sich in unendlich abgestufter Stärke und Erregungsart kundgibt." Liegt nicht auch eine Ahnung der unendlichen kosmischen Weite, ein Streben über die begrenzten Bezirke irdischen Musizierens hinaus in manchen Aussprüchen Schopenhauers? „Die Musik überhaupt ist die Melodie, zu der die Welt der Text ist."

Zu einer irrigen Einstellung gelangt allerdings Graf Hermann Keyserling, wenn er der Harmonie der Sphären die Lebensfähigkeit abspricht. (5, S. 18). Für ihn befindet sie sich in einem „statischen Dauerzustand," als „geschlossenes System," und „aus der Geschlossenheit jedes Systems ergibt sich jener Charakter harmonischer Ordnung, der schon den Griechen am Sternenhimmel auffiel." Weil nun „alle Bewegungen in harmonischem Kreislauf festgefahren (!) sind", muß die Sphärenharmonie notwendig ein totes Produkt sein. „Wer die Harmonie der Sphären als Idealzustand ansieht und diesen gar dem Lebendigen vorhält, der bekennt folglich den Tod als Lebensideal." Dieser Trugschluß erweist sich ohne weiteres als eine contradictio in adjecto, als ein Widerspruch in sich selbst. Denn wenn Keyserling „Bewegung" anerkennt, so muß er damit auch folgerichtig das Leben bejahen. Denn Leben ist überall da, wo Bewegung vorhanden ist, und Bewegungs*losigkeit* allein ruft den Eindruck des Todes hervor. Entscheidend ist nicht die

Bewegungsrichtung etwa in der Kreisform, sondern der Bewegungsimpuls selbst.

Und die Sphärenharmonie lebt weiter — nicht allein in der abstrakten Vorstellungswelt, sondern im konkreten Bewußtsein. Man liest von Sekten, in denen das Hören der Sphärenharmonie regelrecht geübt wird („Ascended Masters I AM PRESENCE"). Ferner der „Tonstrom" („Naam", Stimme der Stille) der Ruhani Satsang-Anhänger unter Satguru Kirpal Singh. Man trifft erstaunliche Bekundungen an wie bei Professor Dr. Otto Julius Hartmann (65, S. 30), der über den „Weltenchor", wie schon Wilhelm von Humboldt die Gestirne nannte, sich folgendermaßen äußert:

„Am besten erlebt man das Gestirnhafte als musikalisch, wobei dann die mathematischen Proportionen der Planetenbahnen Ausdruck einer zugrundeliegenden ‚Musik' sind (Sphärenmelodie). In der Tat ist es intensiver Versenkung möglich, den Rhythmus des Tages oder Jahreslaufs als gewaltigen, welterfüllenden Ton zu hören, dessen Modulationen wir nur deshalb nicht ohne weiteres vernehmen, weil sie uns ganz durchdringen und es uns wohl möglich ist, rasche Bewegungen (einer Stimmgabel) als Ton zusammenzuhören, die synthetische Kraft unseres Bewußtseins jedoch gegenüber einer über 24 Stunden oder mehr ausgedehnten Bewegungsmelodie versagt. Menschliches Bewußtsein ist also heute zu schwach, nur göttlichen oder besonders eingeweihten Geistesohren sind solche Weltentöne vernehmbar."

Und was soll man dazu sagen, wenn man in irgend einer modernen Reisebeschreibung (Mabel Waln Smith: „Im Land der schnellen Pferde," Wiesbaden 1958, S. 168 ff.) aus der Mongolei über folgende Stelle stutzt: „Wovon, glauben Sie, reden meine Hirten bei ihren langen Nachtwachen? Von den Sternen natürlich und ihrem Gehabe. Wenn sie die Wölfe verscheucht und die Stuten zu behaglicher Unbesorgtheit gepfiffen haben, vertiefen sie sich in das Leben am Himmel ... Ja, sogar die

Pferde stehen mit erhobenen Köpfen und horchen auf die Musik des Weltalls. Ebenso die Hunde, deren Gehörsinn auf einen Bereich höherer Töne eingerichtet ist. Ich bin überzeugt, daß meine Pferde den Gesang der Sterne beim jahreszeitlichen Kreisen vernehmen. Mein Herdenmeister sagt, die Pferde hören diese Sternenweise und lieben sie."

Wenn man diese Behauptungen auch in das Reich der Phantasie verweisen wollte, so bleibt die Frage ungeklärt, wie bei einem mongolischen Stamm abseits aller Zivilisation überhaupt der Gedanke an „tönende Sterne" auftauchen konnte — wenn er nicht auch hier schon seit Urzeiten in der Psyche des Volkes lebendig gewesen wäre!!

Erwähnenswert ist auch die Einstellung zeitgenössischer Malerei zur kosmischen Musik. Kandinskys Anschauungen, die im Almanach des „Blauen Reiters", in seiner Schrift „Über das Geistige in der Kunst" einem „Generalbaß" und einer „Harmonielehre der Malerei" gelten, gipfeln in der Erkenntnis: „Die Welt klingt, sie ist ein Kosmos der geistig wirkenden Wesen. So ist die tote Materie lebendiger Geist."

Jedoch nur mit Vorbehalt kann man die Lehren eines modernen russischen Weltweisen entgegennehmen, der besonders in England, Frankreich und Amerika eine starke Anhängerschaft besitzt: George Gurdjew. Daß er die kosmische Oktave zur Grundlage des Lebens macht, ist noch einleuchtend und deckt sich mit ägyptischer und altgriechischer Esoterik. Die absteigende „Welt-Oktave" mit C als Ausgangspunkt des „Schöpfungsstrahls" im Absoluten gilt ihm als schöpferisch, die aufsteigende als „sich entwickelnd" (offenbar die Inbeziehungsetzung des Menschen aufwärts zum Kosmos). Dagegen erscheint die Parallelität zwischen Gurdjews „Oktavengesetz" und dem Lebensgesetz als künstlich und erzwungen, wenn er unter Mißachtung physikalischer Gegebenheiten Ungleichmäßigkeiten der Schwingungsimpulse voraussetzt, die eine Richtungsänderung der kosmischen Oktave bewirken bis zu ihrer Rückläufigkeit (eine Oktave, die ihre Schwingungszahl ändert, ist eben keine Oktave mehr). Um die ursprüngliche Bewegungsrichtung inne-zuhalten, bedarf sie eines „zusätzlichen Schocks." Wer angesichts dieser und anderweitiger Phantastereien über die Musikalität der chemischen Grundstoffe den „Magier" Gurdjew trotz der Bedenken von Louis Pauwels (76) ernst nimmt, dürfte doch wohl das Wesen des musikalischen Aufgabengebietes einigermaßen verkennen. Manche seiner Lehren, die sich mit dem Dualismus der inneren und äußeren Musik befassen, geben zum Nachdenken Anlaß wie der nachstehende Absatz, in dem wir Ansichten der Rosenkreuzer über die „Anziehungskraft" der Töne wiederzuerkennen glauben — in der Darstellung seines Schülers P. D. Ouspensky (77, S. 437):

„Objektive Musik beruht nur auf den ‚inneren Oktaven.' Und sie kann nicht nur bestimmte psychologische Ergebnisse, sondern auch bestimmte physische Ergebnisse zeitigen. Es kann Musik geben, die Wasser zum Gefrieren bringt (!). Es kann Musik geben, die einen Menschen sofort töten würde. Die biblische Legende von der Zerstörung von Jericho durch Musik ist eine solche Legende von objektiver Musik. Die übliche Musik, ganz gleich welcher Art, wird keine Mauern zerstören, aber objektive Musik kann dies wirklich tun. Und sie kann nicht nur zerstören, sondern auch aufbauen. In der Legende von Orpheus gibt es Hinweise auf objektive Musik, weil Orpheus Wissen durch Musik zu vermitteln pflegte. Die Musik der Schlangenbändiger im Osten ist eine Annäherung an objektive Musik, wenn auch natürlich sehr primitiv. Sehr oft ist es nur eine Note, die sehr lange hingezogen wird und nur wenig steigt und fällt, aber in dieser einzigen Note vollziehen sich andauernd ‚innere Oktaven' und Melodien ‚innerer Oktaven', die für die Ohren unhörbar sind, aber vom Gefühlszentrum empfunden werden. Und die Schlange hört diese Musik, oder, genauer gesagt, sie fühlt sie und gehorcht ihr. Die gleiche Musik, nur etwas komplizierter, und die Menschen würden ihr gehorchen."

Am Endpunkt unserer kosmischen Betrachtungen wollen wir auch nicht davor zurückschrecken, eine Brücke zur modernen Kosmologie zu schlagen und den Versuch zu unternehmen, Beziehungen zur exakten Astrophysik aufzufinden, die ja in unserem Atomzeitalter im Brennpunkt des Interesses steht. Wenn der Physiker Walter P o n s in seinem zeitgemäßen, sehr lesenswerten Buch (71) von der Philosophie fordert, daß sie sich an der Physik orientiere, so darf man andererseits erwarten, daß auch die Physik sich nicht einseitig philosophischen Anregungen verschließt, selbst wenn sie auf dem Gebiet der Transzendenz die Wirklichkeit des Irrealen als Keim und Baustoff der realen Welt nachzuweisen trachtet — in bewußtem Gegensatz zu Nicolai H a r t m a n n s „Aufbau der realen Welt" mit seiner Behauptung, daß die ideale Welt ein nur „unvollständiges Sein" darstelle, während vollständiges Sein nur der realen Welt zukomme.

Aber der „Ton der Sterne" wird heute bereits von physikalischen Meßapparaten ermittelt und aufgefangen. Die „Sphären" tauchen wieder auf in der „Ökosphäre", womit der Raumfahrt-Mediziner Hubertus S t r u g h o l d „die ringförmige Zone um das Zentralgestirn bezeichnet, in der aus Temperaturgründen Planeten kreisen müßten, damit sich auf ihnen organisches Leben ähnlich dem irdischen entwickeln kann." (71, S. 80) Die Begriffe sind geblieben, gewandelt hat sich ihre Bedeutung. Man bezweifelt die Unendlichkeit des Weltalls und glaubt an die Gestalt eines in sich selbst zurückkehrenden, darum uns unendlich scheinenden Raumes. Der Gegensatz zur Unendlichkeit ist aber die Begrenzung, und wir werden an die Polarität der „grenzebildenden" und „grenzenlosen" Faktoren des P h i l o l a o s erinnert, die durch „Harmonie" gebunden werden. Der von ihm geprägte Begriff der „Weltordnung" (mittels Harmonie) wird seitens der Physik bestätigt, die „den Kosmos als sinnvoll geordnete und daher beschreibbare Einheit" (71, S. 87) erkennt. Und dem Lebensgesetz ist „kosmische Gültigkeit" zuzuschreiben. Untersteht aber das Leben „harmonischen" Wirklichkeiten — umsomehr ist das Harmoniegesetz auch auf den Kosmos anzuwenden in einem wenn auch nicht tönenden, wohl aber tonbereiten Sinne, als Keplers „concentus intellectualis."

Die Forderung von Walter Pons, daß sich die Philosophie an der Physik orientieren möge, hat jedoch — zugunsten unserer musikalischen Einstellung — durchaus nicht selten bereits ihre Erfüllung gefunden. Es wäre ungerecht, hierbei am „Holismus" (von griechisch „holon" = Ganzheit) des Jan Christian Smuts vorbeizugehen, der vom physikalisch-biologischen Standpunkt aus „das Individuum zu seinen Wurzeln im Universum zurückverfolgt" (117, S. 251). Aus der Einheit mit der Natur ergibt sich die Verbindung unserer physikalischen Organe mit „Jahrmillionen ihrer Geschichte; unser Geist ist voll von unerinnerlichen Wegen vormenschlicher Erfahrung. Unser Ohr für die Musik, unser Auge für die Kunst trägt uns zurück zu den frühesten Anfängen des animalischen Lebens auf diesem Planeten. Ein kleiner Anlaß genügt, und schon steigen die Umrisse der dunklen, vergessenen Vergangenheit noch einmal vor uns auf ..." (117, S. 346 ff.) Durch die Vergeistigung der Welt wird „der Musik des Universums ein neuer Ton hinzugefügt." (S. 254) Die „latente Musik der Natur" ist für Smuts keine Phantasie: „Das rhythmische Schwingen wird zum kennzeichnenden Merkmal der Funktion der Lebensstrukturen. Die Schwingungen, das rhythmische Fließen der Zellfunktionen bilden das Lebensgesetz und werden beiläufig (!) Grundlage des neuen Musikelementes im Leben; sie geben der Musik jene uranfängliche fundamentale Eigenart, die uns bis zu den ersten Anfängen des Lebens auf dieser Erde zurückführt und die Musik zum tiefsten Anruf aller Jahrtausende an die primitivsten wie an die höchstentwickelten Gefüge werden läßt. Der Rhythmus des Gleichgewichts zeigt die enge Bindung zwischen den physikalischen Gefügen und den Lebensgefügen. Und seine Musik bindet das gesamte Leben durch alle Zeiten hindurch zusammen." (S. 185). Treffender läßt sich die Bindung der Musik an Natur und Leben kaum in Worte kleiden.

Und selbst eine Betrachtung über Strahlungsquanten, die durch den Übergang des Elektrons auf eine Innenbahn des Atoms freiwerden, legt einen Vergleich mit der Musik nahe. Diese Strahlungsquanten „erklären auch jenes Licht, das von Sonne und Sternen, überhaupt von allen strahlenden Körpern ausgeht. Ebenso erklären die so ausgesandten Strahlungsquanten das jeweils eigentümliche Spektrum der Elemente im Spektroskop. Es ist noch nicht bekannt, warum das Atomlicht in diesen Mengen oder Quanten ausgesandt wird; aber es ist bekannt, daß die im Spektrum zu erkennenden Quanten eine Stufenfolge innehalten, die etwa der der Noten in der Musik gleicht; man kann also das Licht als Sphärenmusik ansehen, bei der die völlige Harmonie oder Lichtwirkung durch bestimmte diskontinuierliche Noten an Stelle einer zusammenhängenden Lichtvariation gegeben wird." (117, S. 37 ff.)

Wenn auch Smuts mit seiner Ganzheitstheorie nicht allein steht (Felix Krueger in seiner Komplexpsychologie, die „Gestaltpsychologen" Ehrenfels, Wertheimer, Köhler, Koffka, ferner O. Spann) so bestätigt er doch manche unserer Gesichtspunkte, z. B. die Zusammenhänge von Licht und Ton. Wenn aber der Holismus nach Smuts wirklich eine „vera causa" ist — was sollte uns dazu berechtigen, die Musik aus der Weltganzheit auszuschließen und der tönenden Kunst das Recht zu verwehren, sich kraft der zahlenmäßigen Ordnung ihres Wesens einzugliedern in einen gleichgesetzlichen Kosmos?

Ist es nicht beachtenswert, wenn in der exakten Wissenschaft der Gegenwart immer wieder der Begriff der Sphärenharmonie auftaucht?

Beispielsweise die Äußerung eines führenden Physikers, Dr. Ing. Winckel, Professor an der Technischen Universität Berlin, der in seinen akustischen Untersuchungen von der Proportionsreihe der Teilungszahlen zur Sphärenharmonie gelangt. Er ist der Ansicht, „daß das Gefühl der gestalteten Ordnung, das uns beim Hören von Musik überkommt, nicht auf eine allumfassende Harmonie des Kunstwerks im strengen Sinne zurückzuführen ist. Im Gegenteil führt das höchste Ordnungsprinzip, das in der Gegenüberstellung der Proportionen kleiner ganzer Zahlen verankert ist, auf den Begriff der Unendlichkeit, eine Harmonie der Sphären, die mit Sinnen nicht mehr faßbar ist und — wenn eine Annäherung möglich wäre — uns dann unbeteiligt lassen würde." (170, S. 138) Immer vorausgesetzt natürlich, daß unsere Hörveranlagung im Verlauf der gesamten Entwicklung des Menschengeschlechtes wirklich stets konstant geblieben ist.

Am Schlusse dieses Abschnittes würde es angebracht erscheinen, eine Zusammenfassung der wichtigsten Erkenntnisse in gedrängter Kürze zu geben. Es genügt stattdessen, die Ansichten eines unserer größten Musiker wiederzugeben, die sich in der Tat vollinhaltlich mit meinen Ausführungen decken. Es ist kein anderer als der berühmte Dirigent Bruno Walter, der über die „Harmonie der Sphären" und Pythagoras wörtlich schreibt (66, S. 11 ff.):

„Niemals habe ich diese einem hohen Geist gewordene Offenbarung nur als das phantasievolle Erzeugnis erhabener Imagination aufgefaßt. Ich glaube daran, daß dem großen Menschheitslehrer sich Urtiefen der Natur im Klang eröffneten, daß er — wenn auch nicht mit dem physischen Ohr — die Harmonie der Sphären wirklich vernahm ... Wir brauchen wohl nicht zu bezweifeln, daß ein so hoch inspirierter Geist dazu veranlagt war, die Harmonie der Sphären mit dem inneren Ohr zu hören und als seelenbewegendes Geschehen zu erleben ... Der Gedanke einer zwar für das sinnliche Gehör nicht wahrnehmbaren, aber im Kosmos tönenden und waltenden Urmusik, wie sie Pythagoras' und Goethes' Geistesohren erklang, ist mir mehr und mehr überzeugend geworden, denn aus solch hohem Ursprung begann ich das Werden und das Wesen unserer Kunst und ihre elementare Macht über des Menschen Seele allmählich tiefer zu begreifen. Als Geschöpf der Natur, den Einwirkungen der kosmischen Vorgänge auf alles Irdische unterworfen, mußte der Mensch von früher Menschenkindheit an unter dem Einfluß jener Musik des Universums stehen — sein Organismus schwang in ihren klingenden Vibrationen mit und empfing ihre rhythmischen Impulse. Aus jenen, vom inneren Wesen der Welt kündenden sphärischen Vorgängen und von ihrer Auswirkung auf des Menschen Entwicklung stammt wohl seine musikalische Grundanlage, die dann — von einem dafür geeigneten Reifestadium seiner Sinneswachheit und geistigen Bewußtheit an — zur musikalischen Äußerung in lebendigem Klang aufblühen konnte."

Für Bruno Walter „weist alle schaffende und nachschaffende musikalische Betätigung des Menschen auf ihren Ursprung aus den Sphären der kreisenden Gestirne." Musik ist „auch eine Botschaft aus außerirdischen Regionen, die uns auf unsere eigene frühere Abkunft mahnend hinweist."

Mag man den weiten Weg unserer Betrachtungen, die von Pythagoras bis zur Atomphysik geführt haben, mit Anteilnahme oder mit Skepsis gegenüber einer Realität der Sphärenharmonie verfolgt haben — einen Gewinn bedeutet allein schon die Erkenntnis, daß das Spiel der Töne sich nicht auf rein physikalisch-akustischer Ebene vollzieht, sondern daß Kräfte des Geistes beteiligt sind, die ungeahnten seelischen Tiefen entsteigen und noch ihrer letzten Deutung harren. Das alte „Scio, quin nescio" (Ich weiß, daß ich nichts weiß) gewinnt für den musikalischen Seelenbereich erneuten Wert. Das spätmittelalterliche Bekenntnis eines Andreas Werckmeisters, daß „in der Musik noch viele Geheimnisse verborgen liegen" — es scheint noch nachzuklingen in den erhabenen Worten eines Max Planck: „Wir sehen uns durch das ganze Leben hindurch einer höheren Macht unterworfen, deren Wesen wir vom Standpunkt der exakten Wissenschaft aus niemals ergründen können, die sich aber auch von niemandem, der einigermaßen nachdenkt, ignorieren läßt. Hier gibt es für einen besinnlichen Menschen nur zwei Arten der Einstellung, zwischen denen er wählen kann: entweder Angst und feindseliger Widerstand, oder Ehrfurcht und vertrauensvolle Hingabe.

Das einzige, was wir mit Sicherheit als unser Eigentum beanspruchen dürfen, das höchste Gut, was uns keine Macht der Welt rauben kann und was uns wie kein anderes auf die Dauer zu beglücken vermag, das ist eine reine Gesinnung, die ihren Ausdruck findet in gewissenhafter Pflichterfüllung. Und wem es vergönnt ist, an dem Aufbau der exakten Wissenschaft mitzuarbeiten, der wird mit unserem großen Dichter sein Genügen und sein innerliches Glück finden in dem Bewußtsein, das Erforschliche erforscht zu haben und das Unerforschliche ruhig zu verehren." (166, S. 379)

Musikalische Sentenzen aus dem Lebenswerk Johann Keplers

(Zusammengestellt aus „Die Zusammenklänge der Welten", herausgegeben und übersetzt von Otto J. Bryk, Jena 1918)

Wir sehen davon ab, daß bloß der Zusammenklang der Töne in landläufiger Redewendung als „Harmonie" bezeichnet wird. Der Unterschied zwischen der Urharmonie und dem sinnlich wahrnehmbaren Zusammenklang scheint darin zu liegen, daß die Bestimmungsstücke der Urharmonie aus den Anschauungen der Raumlehre, dem Kreise und seinen Bögen nach bestimmtem Gesetze gebildet werden.

*

Die Grundbestandteile der Urbilder sind schon vorher im Innern der Seele tätig. Daher bedarf der sinnlich wahrnehmbare Klang überdies der Aufnahme ins Bewußtsein durch die von ihm selbst ausstrahlende Besonderheit ... Der urtümliche Zusammenklang bedarf keiner weiteren Veranstaltung, da seine Einzelheiten in der Seele vorher als Wirkungsgrund gegeben sind. Sie sind nicht das Lehrmuster zu einem richtigen Lehrsatz, sondern gewissermaßen der Lehrsatz selbst. Mit der einfachen Vergleichung der einzelnen Bestandteile des Zusammenklanges, den die Seele anstellt, ist das ganze Wesen der urvorbildlichen Harmonie erschöpft. Schließlich ist die Seele selbst, wenn sie sich tätig mit diesen Dingen befaßt, die uns vor Augen geführte Harmonie, sowie sich der Kreis und seine Teile ohne Rücksicht auf die geschilderte Tätigkeit stets harmonisch runden. So wird der Zusammenklang immer tiefer belebt und schließlich vergöttlicht.

*

Alle Urgedanken oder harmonischen Urbeziehungen liegen von Anbeginn an bei jenen, die begabt sind, sie aufzufassen. Doch werden sie nicht durch Begriffe aufgenommen, vielmehr entstammen sie einem unbewußten Triebe, wie den Pflanzen die Anzahl der Blütenblätter oder der Fruchtkammern (z. B. im Apfel) ohne weiteres gegeben ist.

*

Also sind alle diese himmlischen Bewegungen nichts anderes, als ein ewig wunderbarer, vielstimmiger Gesang, der bloß gedanklich, nicht durch Töne erkennbar, über Mißklänge der Spannung dahinschreitet, als glitte er über Ausweichungen (syncopationes) oder Schlußbestätigungen (cadentias), wie sie die Menschen durch die natürlichen Harmonienfolgen nachahmen.

*

Die harmonischen Fähigkeiten hat Gott selbst durch seinen Schöpferwillen hervorgebracht. Sie gehören zu seinem tätigen Wesen. Als ein kleines Teilchen seines Ebenbildes hat er sie allen Lebewesen eingehaucht, jedem nach seiner Fassungskraft.

Wettstreit des Apollon Kithardos mit dem Aulosbläser Marsyas. In der Mitte der Schiedsrichter mit dem Messer, mit dem der unterlegene Satyr Marsyas zur Strafe geschunden werden wird. *Relief von einer Basis in Mantinea (Arkadien). 400 v. Chr. Nationalmuseum, Athen.*

Eine Mänade mit Tympanon in Begleitung eines aulosblasenden Satyrs, sowie ein Satyr mit Pantherfell und Thyrsosstab. *Neuattisches Relief, entstanden um 100 v. Chr. Museo Nazionale, Neapel.*

Der mythische Musiker Orpheus spielt den Thrakern auf der Lyra vor. *Griechisches Vasenbild aus der Zeit um 440 v. Chr. Antiquarium, Berlin.*

Spiel und Tanz im Zeichen des Planeten Venus. Federzeichnung aus dem um 1475 entstandenen „Mittelalterlichen Hausbuch". *Schloß Wolfegg, Württ.*

I

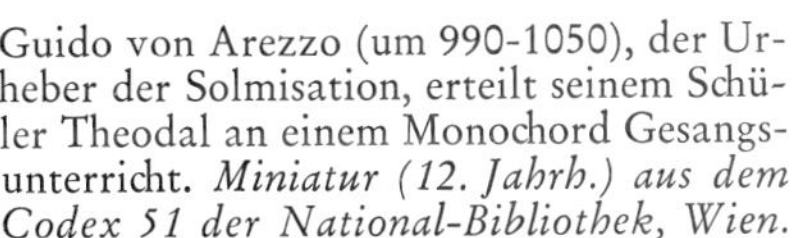

Guido von Arezzo (um 990-1050), der Urheber der Solmisation, erteilt seinem Schüler Theodal an einem Monochord Gesangsunterricht. *Miniatur (12. Jahrh.) aus dem Codex 51 der National-Bibliothek, Wien.*

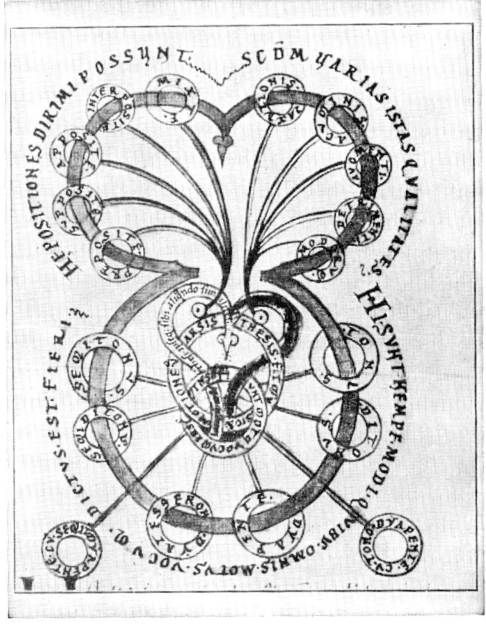

Darstellung der Tonbewegung in einem Manuskript des Benediktinermönchs Guido von Arezzo (um 990-1050) *National-Bibliothek, Wien.*

Allegorische Darstellung dreier Arten von mittelalterlicher Musik: Musica mundana (oben), Musica humana (Mitte), Musica instrumentalis (unten). *Illustrationen aus einer Florentiner Handschrift um 1300. Bibliotheca Laurenziana, Florenz.*

Die Tarantella. Zwei Musikanten spielen diesen Tanz, der als einziges Heilmittel gegen angeblich durch den Biß von Taranteln hervorgerufene Erkrankungen galt. *Kupferstich aus dem Werk von Cornelis Stalpart van der Wiel (1620-1702) „Observations rares de médecine, d'anatomie et de chirurgie". Ausgabe Paris 1758.*

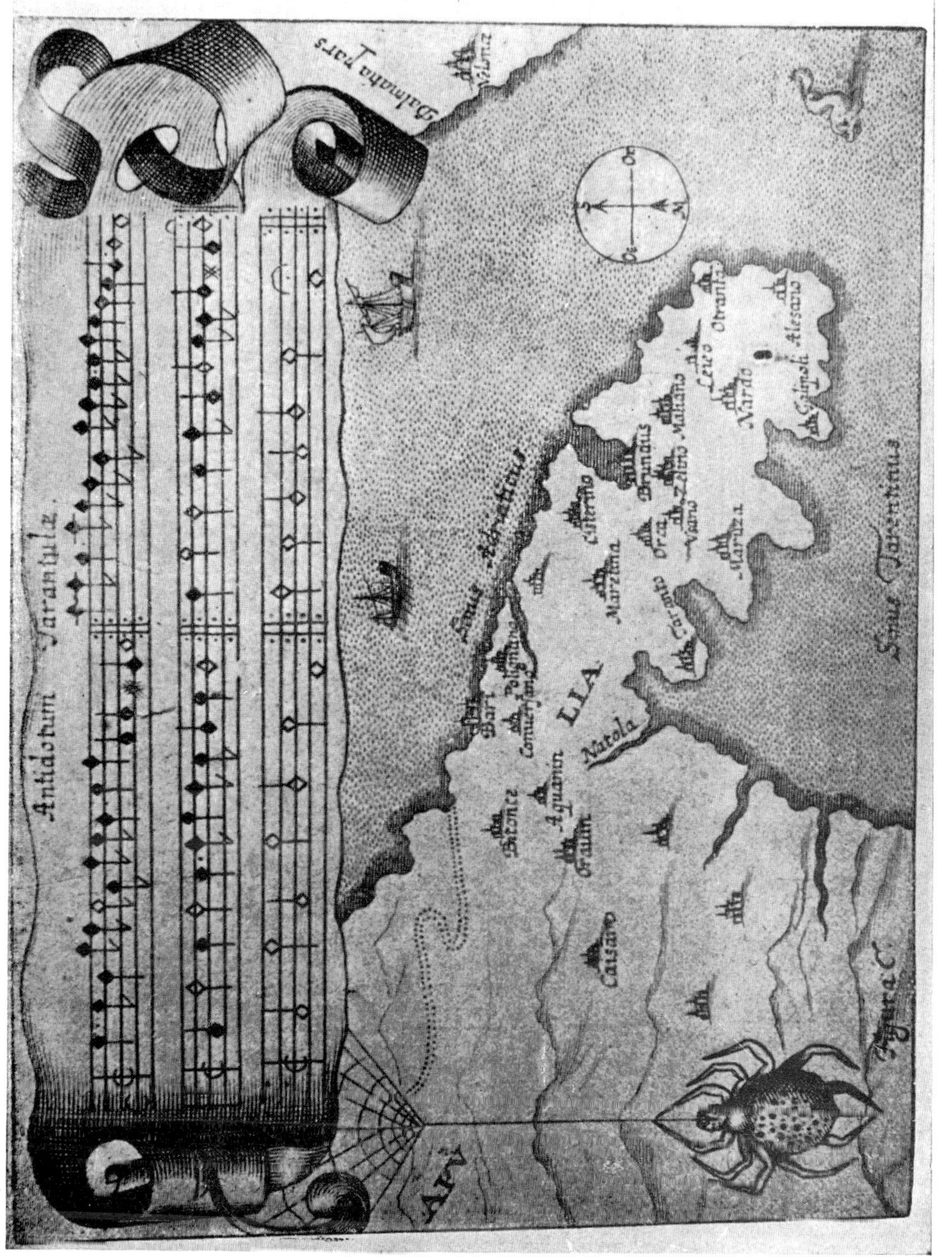

„Tarantella", Musikstück zur Heilung der angeblich von Taranteln gebissenen „Tarantolati". Der „Tarantismus" ist auch heute noch in Apulien bekannt. *Kupferstich aus dem Werk von Samuel Hafenreffer (1587-1660):*

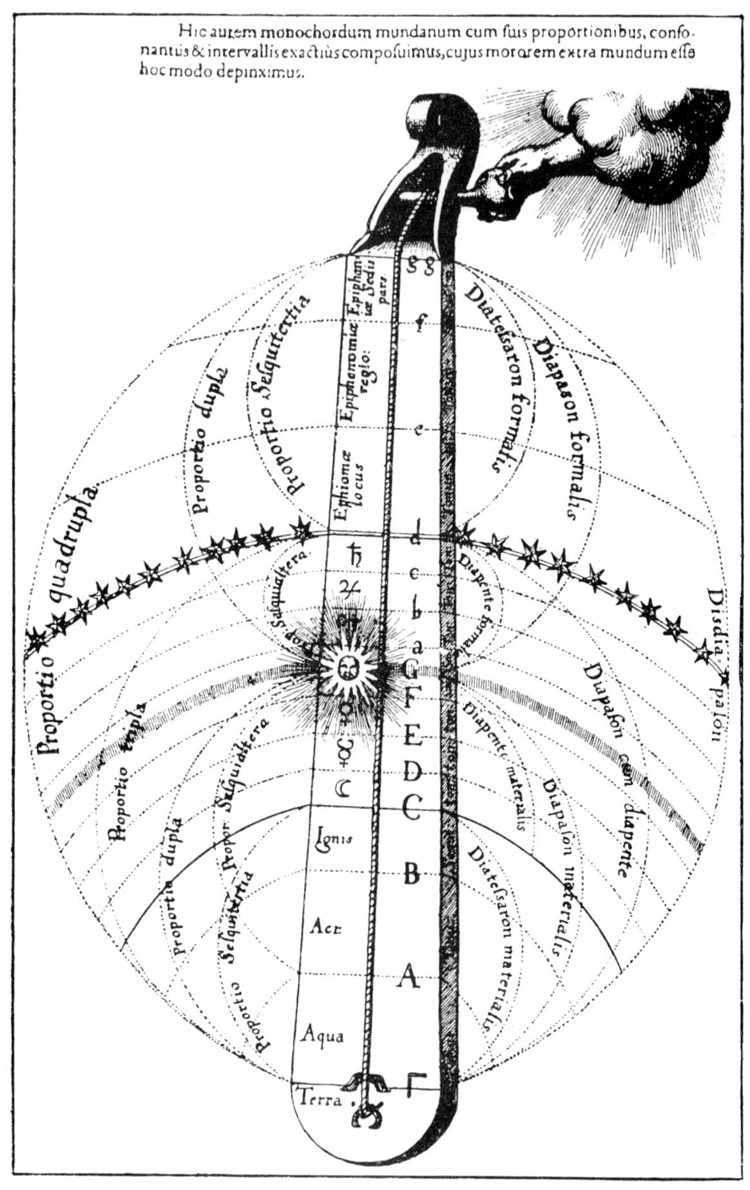

Das Weltmonochord des Robertus de Fluctibus aus seiner „Metaphysica, physica atque technica . . . Historia". *Linz 1619*

KINDER MALEN MUSIK

Vorliebe für das Ornamentale, das sich von einem Zentralpunkt, dem Grundton, vielfarbig nach allen Seiten rankt. Notenzeichen als Tonsymbole steigen auf in die helle Höhe und „verklingen" zu Kreisen aufgelöst. Das Bild läßt Sinn für Symmetrie und Raumaufteilung erkennen. (Dreizehnjährige Quintanerin.)

Der Gefühlstyp betrachtet das Herz als Symbol der Empfindung. Dunkle Strahlen, die aus dem Inneren hervorbrechen, teilen die gesamte Fläche in vielfarbige Sektoren auf. (Gezeichnet von einem Quintaner.)

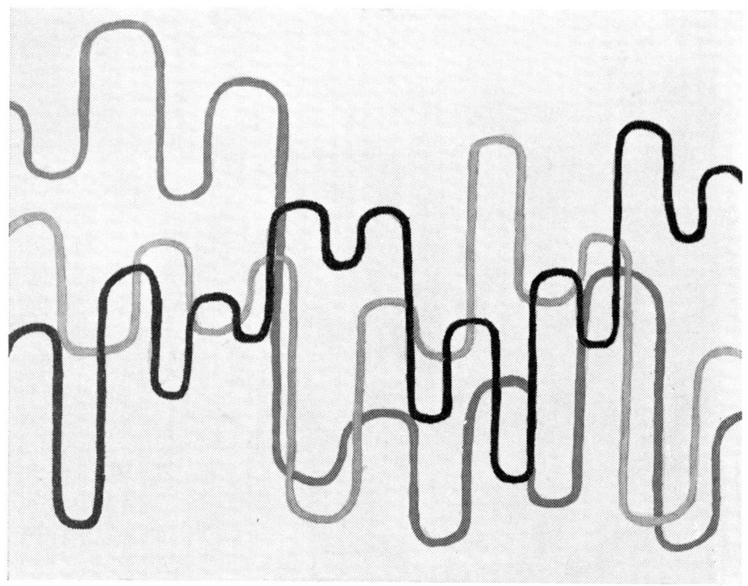

In dieser musikalischen Bewegungsstudie erscheinen drei farbige Stimmen in Parallel- und Gegenbewegung, die nach mehrfacher Verschlingung gleichsam als Spiegel-Kanon mit Farbvertauschung enden. Bezeichnend, daß das „voluminöse" Schwarz die Unterstimme bildet.

Ein vielleicht noch unbewußter Sinn für Polyphonie spricht aus dem Geflecht der Linien, die als Symbole der Melodie sich vielfarbig auf dem bunten Untergrund der Klangharmonien durchkreuzen. Sorgsam ist bei dieser räumlichen Auffassung der Musik auf die über- und untereinander verlaufende Stimmführung geachtet. (Gezeichnet von einem dreizehnjährigen Quintaner.)

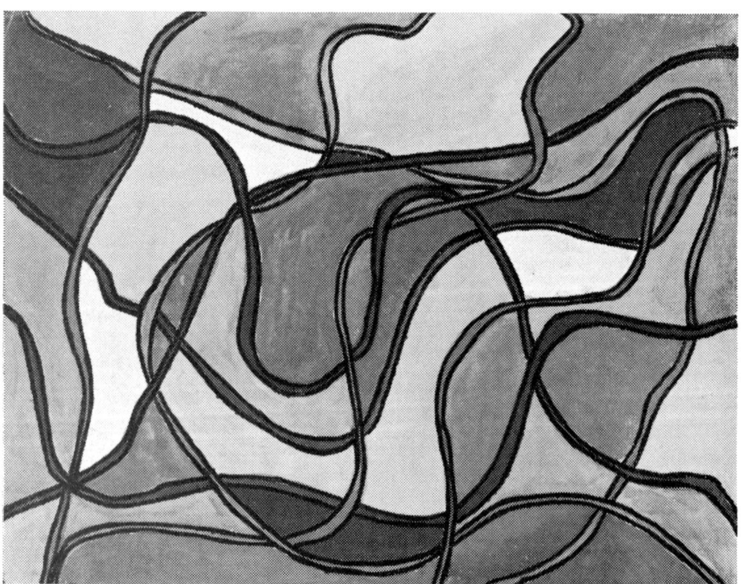

Dritter Abschnitt

MAGISCHE MUSIK

INTERMEZZO II

Media vita in morte sumus

Hier muß es gewesen sein ...

Schnell noch einen Blick auf die alte Karte! Ja — hier war es. Das ist der bewaldete Höhenzug, dort die Römerstraße — westwärts das Tal, drüben der Gipfel mit dem Ringwall — die Entfernungen stimmen.

Aber — wo ist das Kloster geblieben? Vor mir dehnt sich ein Getreidefeld, das den kleinen Hügel wie ein goldener Teppich umsäumt. Die Ähren stehen still und beschaulich in der Sonnenglut, eine Lerche wirft ihr Jubellied himmelwärts. Und nirgends eine Spur von Ruinen — keine Mauerreste — nichts!

Da hat mir meine Liebe zu Altertümern einen schlimmen Streich gespielt! Unmutig schleudere ich den Rucksack von der Schulter, ramme den Wanderstock mit seinen vielen Plaketten heftig in den Boden, breite am Feldrain den Regenmantel aus und beschließe, mich erst einmal ausgiebig zu stärken.

Mittag ist es — die geheimnisvolle Stunde des Pan. Schwer lastet die glutheiße Luft auf der vertrockneten Erde, wie ein Liebeshauch umfängt mich der Atem des trächtigen Korns, aus der tiefen Stille spricht die Stimme der Natur.

Der weite Anmarsch hat mich ermüdet. Aber es träumt sich so angenehm beim Duft der Zigarette. Das Kloster — nach den alten Beschreibungen könnte ich es mir gut vorstellen. Hier, vor mir, war wohl das Refektorium, hinter den großen Bogenfenstern saßen die Nonnen beim Mittagsmahl. Die kleinen Öffnungen über dem Konventsaal führen zu den Zellen, die kärgliches Licht einließen. Obstbäume lehnen sich müde an die graue Klostermauer, die das Kirchlein rechts umschlingt. Horch — schlägt da nicht eine Glocke an? Woher dieser einsame Klang — doch nicht aus der Tiefe des Hügels unter mir?

So unwirklich ist alles — so weltfern ... Warum sollte ich nicht die Zügel der Phantasie ein wenig lockern? Dort, rechts aus dem Tor, müßte jetzt eine Nonne treten. Oder nein, am besten gleich zwei, damit sie einen recht auffälligen Gegensatz zu einander bilden können. Die eine, jüngere, verbirgt unter ihrer Haube Fäden widerspenstigen goldenen Haares, die tiefliegenden dunklen Augen schauen kindlich sehnsüchtig ins Weite, der schmale, feine Mund ist leicht geöffnet, als warte er auf Erfüllung heimlicher Wünsche. Er ist schön, dieser Mund, der sich in scheuem Bogen wölbt — kann man sich in die Gestalten der eigenen Phantasie verlieben?!

Die andere, herb und streng, hüllt ihr unharmonisches Gesicht trotz der Sommerwärme in einen dichten Schleier, aus dem nur die finsteren, stechenden Augen hervorlugen, als wenn sie nach Beute spähen. Sie haften auf der Gefährtin — beschwörend — magischen Bann ausstrahlend . . .

Da stehen nun meine beiden Traumgeschöpfe und warten, daß ich ein Gespräch für sie ersinne! Worüber könnten sie sich unterhalten? Etwa über den Klosterzwang, dem sich die Jüngere nur widerwillig beugt? Noch hat sie die Tore der Sinnenwelt nicht hinter sich verriegelt, das Herz vermag noch im schnellen Schlag der Erwartung zu schwingen, die sich nie erfüllt . . .

Hat die Äbtissin sie nicht schon oft mit strengen Strafen bedacht, weil sie sich dem heiligen Dienst entzog? Aber wie kann man sich zur Andacht zwingen, wenn sündige Gedanken das Herz bedrängen! Was helfen da Kasteiungen, das nächtliche Knien auf harten Fliesen, die Schläge der Geißel — sollte sie heucheln?

„Was ist das — diese Wunde an der Stirn?"

Die junge Nonne atmet schwer.

„Geschlagen hat sie mich. Als sie mir das Hohelied entriß, in dem ich verzückt las. Siehe mein Freund, du bist schön — seine Linke liegt unter meinem Haupt, und seine Rechte herzet mich . . ."

„Du heißt Irene — nach der Heiligen, die unter Kaiser Diokletian den Feuertod erlitt. Und Irene bedeutet Frieden."

Die schmalen Lippen verziehen sich zu schmerzvollem Spott. „Frieden? Nein, — o, wie ich sie hasse, die Peinigerin, die jede

Stunde die Hölle in mir entfesselt! Verderben könnte ich sie — töten ..."

„Töten? Nun — so tue es doch!"

„Franziska!" Die Augen sind angstvoll geweitet.

„O — nicht so, wie du denkst! Nein, ein Mittel gibt es, sie zu beseitigen, ohne dich zu belasten — unsere Schwestern in Wennigsen und Mariensee wenden es oft an ..."

Die ältere Nonne beugt sich zum Ohr ihrer Gefährtin — die gleisnerische Stimme hat einen betörenden Klang:

„Singe! Sing' das Media vita gegen sie!"

Verwundert wendet sich Irene ab.

„Die alte Hymne — mitten im Leben sind wir vom Tode umfangen ... Ich weiß, sie wird in der Angst des Sterbens gesungen — Seefahrer erhoffen von ihr Rettung aus Sturmesnot. Aber — wie kann die fromme Weise töten?"

„Weißt du nicht mehr — die Schlacht bei Oldenesch?"

„Erzähl'!"

„Komm — wir setzen uns in den Schatten des Nußbaums!"

Ich starre gebannt ins Weite, suche die beiden Gestalten zu erhaschen — die Nonnen sind verschwunden. Die Klostermauern flimmern und flirren — oder narren mich nur die im Sonnenglast verschwimmenden Umrisse der Bäume? Wie eine gelbe Wand schiebt sich das Kornfeld dazwischen — über ihm zittert die heiße, glutgetränkte Luft ...

Diese Worte — nicht ich habe sie ihnen in den Mund gelegt! Die Geschöpfe meiner Phantasie haben ein eigenes Leben erhalten! Irene — wie bezaubernd sie ist mit dem stolzen, feinen Gesicht, den schwermütigen Augen!

Aber — was ist mit dem Media vita? Ich weiß, es ist die alte gregorianische Sequenz aus dem Kloster Sankt Gallen. Angeblich hat sie der Mönch Notker gesungen bei der Betrachtung eines gefährlichen Brückenbaus, der ihn an die Vergänglichkeit alles Irdischen erinnerte. Aber was bezweckt die Schwester Franziska? Ich muß sie hören ...

Doch — da sind sie wieder. Sie sitzen auf dem Bänkchen rechts neben der Eingangspforte. Die Ältere hat den Arm um die Jüngere gelegt — jetzt verstehe ich auch ihre Worte —

„... anno domini 1236. Einer meiner Urahnen war dabei. Er gehörte zum Bremer Clerus, der gegen die heidnischen Stedinger zu Felde zog. Und als die wilden Scharen gegen das Trüpplein der Glaubensstreiter anstürmten, schreiend die Streitäxte schwingend, Bogen und Wurflanzen zückend — da sank wohl manchem erfahrenen Ritter der Mut! So furchtbar war der Zusammenstoß, daß das kleine Heer zu wanken begann. Soll das Heidentum über die Gerechtigkeit siegen? Da war es mein Urahn, der plötzlich das Media vita sang. Und das Lied flog von Mund zu Mund — zehn — hundert — tausend stimmten ein — und über das Schlachtfeld brauste es in gewaltigem Chor: Mitten im Leben sind vom Tode wir umfangen ...“

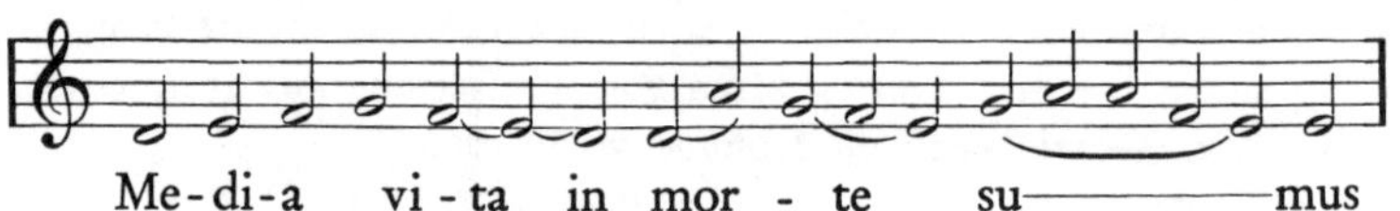

„Und die Stedinger?“

„Stutzen — die Waffen entsinken den gelähmten Händen — sie weichen — stürzen von Furcht gepackt davon! Siehst du, Irene, da hat das Lied seine Zauberkraft erprobt — jedem bringt es den Tod, wenn es gegen ihn gesungen wird!“

„Und du meinst ...“

„Singe das Lied gegen die Äbtissin — hier — jetzt — und du wirst sehen, wie sie erbleicht, wie ihre Lebenskräfte schwinden!“

„Ich — fürchte mich!“

„Närrin du! Komm — ich helfe dir. Stell' dir ihr Antlitz vor — schau ihr in die Augen — und nun singen wir — — me-di-a — — — vi - ta — in — — —“

Ein Schatten wächst hinter den beiden aus dem Boden — die Gestalt der Äbtissin — ich will aufspringen — Irene warnen — umsonst — ich bin an den Boden gekettet — —

„Hier finde ich euch bei eitel Blendwerk und Zauberei? Hat das Kirchenkonzil von Köln nicht im 21. Artikel verboten, Verwünschungen gegen Menschen vorzunehmen durch das Singen des Media vita? Die Flamme des Scheiterhaufens wird eure sündigen Körper reinigen!“

Ich höre Irene aufschreien — sehe, wie zwei Folterknechte sie ergreifen — zum Holzstoß zerren — schon züngelt das Feuer gierig empor — ich fühle ihren verzweifelten Blick, der sich mir ins Herz brennt . . .

„Irene!“ Ich springe empor: „Irene!!“

Verschwunden ist das Kloster — das Kornfeld wogt im leisen Mittagshauch. Vor mir, am Wegrand, steht ein alter Bauer, die Pfeife im zahnlosen Mund, die Sense über der Schulter.

„Das Kloster! Wo finde ich das Kloster? Irene — ich muß sie retten vor dem Flammentod!“

Der Mann nimmt die Tabakspfeife in die Hand, tritt kräftig mit dem Fuß auf den Boden.

„Hier liegt es, tief unter uns — versunken in den Hügel. Manchmal, um die Mittagsstunde, steigt es auf mit seinen Mauern und Türmen — einige wollen Glocken gehört haben und ein seltsames Lied — wie war es doch — me — media . . .“

„Media vita in morte sumus! Ja, das ist es! Ach helfen Sie mir doch! Ich muß zum Kloster, und sollte ich es mit den Händen ausgraben!“

Kopfschüttelnd packt der Alte die Sense fester und wendet sich zum Gehen.

„Herr, nehmen Sie einen Pflug und führen Sie ihn durch das Erdreich! Das ist der einzige Weg, um in die Tiefe zu gelangen!“

Ich hebe den Rucksack auf, greife nach dem Wanderstock und steige ins Dorf hinab — etwas beschämt über die Ausschweifungen meiner Phantasie.

Doch unaufhörlich hallt mir in den Ohren ein Totenchor von dunklen Stimmen — kommt es aus dem Hügel dort — aus dem eigenen Innern? — Mitten im Leben sind vom Tode wir umfangen

Der Kern dieser Erzählung entspricht den historischen Tatsachen. Mit der seltsamen Verwandlung der kirchlichen Weise „Media vita in morte sumus“ in einen „Fluchgesang“ befassen sich Heinrich Hoffmann (93) und W. Bäumker (94) in ihren Monographien über die Geschichte des Kirchenliedes. Näheres über „Magische Gesänge“ im folgenden Abschnitt.

Ein endloser Zug bewegt sich über die weite Ebene. Ein graues Band, das sich durch die Steppe windet. An schwerfälligen Ochsenkarren kreisen stöhnende Räder unter der Last des Hausgerätes, der Frauen und Kinder. Stimmen schreien, Hunde kläffen, Kühe und Schafe tauchen in Wolken von Staub, Männer auf flinken Pferden mit wurfbereiten Lanzen reiten den Wagen vorauf. Ein germanischer Volksstamm, von übermächtigen Feinden vertrieben, sucht eine neue Heimat.

Ungeahnter Anblick, als am Horizont die ersten Berge ihre Riesenhäupter zum Himmel recken und mit den Wolken Zwiesprache halten. Darf man sich dem Wohnsitz der Götter ungestraft nahen? Die ausgeworfenen Runenstäbe geben günstige Vorzeichen. Aber Furcht erfüllt die Herzen, als sich die Nomaden einen Weg zwischen Felsenwänden bahnen. Seltsame, nie vernommene Laute tönen von geschwätzigen Wasserfällen, von heulenden Winden, die sich in dunklen Klüften jagen. Und jetzt — welch ein Geist ruft ihnen die eigenen Worte zu, die ihren Lippen entfliehen? Sie erheben ihre Stimmen in voller Lungenkraft — das sind schon keine Sprachlaute mehr, sondern Töne, die sich in Intervalle gliedern lassen — und seltsam, der unsichtbare Geist gibt ihnen die gleichen Klänge zurück. Der Zauberer des Stammes kennt wohl das Geheimnis des Echos. Aber er deutet das Wunder als Wirkungen der eigenen Macht, die den Geist zwingt, ihm gehorsam zu sein und alles zu wiederholen, was er ihm zuruft. Und seine Kraft ist so gewaltig, daß er auch die anderen fremden Stimmen zu bannen weiß — in das Röhrchen, dem der Vogelschrei enttönt, wenn er es an die Lippen setzt — in die Rassel, die den Donner birgt, wenn er sie bewegt. Der Zauberer selbst ist Geist geworden, der das

Unsichtbare beherrscht, der es zwingt, ihm zu dienen. Die Tonreihen der Beschwörung sind Bestandteile seines Rituals. Nur er allein darf sie wecken, wenn er den Göttern Huldigungen darbringt, sie mit Opfern versöhnlich stimmt.

So etwa haben wir uns die Entstehung der Musik zu denken, aus dem magischen Kult der Urreligionen. Priester waren es, die bestimmten Tonfolgen Zauberkräfte zuschrieben — sie bewahrten die Weisen, die kein anderer erklingen lassen durfte. Dieser Brauch findet sich noch heute bei primitiven Völkern — Indianerstämme besitzen ihre besonderen „Keeper of the songs."

Die bedeutsame Magie des E c h o s, das aus einem Naturlaut geboren, zur Entstehung wichtiger musikalischer Formen beitrug, findet in der Musikwissenschaft eine merkwürdig geringe Beachtung — im Gegensatz zu früheren Jahrhunderten, in denen nach Forkels Bibliographie von 1792 zahlreiche Spezialwerke über das Echo erschienen waren. In der griechischen Mythologie galt das Echo als Nymphe, die sich vergeblich in Liebe zu dem schönen Narkissos verzehrte — in einem so buchstäblichen Sinne, daß von ihr nur noch die Stimme übrig blieb. „Tochter der Stimme" war die hebräische Bezeichnung des Echos. Es findet seinen künstlerischen Ausdruck in den bekannten Gegensätzen des Forte und Piano bei Wiederholung gleicher Tonfolgen („Stufendynamik"), es artet in Spielerei aus etwa in den Echo-Sonaten von Reutter, dem Lehrer Haydns, beim Einbau von „Echo-Registern" in die Orgel; auf Nachahmungen des Echos beruht die Einführung von Dämpfern bei Blasinstrumenten. Aber die alte „Magie" der Natur durchleuchtet mitunter noch das Kunstprodukt wie bei den Orpheus-Klagen zu Beginn der Gluck-Oper. Das Fern-Orchester, das die Weise des Ritornells wiederholt, versinnbildlicht die Stimme der Natur, die von der Trauer des Sängers echogleich widerhallt.

Nach Ansicht K a s t n e r s in seinem interessanten Werk „La Harpe d'Eole et la Musique cosmique" (12, S. 35) besteht auch eine innere Beziehung zwischen der Entdeckung der Decrescendo-Wirkung in der Kunstmusik und dem Abschwellen des Tones bei einem vielstimmigen Echo. Es mag geradezu in eine Liebhaberei ausgeartet sein, Echos zu „sammeln" und die seltsamsten unter ihnen in Buchform zusammenzustellen. Kastner (a. a. O.) bringt — teilweise unter Berufung auf Athanasius Kircher — zahlreiche Beispiele aus aller Welt, darunter ein hundertfaches sibirisches Echo, das von Admiral Wrangel beobachtet wurde. Das Echo von Meeresgeräuschen täuscht Orgeltöne und menschliche Stimmen vor, die Anlaß zur Sage von den Sirenen gegeben haben — man denke auch an Matthesons „Unterirdisches Klippenkonzert" im ersten Abschnitt! Berühmte Echos tragen bestimmte Namen wie der „Tanz der Götter" in Guatemala, „die Glocke" in Kiang-Si (China), die „Bergglocke", die „Melodiehöhle" in der Inselgruppe der Hebriden, die Mendelssohn zu seiner bekannten Ouvertüre angeregt hat. Mitunter nimmt das Echo eigentümliche klangliche Formen an, darunter am häufigsten Schüsse und Trommelwirbel, der von der eigenartigen akustischen Erscheinung des „rollenden Sandes" am Sinai und in Wüstengegenden hervorgerufen wird (wer hat nicht schon einmal den hell zwitschernden Laut vernommen, wenn die nackte Fußsohle über Seesand gleitet?). Und alle diese vielen Wunder des Echos sollen ohne Einfluß auf die menschliche Psyche und die Entwicklung der Musik geblieben sein?!

Das Echo tritt als Schöpfer musikalischer Formen auf. Ein Schweizer Volksliedforscher (83) beobachtete, wie Kinder ein aus Dreiklangsmotiven bestehendes Volkslied in der Nähe einer Felswand sangen. Das Echo gab ihnen die eigene Stimme zurück. Ein Knabe kam auf den Gedanken, mit dem Echo mitzusingen — also entsprechend später mit dem Liedthema einzusetzen. Jetzt wurde das Echo zweistimmig, dann dreistimmig, und es entstand — der „Kanon", ohne daß den Kindern dieser Begriff vorher vertraut war.

Mit der Umwandlung des Naturlautes in eine Kunstschöpfung erfolgte ein Wechsel von Subjekt und Objekt. Der Mensch, der in Urzeiten die Magie des Echos als Stimme der

Naturgötter, der Nymphen empfand, verwandelte sich selbst in ein Echo, das der schöpferische Tonkünstler in seiner Seele auslöst. Das ist nun die Aufgabe, die dem Musikfreund im Konzertsaal, in der Oper gestellt wird: nicht mit dem äußeren Ohr allein eine physische Hörleistung zu vollbringen, sondern „Echo" zu werden für die geistigen Strömungen, die der Komponist in seinen Werken aussendet. Das bedeutet: sie nicht allein aufzunehmen, sondern im Herzen „nachhallen" zu lassen — sie zu erleben. „Er-Leben" heißt aber, sich das Leben zu eigen zu machen, das hinter den Tönen wirkt und das sich ihrer als Mittel zum Zweck bedient. In der vom Tonsetzer ausgeübten „Magie" beruht der Eindruck, den ein Tonstück beim Zuhörer hinterläßt. Die Magie des Echos ist sich seit Jahrtausenden gleichgeblieben, als der Mensch noch ehrfurchtsvoll den „göttlichen" Stimmen der Natur lauschte — geändert haben sich nur die äußeren Bedingungen, die Formen der Erscheinung.

Für unsere vorliegenden Untersuchungen erscheint es jedoch ratsam, den Begriff einer musikalischen Magie zunächst einmal zu definieren und ihr einen speziellen Sinn zu geben, abweichend von der verallgemeinernden musikästhetischen Bedeutung eines „magischen" Künstlertums.

Auf die kürzeste Formel gebracht: Unter musikalischer Magie versteht man die Erzielung außerkünstlerischer Wirkungen mit künstlerischen Mitteln. Tonfolgen und Tonwerkzeuge, ja auch Einzeltöne sollen dazu dienen, einen selbstsüchtigen Einfluß auf die menschliche Psyche und die menschliche Umwelt auszuüben, wobei die ästhetische Seite völlig unberücksichtigt bleibt. „Magie" betrieben die Nonnen in der voraufgegangenen Erzählung — denn sie wollten ja nicht mit dem Singen des „Media vita" einen künstlerischen Eindruck erzielen, sondern schwarzmagische Kräfte auslösen zur Vernichtung eines Lebens. „Magischem" Kult dienten die Zauberweisen des germanischen Volksstammes, dessen Wanderung wir belauschten. Denn die Naturgötter sollten nach dem okkulten Gesetz der „Nachahmung" zum Gehorsam gezwungen werden.

Die zahlreichen Beziehungen zwischen Mensch, Musik und Natur, die wir im ersten Abschnitt kennen gelernt haben, bieten eine Fülle von Anknüpfungspunkten für magische Betätigungen auf dem Gebiet der Musik.

Sind wir Menschen von heute — der Musik gegenüber mehr sachlich-nüchtern als gläubig-vertrauend eingestellt — überhaupt noch in der Lage, den musikalischen Wunderglauben zu begreifen, der den Tönen die Macht zuschrieb, die Natur nicht nur zu beherrschen, sondern sogar umzugestalten? Und wie könnte es jemals zu derartigen Anschauungen gekommen sein, wenn in der menschlichen Seele nicht die lebendige Vorstellung von der Offenbarung Gottes im Ton bestimmenden Einfluß besessen hätte — wenn der Mensch sich nicht als wesentlichen Bestandteil eines klingenden Universums empfunden hätte, in dem die Stimme Gottes zu ihm sprach? War es die „Hellhörigkeit" besonderer, heute verkümmerter Organe, die das Wirken kosmischer Klänge als Gestaltungskräfte von entscheidender Bedeutung für das menschliche Leben verspürten? Nur in vereinzelten Äußerungen großer Geister lebt dieser Gedanke weiter — wenn Robert Musiol behauptet: „Die Musik ist unendlich, sie ist aber auch allmächtig — kurz, sie ist auch alles das, was und wie ein Geist ist. Solange irgend ein Wesen existieren wird, solange wird auch Musik bestehen, solange wird sie auch Wunder wirken." Oder wenn Eduard von Hartmann an Schellings Äußerung anknüpft: „Musik ist der urbildliche Rhythmus der Natur und des Universums selbst." Hartmann erklärt: „Man wird aus Schellings wunderlichen Bemerkungen soviel als wertvolle und bisher fast ganz unbeachtete Wahrheit feststellen dürfen, daß die musikalischen Ideen nicht mit dem menschlichen Gefühlsleben erschöpft sind... sondern daß die Musik ebensowohl zum Widerschein und Ausdrucksmittel des Untermenschlichen, des tierischen, pflanzlichen und kosmischen Naturlebens werden kann." Hat sich doch B. Brentano ernsthaft mit der Frage beschäftigt, ob Christus „etwas von Musik gewußt habe": „ER sagt: ‚Was ihr berührt mit dem Geist wie mit den Sinnen, das sei göttlich, denn dann wird euer Leib auch Geist.' Siehst du, das hab' ich ungefähr empfunden und gedacht, da man sagte, Christus habe nichts von Musik gewußt." (6, S. 55) Und zurück zu unserem Thema, zu den Urzeiten menschlicher Entwicklung, führt uns ein Ausspruch des ehrwürdigen Konfuzius: „Wer nicht den einfachen und unbefangenen Geist des Altertums zum Meister hat, weiß nichts mit Sicherheit."

Gewiß — dem Glauben folgt der Aberglaube wie dem Licht der Schatten. Jedoch — nicht darum handelt es sich, abergläubische Gebräuche mit dem blasierten Lächeln intellektuellen Hochmutes abzutun, sondern die Glaubensreste eines „Aber-Glaubens" zwar kritisch, aber durchaus wohlwollend zu sichten und zu prüfen — nicht anders als auf dem Gebiet der Sagen, Märchen und Mythen, deren Wahrheitskern von den Volkspsychologen längst nicht mehr angezweifelt wird.

Zwei Wege führen zunächst zu den Quellen eines uns rätselhaft erscheinenden Glaubens an die musikalische Beeinflußbarkeit der Natur. Das ist einmal das uns verloren gegangene Gefühl der Selbstverständlichkeit für die ursächlichen Zusammenhänge zwischen Musik und Natur, die beide als Emanationen des gleichen göttlichen Geistes zu gelten haben. Und zweitens die in früheren Zeiten sicherlich weitaus stärker ausgeprägte Fähigkeit zur Entwicklung bildhafter Vorstellungen bei musikalischen Eindrücken. Es war die „Imago", das Bild, das sich das Seelenleben unterwarf, eine „Imagination" in ihrem ursprünglichsten Sinne, denn eine „Ein-Bildung" setzt voraus, daß man sich von Vorgängen der Außenwelt ein inneres „Bild macht." Die Bildlichkeit ist eine „Urentsprechung", die zwischen verschiedenen Sinnesgebieten vermittelt, wie es Arnold Schmitz in seiner aufschlußreichen Monographie über „Die

Bildlichkeit der wortgebundenen Musik Johann Sebastian Bachs" näher ausführt. Gerade Bach bietet das hervorragendste Beispiel für das musikschöpferische „Denken in Bildern" — er ist ein Appell an die „bildhafte" Aufnahmefähigkeit des Musikhörers. „Die Tonwelt hat Höhe, Tiefe, Breite, Gewicht, Dichte, Helligkeit, Wärme, Kälte, Distanz, Linie, Farbe, also optische, haptische, thermische, raumhafte Qualitäten. Das alles wird mit den Tönen und der Musik unmittelbar erfahren und beruht auf Urentsprechungen, nicht auf Assoziationen im Sinne der Theorien von Wundt und Stumpf, ist auch nicht zu verwechseln mit der Synästhesie als Doppelempfinden im Wortsinne. Den Urentsprechungen gemäß können Qualitäten, die gewöhnlich dem Optischen und Räumlichen vorbehalten zu sein scheinen, auch musikalisch unmittelbar in Erscheinung treten." (84, S. 15)

Darf man sich noch darüber wundern, daß Musik in frühesten Zeiten nicht abstrakt, sondern absolut konkret aufgefaßt wurde — personifiziert, göttlich-vermenschlicht, mit individuellen, „magischen" Eigenschaften ausgestattet? Und in welchem Zusammenhang steht das bildliche Vorstellungsvermögen mit dem Musikhören und dem Musikgenuß überhaupt? Besaß eine vorwiegend „eidetisch" eingestellte Urmenschheit in ihrer Fähigkeit, Vorstellungen anschaulich zu empfinden, ein wesentlich anderes Verhältnis zu allen musikalischen Erscheinungen? Über die erwähnte „Imagination", die sich „als Seelenkraft magischer Natur dämonisch äußert" (85, S. 294), hat sich besonders Paracelsus verbreitet, der die „perfekte Imagination" in den „astris" (Sternen) beheimatet sieht und sie im Gemüt lokalisiert, das wie Gott selbst ewig und unvergänglich ist (ib.). Mit der Imagination, der „Ein-Bildung" bringt Paracelsus auch den „Bild-Zauber" in unmittelbaren Zusammenhang, der uns einen weiteren Schlüssel zum Verständnis musikalisch-magischer Praktiken bietet und mit dem wir uns noch später im Zusammenhang mit der Magie der Musikinstrumente befassen werden. Zunächst genügt es zu wissen, daß man sich hierbei eines Abbildes desjenigen Wesens bedient, das man magisch beeinflussen will. Man glaubte, einem unliebsamen Gegner den gleichen Schaden zufügen zu können, den man seinem Abbild erweist, wenn man es mit Nadeln durchbohrt oder in anderer Art verletzt. Dieses Vorhaben braucht nun durchaus nicht allein zur Auslösung „schwarzmagischer“ Seelenkräfte zu dienen. Die Geschichte der Musik weist zu allen Zeiten zahlreiche Beispiele für Bildzauber auf, wobei der Mensch selbst oder sein Tonwerkzeug zu einem „tönenden“ Abbild der Naturgötter wird. Er gewinnt magische Fähigkeiten aus der Nachahmung fremdartiger, unheimlicher Naturstimmen, die er sich unterwirft, wenn er ihren Laut nachgestaltet. Auch der Zauberer des wandernden Germanenstammes, dessen Schilderung diesen Abschnitt einleitete, betrieb „musikalischen Bildzauber.“

Das wird uns deutlich vor Augen geführt etwa bei musikalischen Regenbeschwörungen vieler Naturvölker. Nach Wilhelm Wundt (86) soll bei den Zuni-Indianern Neumexikos die Rassel des Regengottes das Geräusch der niederfallenden Tropfen „nachahmen“ und damit einen Regenfall herbeiführen. Die Masken der Zaubertänzer stellen aus dem gleichen Grunde Wolken dar. Das Schlagen an Metallplatten beschwört aufgrund der Nachahmung den Donner. Combarieu (87, S. 38) gibt Beispiele von Regenmelodien. Oktavsprünge und das Fallen der Melodie um anderthalb Oktaven gelten ebenfalls als eine Art von musikalischem Bildzauber: die Tonschritte versinnbildlichen das Herabschweben der Wolken auf die Erde und ihre Entleerung in Form von Regen. Bildzauber ist die Zeremonie der Sommersonnenwende bei den Zuni-Indianern, deren Priesterschaft Beschwörungen singend an den Häusern entlangzog und dabei mit Wasser begossen wurde (86, IV, S. 535). Wie kommt es, daß die gleiche Art volkstümlicher Regenbeschwörung in Griechenland nachweisbar ist? Beim Absingen eines Liedes wird ein mit Kräutern und Blumen geschmücktes Mädchen herumgeführt, das von jeder Hausfrau mit einem Eimer Wasser übergossen wurde (88, S. 101). Nach

Wundt ist diese Art der Regenbeschwörung bei zahlreichen Kulturvölkern anzutreffen. Sie äußert sich oft nur im Begießen einer Arbeiterin, des „Regenmädchens“ mit Wasser.

Regenmelodien besaßen die Zauberer Afrikas, die Hymne an den Nil in Altägypten spielte dieselbe Rolle, nicht anders als die griechische Hymne an Aphrodite, die Göttin der Fruchtbarkeit. Seneka erwähnte bereits die Möglichkeit, Regen durch Gesang zu erzeugen. Versiegte Quellen werden bei Combarieu, bei Wagner als Verfasser der „Historia Naturalis Helvetiae“ durch Gesang wiederbelebt. In Halms Albanesischen Studien liest man von einer Quelle, die nur dann fließt, wenn Kinder dreimal ein landläufiges Liedchen gesungen haben. Solinus, von Schleiden in seinen „Studien und populären Vorträgen“ zitiert, berichtet von einer weiteren Quelle, die beim Spiel einer Flöte zu hüpfen anfängt, als ob sie vor Freude tanzte.

Indien und China sind diejenigen Länder, die aufgrund ihrer Naturreligionen am stärksten von dem Glauben an musikalische Magie durchdrungen sind. Musik im vedischen Ritual ist Zauberei. Tonkunst ist „nicht Selbstzweck, sondern Helferin.“ Es werden Zauberformeln gesungen, Musik hat „in erster Linie magische Pflichten zu erfüllen.“ (63) Lebendig erhalten hat sich die hübsche Legende von einem indischen Mädchen, das gedankenlos eine kleine Melodie vor sich hinsummte. Als sich aber der Himmel plötzlich mit Wolken überzog und ein heftiges Unwetter hereinbrach, merkte sie, daß sie eine der alten Rhags, der Zauberweisen, angestimmt hatte. Mit ihrem Lied rettete sie die ausgetrocknete Landschaft vor dem Hungertode. Ein englischer Forscher erkundigte sich, weshalb dieses Mittel nicht öfter in Anwendung käme. Er erhielt zur Antwort, die Weise sei mitsamt ihrem Geheimnis verloren gegangen (87, S. 43). Die Inder versichern, „diese alte Himmelsmusik, die Geister herbeizurufen fähig ist, sei noch in manchen Provinzen als eine geheime Kunst einzelner Auserwählter vorhanden.“ (13, S. 26)

In China, wo Einzeltöne eine Naturbedeutung besaßen und mit dem kosmischen Geschehen in Einklang gebracht wurden, konnte der Glaube an einen musikalischen Naturmythos leicht Wurzel fassen. Hier sind es vor allem die ehrwürdigen Legenden des Liä-Dsi, die reiches Material aus der Zeit vor etwa 2300 Jahren bieten (89, S. 57 ff.). Aus diesen Erzählungen spricht eine so tiefe Naturverehrung, daß die wichtigste ungekürzt folgen möge:

„Wenn Gu-Ba die Zither schlug, so kreisten die Vögel über ihm und die Fische sprangen aus dem Wasser hervor. Der Musikmeister Wen von Dscheng hörte es. Er verließ sein Haus und folgte dem Meister Siang auf seinen Wanderungen. Er rührte mit dem Finger die Saiten drei Jahre lang, ohne daß es eine Melodie wurde. Der Meister Siang sprach: ‚Geh nur wieder nach Hause.‘

Meister Wen legte die Zither weg, seufzte und sprach: ‚Nicht daran liegt es, daß ich die Saiten nicht zu rühren wüßte, nicht daran, daß ich keine Melodie zustande brächte; was mir im Sinne liegt, bezieht sich nicht auf die Saiten; worauf ich ziele, das bezieht sich nicht auf die Töne. Solange ich innerlich im Herzen das noch nicht erreicht, kann ich ihm äußerlich auf dem Instrument noch keinen Ausdruck geben. Darum wage ich nicht, die Hand zu regen und die Saiten zu rühren. Doch gebt mir noch eine kleine Weile Frist und seht dann, was ich kann.‘

Nicht lange danach trat er wieder vor den Meister Siang. Der sprach: ‚Wie stehts mit deinem Zitherspiel? Der Meister Wen sprach: ‚Ich habe es erreicht, bitte, prüfet mein Spiel.‘

Darauf schlug er während des Frühlings die Schang-Saite an und ließ das achte Rohr begleiten. Da erhob sich plötzlich ein kühler Wind, und Kraut und Baum trugen Früchte. Als es Herbst geworden, schlug er die Güo-Saite an und ließ das zweite Rohr erwidern. Da kam laue Luft linde geflossen, und Kraut und Baum entfalteten ihre Pracht. Während des Sommers schlug er die Yu-Saite an und ließ sie vom elften Rohr begleiten. Da fiel Reif und Schnee durcheinander, die Flüsse und Seen wurden plötzlich starr. Als es Winter geworden, da schlug er die Dschi-Saite an und ließ das fünfte Rohr erwidern. Da ward der

Schein der Sonne stechend heiß, und das harte Eis schmolz rasch zusammen. Zuletzt ließ er die Gung-Saite ertönen und vereinigte sie mit den vier andern Saiten, da säuselten liebliche Winde, glückbringende Wolken schwammen, süßer Tau fiel herab, und kräftig rauschten die Quellen.

Der Meister Siang schlug an sein Herz und sprang empor und sprach: ‚Zauberhaft ist Euer Spiel. Auch der Meister Kuang mit seinen Melodien und Dson Yän mit seiner Flöte konnten es nicht besser. Sie mögen mit der Zither unter dem Arm und der Flöte in der Hand Euch hinten nachfolgen.' "

Nach der Anmerkung des Herausgebers lebte der erwähnte Meister Kuang zur Zeit des Herzogs Ping von Dsin (557—532 v. Chr.) Er benutzte das Gu Si-Rohr mit der Note Göo und erreichte dadurch, daß bei der zweiten Wiederholung sich Wind und Regen erhoben, bei der dritten Wiederholung ein vernichtender Orkan entfesselt wurde. Dson Yän war Musikdirektor des Herzogs Säan von Yän (601—587 v. Chr.) oder des Herzogs Schan. Im Norden von Yän (dem heutigen Tschili) war gutes Land, nur wegen der Kälte nicht zu bebauen. Dson Yän blies die Flöte und milderte dadurch das Klima, sodaß Korn in üppiger Fülle wuchs.

Diese Legende konnte nur in einem Lande glaubhaft erscheinen, das jedem Ton einen Monat zugesellte. Die zwölf Rohre sind die zwölf Lü, die Grundtöne, die dem Jahresablauf entsprachen. Und jedes Rohr rief das entsprechende Klima des zugehörigen Monats hervor. Der tiefere Sinn beruht in der Erkenntnis, daß keine Saite und keine Melodie „Wunder" wirken kann, wenn sie nicht von der magischen Kraft geheimer Seelenströme befruchtet werden. Hier sind es die Instrumente, in einer anderen Erzählung des Lä-Dsi war es die menschliche Stimme, die Bäume erzittern ließ und die Wolken anhielt. Für die Allmacht, die der Musik zugeschrieben wurde, zeugt eine Fabel aus den „Erinnerungen des Se-Ma-T'sien" (87, S. 89), worin einem chinesischen Prinzen eine geheimnisvolle Lautenweise zugetragen wurde, die sich als F l u c h g e s a n g erwies und Unwetter, Sturm und Trockenheit verschuldete.

Fluchgesänge kannte das alte Rom bei T i b u l l, P l i n i u s u. a. Es mag auch ein Fluchgesang gewesen sein, der die Gefährten des Odysseus bei der Zauberin Circe in Schweine verwandelte, denn Homer rühmt die Geschicklichkeit ihrer Stimme. Gesänge der Poo-g'thun, eines ausgestorbenen Indianerstammes, wurden ängstlich bewahrt, da ihr Erklingen Todesfälle verursachen sollte. Das berühmteste Beispiel eines Fluchgesanges im abendländischen Mittelalter wurde in erzählender Form diesem Abschnitt vorangestellt. Die Verwandlung des Kirchengesanges „Media vita in morte sumus" in einen Fluchgesang ist historisch und urkundlich belegt. Musik dient hier zur Entfaltung magischer Seelenkräfte. Es ist die uns immer wieder begegnende seelische Tiefenwirkung der Töne, die wie keine andere Kunstgattung das Innerste erschließen, die sozusagen die von der Wirklichkeit geschaffene Hülle durchbrechen und dadurch unmittelbare Beziehungen zwischen Mensch, Natur und Kosmos herstellen. Aus dem gleichen Grunde verwendete M e s m e r Musik bei seinen magnetischen Experimenten, aus gleichem Anlaß dient Musik zur vorbereitenden Einstimmung bei spiritistischen Sitzungen.

Im magischen Wort offenbart sich die Lebensmelodie. Hiefür nur ein Beispiel: die Deutung des Sanskrit-Wortes „S a m a n". Es hat den Sinn der „Versöhnung", der „Verhandlung", „Verbindlichkeit", sogar „Nettigkeit" — darüber hinaus gilt es als allgemeiner Maßstab für das Verhältnis der Menschen zu einander — in jeder freundlichen Begrüßung offenbart sich „Saman." Wörtlich übertragen aber bedeutet es nichts anderes als „M e l o d i e." Wie kam es zu dieser Sinngebung? Der Indologe Heinrich Z i m m e r äußert sich dazu: „Saman bezeichnet einen besonderen Zweig priesterlicher Kunst in der vedischen Ritualüberlieferung, er befaßt sich mit den Melodien, auf welche die verschiedenen Strophen (ric) des Rigveda gesungen werden müssen. Es ist ein magiegeladenes, teilweise so gefährliches

Wissen, daß es nicht innerhalb der Ortsgrenzen weitergegeben werden darf. Meister und Schüler ziehen sich deshalb an einen entlegenen, einsamen Ort in der Wildnis zurück" (Nachlaßband 167 S. 118). Wieder ein sprechendes Zeugnis für das menschliche Verhältnis auf musikalischer Grundlage, für die im ersten Abschnitt behandelte „Melodie des Lebens", die bei entsprechender Ton-Konstellation „magischen" Charakter annimmt in der Erzielung bestimmter seelischer Wirkungen.

Auf die Mandalas, die selbst beim modernen Menschen immer wieder auftauchenden mythischen „Kreise" oder „Ringe" Altindiens, sei hier nicht näher eingegangen, weil sie kaum unmittelbare Zusammenhänge mit Musik aufzuweisen scheinen. Beachtung verdient eine Bemerkung Kerenyis über den kosmischen Ursprung des Mandalasymbols. Dieses Symbol „erscheint in einem Traum als ‚eine Pendeluhr, die immer läuft, ohne daß die Gewichte tiefer sinken', also doch als jene Weltenuhr, die für uns Menschen der Himmel ist. In der ‚großen Vision' taucht ausgesprochen die ‚Weltuhr' auf, dreidimensional aus einem vertikalen und aus einem horizontalen Kreis bestehend und drei Rhythmen vereinigend. Sie machte auf den Träumer den Eindruck höchster Harmonie, wir dürfen wohl sagen: der Harmonie der Sphären." (169, S. 27)

Magische Fähigkeiten verteilen sich ziemlich gleichmäßig auf den Gesangston und den Instrumentalton. Die Stimme, die Richard Wagner als „die praktische Grundlage aller Musik" bezeichnet hat, ist das Unmittelbare und darum Ursprüngliche, das Tonwerkzeug der Mittler. Der Sänger Orpheus, der lebloses Gestein mit der Stimme rührte, besitzt ein Seitenstück in Amphion, dessen Lied die Steine bewog, sich zu einer Mauer um Theben zusammenzuschließen. Raffael stellt die Heilige Cäcilie dar, wie sie die irdischen Instrumente aus den Händen sinken läßt, um den Stimmen der Engel zu lauschen. Die singende, weltenschaffende Sonne des alten Ägypten, der vedische Schöpfergott Prayapati, der selbst ein Hymnus war, sind ein Niederschlag des Glaubens an die „elementare" (= die

Grundstoffe bewegende) Macht des Gesanges. Marius Schneider schreibt: „Da der Klang die allen Dingen und Wesen gemeinsame Ursubstanz darstellt und seine Entfaltung zum Liede die singende Kraft ist, die den Kosmos bewegt, so bildet der Gesang auch das einzige Mittel, mit den entferntesten Mächten in eine direkte und substanzielle Wechselbeziehung zu treten. Singen oder rhythmisches Sprechen ist im tiefsten Sinne eine direkte Teilnahme an der Ursubstanz des Universums und ein aktives Aufrufen, Erschaffen und Handeln innerhalb der akustischen Grundschicht der Welt. Es ist eine Nachahmung des klingenden Befehls, der einst die Welt zum Leben aufrief, und zugleich ein Brückenbau zwischen Himmel und Erde auf Grund der beiden Welten gemeinsamen Tonsubstanz. Daher werden die Götter, die reine Lieder sind, durch Lobgesänge auch buchstäblich ernährt." (80, S. 14)

Eine zweite, ältere Theorie verweist alle „Erscheinungen" musikalisch-magischer Art — also die Identität gleichzeitig auftretender Gesichts- und Gehörerscheinungen — in das Gebiet intracerebraler Phänomene, Phantome und Träume. Die Sagen und Mythen „sind keine poetischen Erfindungen und auch keine Erklärungsversuche für Naturprozesse, wie man sich dieselben wohl in gelehrter Weise zurechtlegt. Diese Sagen und Mythen gehen vielmehr in ihren eigentlich charakteristischen Elementen auf wirkliche Wahrnehmungsprozesse zurück, freilich nicht auf veritable Wahrnehmungen, sondern auf Phantome, auf Illusionen und Halluzinationen." (90, S. 260) Es dürfte aber doch nicht angehen, sich bei Erklärungsversuchen der mystisch-magischen Urphänomene allzu einseitig auf „die Naivität der Laien und des Altertums" zu verlassen, die nicht in der Lage waren, Phantasie von Wirklichkeit zu unterscheiden und daher Illusionen als „veritable Wahrnehmungen" empfanden.

Eine dritte Theorie bezieht sich auf seltsame physikalische Einwirkungen der Musik, um eine Änderung der molekularen Struktur aller Dinge herbeizuführen, die unter musikalischem

Einfluß stehen. Die fast unheimlich erscheinenden Eigenschaften ultrasonarer Töne, die Ultraschall-Therapie, die Erzeugung von Feuer durch Ultraschall, die Tötung von Bakterien, ja sogar von Fischen wären vor wenigen Jahrzehnten noch als „magische Wunder" erschienen, denn erst 1917 gelang es dem französischen Physiker P. Langevin, technisch einwandfreie Ultraschallwellen mit Hilfe einer schwingenden Quarzscheibe zu erzeugen. Sind hier Zusammenhänge erkennbar mit den nicht minder „magischen" Experimenten eines Geigers Jasper in Boston, über den die Tagespresse im Frühjahr 1924 sensationelle Berichte veröffentlichte? Sein Bogenstrich verwandelt alle Glasgegenstände in Scherben. Er ließ sich mit drei Professoren in ein Spiegelkabinett einschließen. Als sich sein Spiel rhythmisch straffte, zersprangen die Spiegel, als seien sie von einem Diamanten durchschnitten. Über ähnliche Vorkommnisse berichtet aber bereits eine mittelalterliche Schrift (91). Hicr war es die Kraft einer Stimme, die Gläser in Scherben zerfallen ließ.

Willy Schrödter bringt hierzu eine Reihe Beispiele aus der Welt des Ultraschalls in seinem Artikel „Die Magie des Tones" in der Züricher Zeitschrift „Neue Wissenschaft" (4. Jahrgang, Heft 8/9:

„Englische Ärzte kamen so um 1950 in den Flugzeugfabriken dahinter, daß Arbeiter in der Nähe der Motorenprüfstände aus unbekannten Gründen erhöhten Blutdruck, Angstgefühle, Ohnmachtsanfälle bekamen, gingen der Sache nach und fanden Ultratöne als Verursacher. Nachdem diese Töne in der Heilkunde die anfänglichen Erwartungen nicht erfüllt hatten, setzte man sie nunmehr in der „Unheilkunde" — der Vernichtungslehre — ein und bestätigt im Frühjahr 1953 aus London: die „Ultraschallkanone" vermag durch schwache Wellen einzuschläfern, durch stärkere Ohnmachten, Angst- und Krampfzustände auszulösen, durch gebündelte den Tod herbeizuführen. Wie USA-General G. C. Kenney 1951 in der Universität für Technologie in Massachusetts bekanntgab, gelang die Herstellung einer Ultraschallwaffe, die — über Städten ausgelöst — das Nervensystem der Einwohner bis zum Wahnsinn angreift.

Eine belgische Fachzeitschrift für Strahlenforschung ließ sich 1952 melden: deutsche Ingenieure hätten eine Ultraschallplatte erfunden, die bei gelinder Anwendung in den Gemütern Angstzustände auslöse. Gelänge es, die „Dosis“ zu steigern, so könnte man die Zuhörer durch unhörbare Töne töten... Hertz (1857—94) in Bonn hat vergebens versucht, das Molekül durch Resonanzvibrationen zu sprengen. Dies gelang — zufällig! um 1888 W. Keely in Philadelphia. „Der Keelymotor für Atomsprengungen war auf dem Prinzip der Sprengung durch Schallwellen aufgebaut“. (Dr. Alfred Strauß) W. Keely hat 1893 in Philadelphia einen Granitblock — auch einmal einen ganzen Ochsen — in einem Augenblick in einen unbedeutenden Rückstand von Staub durch seinen Ätherschallwellenapparat verwandelt, wie Bloomfield Moore in „Keely and his discoveries“ (London, 1893) berichtet. (Rob. Blum)“

Hören wir in diesem Zusammenhang noch Graf Hermann Keyserling in „Gesetz und Freiheit“ (5, S. 230 ff.). Er spricht von einer „magischen Formel,“ die „ein Seelengefüge sprengt; es ist dasselbe, was man oft auch das ‚lösende‘ Wort heißt. Hierbei handelt es sich nämlich um das Urbeispiel dessen, wie Geist überhaupt wirkt...“ Es „geht die Sage, daß jede Brücke einen bestimmten Ton habe: wer diesen noch so leise auf einer Saite streicht, zerstöre ihr ganzes Gefüge. Wie ist das möglich? Nun, dieser Ton verkörpert die eine Schwingung, die sich der Spannung des Gebäudes ohne weiteres induzieren läßt, dann aber allen ihren Komponenten eine Beschleunigung erteilt, die das Gleichgewicht sprengt.“ Und: „Die Melodie des organischen Lebens spielt sich unterhalb unseres eigentlichen Lebens ohne unser Zutun vollkommen von selber ab.“

Wagen wir es, noch einen nicht allzu beträchtlichen Schritt über Keyserling hinauszugehen und setzen für die „Brücke“ den „Menschen“ selbst ein. Und nun bleibe es dem Leser überlassen, hier Zusammenhänge zwischen den obigen Ansichten, der „harmonischen“ Zusammensetzung des Menschen und seiner verschiedenartigen Reaktionsfähigkeit auf Töne und Tonverbindungen zu suchen und zu finden.

Unter welchen Umständen kann der „magische Gesang“ sogar als — Geburtshelfer auftreten? Ist es „Einstimmung“ gewisser Weisen auf die „Eigentöne“ — ist es „Ein-Bildung“, ist es Glaube, Suggestionskraft?

Johanna von Albret, Erbtochter Heinrichs des Zweiten von Niedernavarra und der Margarete von Valois, mit der er sich 1527 vermählt hatte, sah einer Geburt entgegen. Verheiratet war sie mit dem Herzog von Vendome Anton von Bourbon. Ihr Vater versprach ihr eine goldene Kette, wenn sie vor Eintritt der Wehen ein bestimmtes Lied singen würde, damit — wie es in einer alten Chronik heißt — aus dem Kinde nicht etwa ein mürrischer und verdrießlicher Mensch würde. Das Lied ist ein Anruf an ein Muttergottesbild, das unfern eines Brükkenstegs aufgestellt war und dem man die Kraft zuschrieb, eine glücklich verlaufende Niederkunft zu erwirken. Wie verlangt, sang sie die „Geburtsmotette“ und schenkte einem Knaben das Leben. Der König befeuchtete die Lippen des Neugeborenen mit Wein und ließ es den Geruch von Knoblauch einatmen — eine magische Praktik, die noch heute auf dem Balkan, in Italien geübt wird (92, Bd. II, S. 69 ff.). — mit den Worten: Du wirst ein wackrer Junge werden. Dieser Sohn der Herzogin bestieg 1589 als Heinrich III. den französischen Königsthron.

Melodie und Text der „Geburtsmotette“ finden sich bei Combarieu aufgezeichnet (87, S. 51) und sind hier wiedergegeben in meiner Übersetzung. Man könnte die Weise als ein in jener Zeit viel gebrauchtes „transponiertes Dorisch“ mit den vier B’s auffassen, wenn der volkstümliche Einschlag des Moll und Dur nicht zu stark in Erscheinung treten würde. — Und die Niederkunft der Herzogin? Nun, der Glaube an die Magie der Musik vermag zweifellos Wunder zu bewirken ...

Geburtsmotette

Aber die musikalische Magie wirkt bis in unsere Tage und übt sogar formbildenden Einfluß aus. Denken wir beispielsweise an das W i e g e n l i e d. Die Mutter, die ihr Kind in den Schlaf singt, beabsichtigt nicht einen künstlerischen Eindruck hervorzurufen. Musik ist ihr Mittel zum Zweck, um auf die Psyche des Kindes einzuwirken — also ganz im Sinne unserer Definition der musikalischen Magie. Diese beruht auf der gleichförmigen Wiederholung weniger benachbarter Töne in rhythmischem Gleichmaß. Ein aus Holländisch-Guayana gebürtiger Bekannter übermittelte mir eine Weise, mit der die Eingeborenen ihre Kinder einschläfern durch unendliche Wiederholung von drei Tönen in unverständlichem Neger-Englisch. Daß die dem Geist unfaßbare Sinnlosigkeit von Worten ihre eigene „Magie" besitzt, stellte schon Wilhelm W u n d t fest.

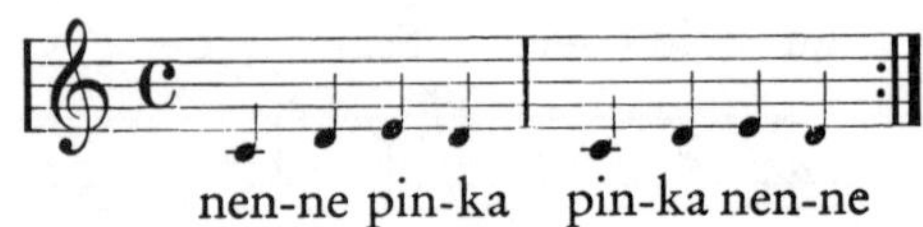

Die „magisch" einschläfernden Worte des Wiegenliedes lauten in Portugal „ro-ro", in Italien „ninna-nanna", in Frankreich „do-do", in England „lullaby", in Deutschland „eia popeia." Hierzu schreibt ein Musikheilkundiger, Dr. Wolfgang T r ä n k l e (154, S. 61) u. a.:

„Die Tatsache der Übertragung war schon immer Müttern aller Erdteile bekannt, die im monotonen Singsang durch Rhythmen und durch Lautstärke eine Beruhigungsmöglichkeit der Kinder gefunden haben. Die Wirkungsweise der Wiegenlieder bezeugt uraltes, bis heute erhaltenes Sprachgut, das in seiner Art von den Müttern weitergegeben wurde, ohne daß das logische Verständnis für den Inhalt vorhanden war. Es darf nur an das jedem bekannte ‚Eia popeia' erinnert werden, dessen sprachlich unverständlicher Text zwar umstritten, doch vor beinahe tausend Jahren aus dem griechisch-byzantinischen Lebensraum in die deutsche Volksüberlieferung eingegangen ist." Der Verfasser weist auf Umbildungen wie „Heidi popeidi" hin und zieht Parallelen zu Arbeitsliedern. Es dürfte aber wohl kaum berechtigt sein, in den Wortbildungen des Wiegenliedes „die Entladung einer Spannung oder Erregung" zu erblicken.

Das Wiegenlied wird zu einem Zauberspruch, und seine Veredlung in der Kunstmusik hat zwar die magischen Quellen überdeckt, in den charakteristischen Stilelementen des Wiegenliedes führt aber die Magie noch ein verborgenes Leben. „Singen" und „Zaubern" galt im alten Rom als gleichbedeutend, für beide wird das Wort „cantare" angewendet, und das abgeleitete „Cantamen" bedeutet ebenso Zauberspruch wie Zauberlied.

Eine weitere „musikalische Magie" liegt dem Ständchen zugrunde. Der Liebende legt auf eine künstlerisch vollendete konzertante Darstellung weniger Wert als auf die Erreichung egoistischer Ziele — nämlich einen Einfluß auf die Psyche der Frau auszuüben und sie seinen Werbungen geneigt zu machen im Sinne Seumes: „Musik ist der Schlüssel zum weiblichen Herzen." Wie heißt es doch in der letzten Strophe des Ständchens von Brahms? „Die Klänge schleichen der Schönsten sacht in den Traum hinein, sie schaut den blonden Geliebten und flüstert: vergiß' nicht mein!" — Nun, wenn das nicht „Magie" ist ...

Wenig bekannt ist die Bedeutung des Ständchens für die Entwicklung der viersätzigen Symphonie. Die Musiker ziehen marschartig vor dem Fenster auf: der erste Satz. Der Liebende bringt seine Gefühle zum Ausdruck: der langsame Satz. Er stellt sich die innige Vereinigung mit dem Mädchen vor im Tanz: das menuettartige Scherzo. Mit dem marschähnlichen Finale ziehen die Musikanten wieder ab. So wird in älteren Schriften der Beitrag des Ständchens zur Entstehung der symphonischen Form beschrieben — die „Serenade" in gleichlautendem Sinne wurde teilweise bei Mozart als „Sinfonie" bezeichnet, noch Beethovens Serenade op. 8 behält den Anfangs- und Schlußmarsch der Musikanten bei. Somit durchzieht der Geist der Liebesmagie noch die strenge symphonische Form — verborgen und vom Musikfreund der Gegenwart vergessen.

Musikalische Liebesmagie — sie lebt in Sagen, in Dichtungen, in den Gestalten nordischer Nixen, des Nöck, der Lorelei, der Sirenen, sie wurde von den Trouvères und Troubadours verwirklicht. Sie war den alten Ägyptern bekannt nach Papyri im Britischen Museum, sie wird bei Theokrit, Lucian erwähnt. Als es der Medea nicht gelingen will, das Herz des Jason zu erobern, legt ihr Ovid die Worte in den Mund:

„Selbst der Gesang, die Kräuter und die Künste haben mich verlassen" — der Gesang bei der Aufzählung an erster Stelle.

Fragen wir uns nach weiteren, „magisch" beeinflußten Musikformen! Vom Kanon und seinem Zusammenhang mit der Magie der Natur war schon die Rede. Aber wie steht es mit der „Tarantelle"? Was hat dieser neapolitanische Volkstanz, bei dem ein Paar im Sechsachteltakt immer schnellere Bewegungen in beschleunigtem Zeitmaß ausführt, mit der Tarantel-Spinne zu tun? Im 15. Jahrhundert tauchte zum ersten Mal die abergläubische Vorstellung auf, daß der Biß der Tarantel nur durch Tanzraserei geheilt werden könne, bis der Tänzer erschöpft zu Boden stürzte. Offensichtlich war es die von der körperlichen Anstrengung hervorgerufene Schweißabsonderung, die das angebliche Gift der Spinne aus den Poren trieb und die Heilung beförderte. In Wirklichkeit ist die Tarantel überhaupt nicht giftig, die von ihr verursachten schmerzhaften Entzündungen und Schwellungen pflegen nach zwölf Stunden von selbst wieder abzuklingen, Ammoniak verkürzt den Gesundungsprozeß bis auf eine Stunde. Was aber hat die leicht erregbare Phantasie des Südländers in Italien und auch Spanien aus diesem harmlosen Vorgang gemacht! Es sind haarsträubende Berichte, die von Hecker (95) und Athanasius Kircher wiedergegeben werden. Kein Alter schützte vor den Folgen des Bisses, neunzigjährige Greise warfen ihre Krücken fort und mischten sich unter die Tanzenden. Geistliche, die ihr Ohr den Klängen verschlossen, verfielen einer Erkrankung, und nur der Taranteltanz vermochte ihnen das Leben zu retten. Die Melodien, die dabei gespielt wurden, mußten auf die verschiedenen Farben der Tarantel abgestimmt sein, sonst halfen sie nicht. Wie konnte man das ermitteln? Die Musikanten begaben sich auf das Feld hinaus und beobachteten, welche Tarantelart bei bestimmten Weisen zu hüpfen begann. Und dann folgt in alten Schriften gewöhnlich die Geschichte von dem neugierigen Spanier in Tarento, der sich von zwei Taranteln verschiedener Farbe beißen ließ. Beim Spielen der einen Weise widerstrebte das

„Gift" der anderen Spinne, die nur auf die ihr zugehörige Melodie reagierte, und der Spanier büßte seine Neugierde mit dem Tode. Wäre man auf den Gedanken gekommen, die zwei in Frage kommenden, beiden Tarantelarten angemessenen Weisen gleichzeitig zu spielen, so hätte der gute Spanier sein Leben retten können.

Aber schließlich war das besagte Tierchen nur ein Vorwand, um Volksfeste feiern zu können. Sie wurden „die kleine Frauenfastnacht" genannt (il carnevaletto delle donne). Scharen von Spielleuten durchzogen im Sommer das Land, um die Heilung der „Tarentati" gleich in großem Umfang vornehmen zu können. In den Texten gesungener Tarantellen kam vielfach eine seltsame Liebe nach Wasser zum Ausdruck. Tänzer trugen verzückt Wassergläser, tauchten Körperteile in Wasserbehälter oder strebten zum Meer, um sich in die Fluten zu stürzen beim Absingen des Liedes „Allu mari mi portati, so volcti che mi sanatati" (Zum Meere tragt mich, wenn ihr mich heilen wollt). Mit der Tarantelle verbanden sich auch Leidenschaften für bestimmte Farben. Einzelne Tanzweisen hießen „panno rosa (rotes Tuch)", „panno verde" (grünes Tuch), dann auch „cinque tempi", „moresca" (der auch an Höfen beliebte Mohrentanz, die Moreske), „catena," „spallata" usw. Einige dieser ältesten Tarantellen, die nachweislich bei Tanzheilungen gespielt wurden, hat uns Athanasius Kircher überliefert. Sie sind kurz und harmlos, sie verraten nichts über die hinter den Tönen pulsierende Leidenschaft:

Primus modus Tarantellae 1654

Antidotum Tarantulae

In engem psychologischem Zusammenhang mit dem Tarantismus auf der Grundlage der Massensuggestion steht eine andere Tanzerscheinung — eine Geisteskrankheit, die das deutsche Mittelalter heimsuchte. Nach den ausführlichen Beschreibungen bei Hecker (95), nach den Angaben in der „Limburger Chronik" dürfte es nicht schwer fallen, ein plastisches Bild der ebenso rätselhaften wie erschütternden Vorgänge zu formen.

Versetzen wir uns in Gedanken in das vierzehnte Jahrhundert! Es ist die Zeit des „Schwarzen Todes" — Millionen werden von einer grauenhaften Seuche dahingerafft. — Tausende von Dörfern sind ausgestorben — die asiatische Cholera hat ihren Einzug gehalten. Die drohende Gefahr hat die Sinne verwirrt — es ist, als wenn der Böse selbst in die Menschen gefahren ist, die auf einem Tiefstand der Moral und des Aberglaubens nur noch mechanisch ihre Pflicht erfüllen — leben — dem Heute leben — morgen ist es vielleicht zu spät ...

In die Stille eines Dorfes dringt ein seltsamer Laut. Ein unerklärliches Geräusch — nein, ein bestimmter dunkler Rhythmus — wieder — immer wieder — darüber schwebt wie ein grelles Fanal der helle Schrei, das Heulen Hunderter von Menschen. Und sie stampfen den Boden im Gleichmaß des Schrittes — sie wanken und schwanken verrenkt und verschlungen in endloser Kette, dämonischem Reigen — Schaum vor dem Munde, die Leiber gebläht — wer stürzt, der bleibt liegen — wer Kraft hat, der taumelt den Sackpfeifern nach — und unsichtbar schreitet der Teufel voraus ...

Die Frau am Herd — im Stall — sie will den wilden Rhythmen trotzen, sie verschließt die Ohren — umsonst — sie wiegt den Kopf, die Schultern, den Körper — jetzt zucken die Beine — das arme, leidgequälte Gehirn vermag keine Gedanken mehr zu fassen — gierig krallt der Rhythmus sich in Herz und Gebein — jetzt öffnet sich die Haustür wie von selbst — jetzt steht die Frau auf der Straße — die Füße heben sich — gleiten hinein in den teuflischen Zug ...

Die Männer, die weither vom Felde kommen, finden ihr Heim verödet — kläglich brüllt das Vieh im Stall — Kinder schreien nach der Mutter ... Die Männer sehen sich an, senken den Kopf: „Die Johannistänzer!“ und in weiter Ferne verklingen die unheimlichen Laute ...

Schlimmer, gefährlicher fast als die Cholera war die geistige Krankheit, von der die Menschheit befallen wurde. Schon im Jahre 1237 sollen hundert Kinder von Raserei ergriffen worden sein, sie legten den Weg von Erfurt nach Arnstadt springend zurück. Viele starben, andere behielten lebenslang eine unheilbare Zitterkrankheit. Zweihundert Menschen überquerten tanzend eine Moselbrücke und stürzten mit ihr in die Fluten. Im Jahre 1374 ergriff ganz Aachen die Tanzkrankheit — bis ein völliger körperlicher Zusammenbruch mit fallsüchtigen Zukkungen der Raserei ein Ende bereitete. Die Kranken fühlten sich nach eigenen Äußerungen von Dämonen besessen. Wie eine Seuche verbreitete sich die Tanzwut, Köln, Metz wurden erfaßt — Ärzte, Priester stellten sich den Tänzern entgegen — umsonst! Es gab keine Grenzen der Moral mehr. Darüber berichtet die „Limburger Chronik“ — also eine uns erhalten gebliebene zeitgenössische Stimme des Stadtschreibers Tileman Elhen von Wolfshagen aus den Jahren 1336—1398 (gekürzt):

„Anno 1374, zu Mitten im Sommer, da erhub sich ein wunderlich Ding auff Erdreich, und sonderlich in Teutschen Landen, auff dem Rhein und auff der Mosel, also daß Leut anhuben zu tantzen und zu rasen, und stunden je zwei gegen ein, und tantzeten auff eine Stätt einen halben Tag, und in dem Tantz da fielen sie etwan dick nieder und ließen sich mit Füßen tretten auff ihren Leib. Und wurde des Dings also viel, daß man zu Köln in der Stadt mehr denn fünffhundert Täntzer fand. Und fand man, daß es ein Ketzerei war, und geschah umb Geldes willen, daß ihr ein Theil Frau und Mann in Unkeuschheit mochten kommen und die vollbringen. Die Meister von der heiligen Schrift die beschworen der Täntzer ein Theil, die meinten, daß sie besessen wären von dem bösen Geist. Also nahm es ein betrogen End und währte wol sechzehn Wochen in diesen Landen oder in der Maaß. Auch nahmen die vorgenannten Däntzer sich an, daß sie kein r o t h sehen möchten. Und war eitel Täuscherei und ist Vorbottschaft gewesen an Christum nach meinem Bedünken."

Spärliche Reste dieser Tänze, von denen sich leider keine Melodie erhalten hat, leben — wenn auch in gewandeltem Sinne — noch in der Echternacher Springprozession und dem Münchener Schefflertanz in Erinnerung an Bußtänze und Geißlerfahrten aus der Pestzeit. Und in dem Namen „V e i t s t a n z". Die Zusammenhänge zwischen der mittelalterlichen Tanzwut und dem Nothelfer Sankt Veit sind nicht ganz geklärt. Nach einer alten Baseler Chronik soll Sankt Veit von seinem Vater durch Musik und Tanz vergeblich zur Abgötterei verleitet worden sein, nach Agricolas „Deutschen Sprüchwörtern" soll der Heilige vor seinem Märtyrertode darum gebeten haben, daß man seines Todestages mit Tanz gedenken sollte, und eine interessante Theorie in einem alten Lexikon — Mendel-Reißmann — betrachtet „Sanctus Vitus" als eine Umformung von „Swantewit", dem slavischen Sonnengott, und zieht Parallelen zu den Gestirn-Tänzen der Druiden und den ausgelassenen Sonnenfest-Tänzen im alten Böhmen. Und die verbreitete Bezeichnung der „Johannistänzer" soll vom Johannis-Fest und von den Anrufen an den Heiligen Johannes herrühren, dessen Schutz sich die Tänzer empfahlen.

In der Geschichte der Kultur nimmt diese Tanzwut des Mittelalters durchaus keine Sonderstellung ein. Sie steht zwischen den bacchantischen Dionysos-Festen des alten Griechenlands und der Rock'n Roll-Raserei in Deutschland nach dem zweiten Weltkrieg, wobei die magische Macht des Rhythmus zu sinnlosen Ausschreitungen und Zertrümmerungen der Saaleinrichtungen verführte. Auch hier nur pathologisch zu bewertende Verirrungen geistesgeschwächter Halbstarker. Und — die „Tanzrekorde“ der Dauertänzer?

Es gibt wohl keine Kunst, ja überhaupt keine geistige Disziplin, die derart mit Vorstellungen ausgelastet ist wie die Musik. Und das mit vollem Recht, wenn wir den zurückgelegten Weg unserer Darlegungen noch einmal flüchtig überschauen und dabei feststellen, in welcher Weise die Musik in das menschliche Leben eingreift und mit den teilweise divergierenden Anschauungen über ihre Wirkung ein atavistisch bedingtes und berechtigtes Vorstellungsbedürfnis erzeugt. Die Psychologie äußert sich mitunter etwas abfällig über den musikhörenden Laien, der beim Erklingen von Musikschöpfungen von seinem Vorstellungsvermögen abhängig ist, während der Fachmann sich in der beneidenswerten Lage befindet, strukturgemäß zu hören unter Zergliederung des Tonstückes in seine formalen und harmonikalen Elemente. Man kann auch wesentlich anderer Ansicht sein, ob damit ein Vorteil verbunden ist. Das analytische Hören setzt eine starke Vergeistigung voraus, das mit Vorstellungen behaftete Hören entspricht nach allem, was wir bisher über diese Zusammenhänge erfahren haben, einem Naturgesetz.* „Wir dichten mehr, als wir ahnen,“ schreibt Albert Schweitzer in seiner Bach-Biographie, an die Adresse des Musikhörers gerichtet. Freilich dürfen Vorstellungen nicht ins Uferlose abschweifen, sondern müssen in etwa den Intentionen des Schöpfers entsprechen. Die Psychologie hat hierfür den Begriff der „Ideenverwachsung“ geprägt.

Wenn wir aber nun „mehr dichten“, als zulässig ist — der Musik Vorstellungen anhängen, die garnichts mit ihrem geisti-

* Die neuzeitliche amerikanische Musiktherapie arbeitet bewußt mit der Erweckung von Vorstellungen durch Darbietungen von Programm-Musik. „Man weiß, daß Assoziationen wieder Brücken zu jener Welt herstellen, die der psychotische Patient verlassen hat,“ schreibt Dr. Hans A. Illing, Los Angeles (154, S. 29). — Näheres über Musiktheraphie s. u.

gen Gehalt mehr zu tun haben und allein in der menschlichen Wunsch- und Bedürfnissphäre wurzeln? Dann entsteht aus dem musikalischen Gottglauben der Aberglaube, von dem bereits gesagt wurde, daß er dem Glauben folgt wie der Schatten dem Licht. Mit dem „Tarantismus" und dem „Veitstanz" haben wir bereits endgültig die Schwelle zum Aberglauben überschritten. Und daß niemand mehr vom Aberglauben geplagt ist als das Musikervölkchen, kann uns nicht mehr wundernehmen, wenn wir uns daran erinnern, welch eine Flut von Vorstellungen seit Jahrtausenden dem musikalischen Erlebnis folgt — Wimpel, die vom himmelwärts aufragenden Mast des Lebens in bunter Pracht bis in tiefste Niederungen hinunterflattern.

Da haben wir abergläubische Gewohnheiten einzelner Musiker.

Es wäre geradezu beleidigend, einem Künstler vor seinem Auftreten „Erfolg" zu wünschen statt „Hals- und Beinbruch". Dreimaliges „Toi-toi-toi" über die Schulter hinweg, Kratzen des Bodens mit dem Fuß und vieles andere soll das Glück beschwören. Richard Wagner glaubte fest an die Unglückszahl dreizehn. Sein Name hat dreizehn Buchstaben, sein Geburtsjahr war 1813, die Quersumme dieser Zahl ist wiederum 13, den „Tannhäuser" vollendete er an einem 13. April, der Pariser Aufführungsskandal war an einem 13. März, sein Todestag war ein 13. Februar.

Ausführliche Angaben über die Bedeutung der Zahl 13 in Wagners Leben entnehmen wir der Vereinszeitschrift des „Berner Männerchors," nachgedruckt in „Lied und Chor," Organ des Deutschen Sängerbundes, 1958, Heft 6:

Das Rigaer Theater, wo er Kapellmeister war, wurde am 13. September 1837 eröffnet. Seine Verbannung aus Deutschland dauerte 13 Jahre. Den Kompositionsentwurf des ‚Fliegenden Holländers' beendete er am 13. September 1841. Seinen ‚Tannhäuser' (begonnen am 13. Juli 1843) vollendete er am 13. April 1844. Am 13. August wurde das Festspielhaus in Bayreuth eröffnet. Er schuf 13 Tondramen. 1822 (Quersumme 13) kam er in die Dresdener Kreuzschule. 1831 (Quersumme wieder 13) wurde er an der Leipziger Universität immatrikuliert. 1840 (Quersumme 13) komponierte er die „Faust-Ouvertüre" und vollendete den „Rienzi". Am 13. Mai 1849 kommt Wagner auf seiner Flucht aus Dresden zu Liszt nach Weimar. Am 13. Oktober 1856 trifft Liszt zum Besuch Wagners in Zürich ein. Am 13. Mai 1871 beginnt Wagner mit der Herausgabe der „Gesammelten Schriften und Dichtungen". Am 13. August 1876 Beginn der Gesamtaufführung des „Nibelungenrings" in Bayreuth. 13 Monate nach der Vollendung des „Parsifal" stirbt der Meister in Venedig. 13 Jahre war er mit Cosima verheiratet. 13 Jahre nach Vollendung des „Lohengrin" sah Wagner sein Werk erstmals auf der Bühne. 13 Jahre war sein Sohn Siegfried alt, als er seinen Vater verlor. Das „Siegfried-Idyll" ist für ein kleines 13stimmiges Orchester geschrieben. Am 13. April 1913 fand in Zürich die erste außerbayreuthische Aufführung des „Parsifal" statt. 1930 (Quersumme 13) starb erst Cosima Wagner, und dann, ein paar Monate später, auch Siegfried, der — wie sein Vater — 13 Bühnenwerke geschrieben hat und dessen ältester Sohn beim Tod des Vaters 13 Jahre alt war.

In Richard Wagners reich bewegtem Leben dürfte es allerdings noch weit mehr Daten geben, die n i c h t mit einer 13 zusammenhängen.

Man erzählt sich von C a r u s o, daß er niemals zu bewegen war, an einem Freitag ein neues Theaterkostüm anzuziehen oder eine Reise anzutreten. Traf er einen Buckligen auf der Straße, so setzte er seinen Weg so lange fort, bis er einer buckligen Frau begegnete, deren Anblick die unheilvolle Wirkung des Buckligen aufhob. Auch an die „Jettatori", Menschen mit dem „bösen Blick", glaubte er mit vollster Überzeugung. Salieri komponierte stets mit Bonbons im Munde, Sacchini nur in Gegenwart seiner Geliebten und seiner Katzen. Haydn mußte den Ring am Finger tragen, den er von Franz II. erhalten hatte. Dazu bekleidete er sich mit seinem Galaanzug und vergaß neben der Perücke selbst den Hut nicht. Bellini ließ keine Neuheit aufführen, wenn ihn am Tage der Premiere zuerst ein Mann grüßte. Halevy und Meyerbeer beteten am Aufführungstage; Meyerbeer versäumte nicht, sich vor Beginn der Ouvertüre regelmäßig die Hände zu waschen.

Am häufigsten verbindet sich der Aberglaube mit Unglücksfällen, bei denen die Schuld einzig und allein der ausgeführten Musik zugeschrieben wird.

Es gibt eine stattliche Liste von musikalischen Schöpfungen, die kürzere oder längere Zeit verfemt waren, weil sie angeblich den Tod des ausübenden Musikers verursacht haben oder aus anderen Gründen als unheilbringend galten. Die beliebte Serenade von Toselli wird nur ungern auf dem Wasser gespielt, weil sie von einer Schiffskapelle gerade in dem Augenblick intoniert wurde, als ein Adriadampfer unterging. Schuberts „Unvollendete" und Tschaikowskys „Pathétique" galten in England als „Todessymphonien", weil nach dem Aufführungstag wiederholt Todesfälle unter den Orchestermusikern zu verzeichnen waren.

Über die T s c h a i k o w s k y-Symphonie schrieb eine Wiener Zeitung im Jahre 1951:

„Das letzte große Programm der Stockholmer Konzertvereinigung enthielt unter anderem auch eine Aufführung der „Symphonie Pathétique" von Peter Tschaikowsky. Am Morgen vor dem Konzert brachten einige Blätter aus Nottingham die Nachricht, daß das dortige Orchesterensemble beschlossen habe, dieses Werk des bedeutenden russischen Musikers nicht mehr zu spielen, da das Orchester jedesmal während oder nach der Aufführung ein Mitglied durch überraschenden Tod verloren habe. Bei der letzten Darbietung der sechsten Symphonie seien in der gleichen Nacht zwei Geiger einem Herzschlag erlegen.

Der Dirigent Johannes Norrby rief bei den Redaktionen der betreffenden Zeitungen an und bat sie um die Entsendung von Reportern, da er ihnen aus seiner langjährigen Erfahrung zu diesem sensationellen Thema eine Mitteilung zu machen habe, die sie vielleicht interessieren werde. Auf der folgenden Pressekonferenz bat Norrby die Journalisten, doch künftig nicht mehr derartig unsinnige Meldungen zu veröffentlichen. In seiner lebenslangen Praxis sei es ihm noch niemals begegnet, daß bei den Dutzenden von Malen, da er die Symphonie dirigiert hatte, sich ein tödlicher Unfall ereignet habe. Die „Pathétique" sei keine Mördersymphonie! Die Pressevertreter mußten sich damit zufriedengeben.

Tschaikowsky, der 53jährig zu früh durch die Cholera hinweggerafft wurde, schrieb seine sechste Symphonie 1893 als sein Requiem. Sie ist weniger „pathetisch" als vielmehr tragisch in ihrem Charakter, von den ersten dunklen Klängen bis zur schmerzlichen Resignation des Finales. Die letzten Akkorde der Symphonie umschließen die Beichte eines schweren Seelenkampfes und den Abschied eines Einsamen von seinem Leben, in verklingenden Takten von einer bereits entrückten Innigkeit und Schwermut.

Johannes Norrby hob den Taktstock. Sein Dementi stand bereits Stunden vorher in den Abendblättern. Er dirigierte die „Symphonie Pathétique" ohne Zwischenfall. Nach der Pause schloß sich Schostakowitschs sechste Symphonie an. Mitten in dem bekannten Scherzo klopfte Johannes Norrby plötzlich ab „Ich bitte einen Arzt auf das Podium!" hörte man ihn in die atemlose Stille sagen. Sechs Ärzte erhoben sich von ihren Plätzen, aber alle sahen auf den ersten Blick, daß hier jede Hilfe vergeblich war. Der Klarinettist des Orchesters, ein gebürtiger Deutscher namens Warschewski, lehnte regungslos in seinem Stuhl. Jahrzehntelang hatte er unter Norrby sein Instrument gespielt, auch zu den Klängen der „Mördersymphonie". Ein Herzschlag hatte seinem Leben ein Ende gesetzt. Das Konzert wurde abgebrochen. Publikum und Journalisten fragen sich nun, ob doch etwas an der rätselhaften Legende um das letzte Werk Tschaikowskys daran ist. Johannes Norrby aber schwieg."

Vor wenigen Jahrzehnten wurde der Schlager „Trüber Sonntag" verboten, weil seine melancholische Melodie nachweislich zahlreiche Fälle von Freitod verschuldet hatte. Das bekannteste Beispiel für unheilbringende Musik ist wohl die Oper „Hoffmanns Erzählungen". Jahrelang wagte sich kein Theater an eine Aufführung in Erinnerung an den furchtbaren Brand des Wiener Ringtheaters während der Wiedergabe dieses Werkes.

Über den Aberglauben, der sich mit Jaques Offenbach verband, berichtet ein Zeitungsausschnitt:

„Den Komponisten Offenbach hielt man in Wien und Paris für einen gefährlichen „Jettatore" (italienische Bezeichnung eines mit dem „bösen Blick" Behafteten). Man schrieb seinem bösen Blick den Tod der Emma Livry zu, die in der Oper bei dem Ballett „Der Schmetterling", wozu er die Musik geschrieben hatte, verbrannnte, und den Tod der Mademoiselle Frasey, die durch eine Gasexplosion bei der Generalprobe der „Schäfer" erschreckt wurde, deren Partitur er ebenfalls geschrieben hatte. „Die Theater, wo man seine Opern spielt, brennen eines nach dem andern ab, den Sängerinnen, die die ersten Rollen haben, ist der Hals wie zugeschnürt, und sie werden unfähig, etwas anderes oder anderswo zu singen; die Tänzerinnen verrenken sich und verlieren ihre ganze Anmut; das Publikum selbst wird idiotisch, harthörig und mag keine Note von Mozart mehr hören. Nach dem Erscheinen eines seiner Unglückswerke sieht man, wie die Melodien davon die Luft erfüllen, sich auf den Straßen verbreiten, sich der Cafés und selbst der Salons bemächtigen. Heisere, betrunkene Stimmen wiederholen sie immerfort. Der Geschmack wird verdorben, das moralische Niveau sinkt, die Frauen lächeln verdächtig, selbst die jungen Mädchen nehmen unter dem verderblichen Einfluß dieser Musik Kasernen- und Wirtshausmanieren an. Wenn das nicht eine Folge der jettatura ist, was ist es dann? Noch lange Zeit nach Offenbachs Tode wagte man seinen Namen nicht auszusprechen, ohne dabei den Zeige- und kleinen Finger auszustrecken (unheilabwendende Hörnergeste). Der französische Dichter und Kunstkritiker Theophil Gautier, der stets ein Korallenhörnchen gegen den bösen Blick am Halse trug, fürchtete sich so sehr vor der unheimlichen Macht Offenbachs, daß er sich niemals entschließen konnte, seinen Namen zu schreiben. Mußte er über eines seiner Werke berichten und ihn dabei mit Namen nennen, so ließ er auf dem Papier eine Lücke, die dann eine seiner Töchter ausfüllen mußte ...“

Interessante Beobachtungen teilte der bekannte Jazzbandleader Jack H y l t o n im „Neuen Wiener Journal“ vom 9. 12. 1932 mit:

„Der Aberglaube spielt in der Musik und unter Musikern oft eine viel größere Rolle, als man annehmen sollte. So wie einzelne Schiffe, Häuser oder gewisse Zahlen als gefahrvoll gelten, so gibt es auch eine Reihe von Kompositionen, die von den Musikern aus Furcht, daß sie ihnen Unglück bringen würden, nach Möglichkeit vermieden werden. Ich habe selbst viele Musiker gekannt, die durch keine Versprechungen oder Belohnungen zu bewegen waren, bei der Aufführung gewisser Musikstücke mitzuwirken. Da ich persönlich keinen Aberglauben kenne, so versuche ich immer wieder, den Grund zu finden, warum einzelnen Musikstücken solch ein Stigma anhaftet — und fast immer finde ich, daß ein bestimmter, wenn auch oft sehr törichter Grund vorhanden ist.

In einem berühmten Seebad wurde unlängst eine Kapelle mit vieler Mühe dazu bewogen, die „Tragische“ Symphonie von Schubert zu spielen. Die Musiker behaupteten, daß das Stück ihnen schon früher Unheil gebracht hätte und daß es wieder Unglück bringen würde. Einen Grund für diesen Aberglauben konnten sie nicht angeben. Aber tatsächlich erkrankte am Tage nach der Aufführung der erste Geiger des Orchesters an einer Fleischvergiftung, die so schwer war, daß die Ärzte an seinem Aufkommen zweifelten. Seine kräftige Konstitution hat den Geiger dann doch noch gerettet.

In Spanien hörte ich wiederholt, daß Chopins Prélude „Regentropfen“ von den Musikern als unglückbringend betrachtet wurde. Chopin komponierte dieses Prélude in einem alten Kloster in Valdemosa auf Mallorka. Zu jener Zeit war er sehr unglücklich; er war mit Georges Sand zerfallen, seine Gesundheit war miserabel und das Wetter war kalt, naß und scheußlich. Kurz darauf starb Chopin. Ich bin überzeugt, daß der Ruf des Unglücks an dem Prélude seit seiner Entstehung haftet — allerdings nur in Spanien, wo die Erinnerung an Chopins unglückliches Leben noch lebendig geblieben ist.

Daß manchen Musikstücken auch ein Aberglaube anhaftet, weil irgendein Unglücksfall geschah, während sie gespielt wurden, habe ich in Italien erfahren. So gibt es eine sizilianische Melodie, die immer schwerstes Unglück mit sich bringen soll. Sie wurde in einem Konzertsaal in Messina vorgetragen, als jenes furchtbare Erdbeben einsetzte, das die unglückliche Stadt zerstörte. Die heutige Generation in Sizilien hat diese Tatsache bestimmt schon vergessen. Aber wenn es jemand wagen würde, das Stück, von dem ich spreche, in Messina zu spielen, so würde bei dem größten Künstler der Konzertsaal im Augenblick vom Publikum verlassen werden. Niemand will diese Unglücksmelodie hören."

Wie wir feststellen konnten, bleibt die Magie der Musik nicht allein auf die Stimme beschränkt. Der Anteil der Instrumentalmusik muß naturgemäß größer sein, da sich die ausgeübte Magie auf die verschiedensten Formen und Klangcharaktere der Tonwerkzeuge verteilt, während dem Menschen selbst in der Ausübung der Vokalmusik nur e i n e Art der Tongebung zur Verfügung steht. Instrumente sind — ihrer mutmaßlichen Entstehung nach — Vermittler zwischen Mensch und Natur. Und es ist ein besonderes Gebiet der Natur, das sich in einer überwiegenden Zahl von Tonwerkzeugen ausprägt: die Tierwelt. Denken wir an den Kern vieler Mythen und Sagen: Die Flöte aus Rohr oder Knochen zur Nachahmung der Vogelstimme in China, die Herkunft der Lyra aus den im Winde tönenden Sehnen in einer ausgetrockneten Schildkrötenschale. Das Horn des Auerochsen, des Widders, ferner Schnecken, Muscheln, auch die Stoßzähne junger Elefanten und Renntiere gaben das Vorbild für das Blasinstrument. Es erscheint daher angebracht, unserer

Instrumentalkunde eine kleine Betrachtung über die musikalische Symbolik der Tierwelt vorauszuschicken.

Nach indischer Anschauung gehört den Menschen nur der vierte Teil der singenden Ursprache, drei Viertel wurden den Tieren geschenkt, wie es im „Shatapatha Brahmana" heißt, „Als nun die Priester versuchten, die leuchtende Ursprache für den Ritus wieder herzustellen, da mußten sie notwendigerweise die Tierlaute mit einbeziehen ... indem sie die animalen Laute nachahmten. Die Tiere vermitteln zwischen den Göttern und Sterblichen, weil ihre Lautäußerung der Ursprache näher steht als die artikulierte Rede des Menschen. Daher ist auch nur den Priestern und Helden, die die Sprache der Tiere verstehen, ein tieferer Einblick in die akustische Natur der Dinge vergönnt." (80, S. 15)

Die Sprache der Tiere verstehen heißt aber, an paradiesische Urzeiten der Menschheit erinnert zu werden, in denen die Märchen von einem lebendigen Gedankenaustausch zwischen Mensch und Tier noch Wirklichkeitsgehalt besaßen. Wilhelm Wundt bringt in seiner kleinen Abhandlung über das Märchen (in der „Völkerpsychologie", Bd. III) Beispiele von „kosmogonischen Märchen, in denen Tiere als Träger der großen Naturerscheinungen auftreten". Der bedeutende Philosoph hält sie für „Reste der ältesten und ursprünglichsten Fabeldichtungen". Im mythologischen Fabelmärchen vereinigen sich Tier und Mensch mit Sonne und Mond, Wind und Wolken — also auch das Tier ist nicht von der gewaltigen Harmonie des Kosmos ausgeschlossen, die alles Sein erfüllt. Es ist vielleicht nicht allzu abwegig, anzunehmen, daß die aufgerissenen Rachen regenspeiender Drachen und Fabeltiere an vielen alten Kirchen eine tiefere Bedeutung haben und nicht nur der Ableitung des Regenwassers dienen. Sie sind Verkörperungen eines permanenten, lautlosen Schreies, der sich in Stein verwandelt hat. Aber Tiergebrüll, Nachahmungen von verschiedenen Tierlauten waren nach E. Felber und R. Reitzenstein nicht nur in Indien, sondern noch in der Mithrasliturgie des 3. Jahrhunderts kultische Mittel, deren sich die Priester und Mysten bedienten. (80, S. 16) Und aufgrund der festgestellten Tonhöhen der einzelnen Tierarten gelangte Marius Schneider zu seinen erregenden Entdeckungen über die „Melodie singender Steine" an tiergeschmückten Kapitellen alter Klöster. Der Wert seiner Forschungen ist noch garnicht abzusehen — wir wären vielleicht in der Lage, den Ton innerlich mitzuhören, der vom Künstler in die steinernen Nachbildungen von Regenspeiern gebannt ist.

Tiere waren den Göttern als Symbole zugeteilt: Die Raben Wotans, die Eule der Athene, der Schwan Apollons, die Muscheln der Tritonen. Aristoteles war der Ansicht, daß die Seelen der Dichter und Sänger nach ihrem Tode in einen Schwan übergehen und die Gabe der Harmonie beibehalten, die sie in ihrer menschlichen Gestalt besaßen. In ägyptischer Hieroglyphik symbolisiert der Schwan den greisen Musikus, weil er im hohen Alter am besten singe. Cyknus, ein ausgezeichneter Sänger, wurde nach griechischer Sage aus Schmerz um seinen Freund Phaeton, den Zeus von der Sonnenbahn ins Meer stürzte, in einen Schwan verwandelt, der ständig die Fluten durchzieht, die Phaeton verschlungen hatten. Über den germanischen Helden schweben singende Schwäne als Sendboten Walhallas.

Über Eigenarten musikalischer Tiersymbolik finden wir bei J. B. Friedreich (96) weitere Angaben. Wie kam der Esel in mittelalterlichen Darstellungen zu dem Verdacht, Laute schlagen zu können? Oder der Storch zu der Ehre, als Musikant zu gelten? Oder die Biene, von der man annahm, daß sie wohl wegen ihres fixierbaren Summtones Sinn für Musik und Gesang habe? Virgil und Ovid glaubten, man könne Bienen durch rhythmischen und harmonischen Klang anlocken. Nicht minder seltsam, daß dieser Glaube noch im zehnten Jahrhundert in einem Hessischen Bienensegen aus der Lorcher Handschrift fortlebte — mit Alliteration und Assonanz, also „musikalisch": „Krr! die Immen sind haußen nun flieget Tierchen her mir frohen Friedens in Gottes Hut sollt ihr heimkommen gut ... sitze immer stille, wirke Gottes Wille."

Sodann: die Zikade! Sie war Haarschmuck im alten Athen als Sinnbild musikalischen Talentes, war auf Münzen des musikliebenden Arkadiens geprägt, sie sang zum Lobe Gottes auf der Hand des Heiligen Franz von Assisi, ja sie waren nach alten Mythen sogar in ihrer Präexistenz leibhafte Menschen, die von den neun Musen verzaubert, Speise und Trank vergaßen, und die dann nach dem Tode in Zikaden verwandelt wurden.

Diese Sage entsammt übrigens dem „Phaidros" Platons. Sokrates nennt hier die Zikaden „Propheten der Musen", deren „Lieblinge" sie als Sängerinnen waren. Eine berühmte altgriechische Erzählung berichtet von dem Kitharaspieler Eunomos in Delphi. Ihm war beim Wettstreit eine Saite gesprungen. Da erbarmte sich seiner eine Zikade, die mit ihrem Gesang die fehlenden Töne ersetzte. Walter F. Otto, der in seinem Werk über „Die Musen" (156, S. 59 ff.) den musikalisch bevorzugten Tieren einen besonderen Abschnitt widmet, erinnert noch an ein Epigramm des Meleagros, der die verwandte Heuschrecke als „Muse des Feldes" ansprach. Er nennt sie Beschwichtigerin der Sehnsucht, Trösterin des Schlafes, „mit singendem Flügel die Leier nachahmend", und bittet sie, ihm etwas Liebes zu tönen, „anschlagend mit den Füßen die beredten Flügel". Eine Art hieß „Prophetin".

Die Bienen galten als Angehörige der Musen, weil sie nach Varro mit Zimbelklang und klatschendem Getöse wieder gesammelt und zurückgeholt werden konnten, wenn sich der Schwarm zerstreut hatte. Nach Philostratos sollen die Athener auf ihrer Fahrt nach Jonien von den Musen in Gestalt von Bienen geführt worden sein. „Bekannt ist die Sage von künftigen Dichtern, denen in der Wiege Bienen auf die Lippen geflogen sind." (nach Otto, 156, S. 61)

Diese Beispiele mögen als überzeugende Proben für den inneren Zusammenhang der Tierwelt mit der Harmonie des Kosmos in den Anschauungen verschiedener Zeiten und Völker genügen. Und wenn nun der Mensch begann, Musikinstrumente in Gestalt von Tieren zu bauen, sie mit Tiersymbolen zu schmücken, so dürfte der beabsichtigte „Bildzauber" allein als Erklärung kaum ausreichen. War es nicht vielleicht die uneingestandene Sehnsucht, sich durch die Art der Tonwerkzeuge in Einklang mit dem Kosmos zu setzen, wenn man sich der Tiere als Mittler bediente?

Nicht allein die Natur, auch der Mensch und besonders das Tier lieferten das Material für die ältesten Musikinstrumente. Unter ihnen an erster Stelle die Flöte, deren Alter auf 15 000 Jahre geschätzt wird. Auf einem altsteinzeitlichen Fundplatz von Molodova, am Dnjestr-Ufer bei Cernovic, gruben russische Archäologen eine Flöte mit vier Tonlöchern aus Elchgeweih aus. 1869 stieß Elie Massenat in der Dordogne auf Flöten aus Rentierknochen, bei Poitiers fand man Flöten aus Hirschgeweih. Dr. Martin Meinhardt ergänzt diese Angaben in einem Zeitungsartikel:

„Die Flöte, besonders aber die Längsflöte steht während der Altsteinzeit in enger Verbindung mit den kultischen Vorstellungen. Zu den überzeugendsten Beispielen zählen die farbigen Felsmalereien Südfrankreichs. Vor allem in der Höhle „Trois Frères" hat uns der altsteinzeitliche Künstler eine solche Szene überliefert. Ein tanzender, mit Tierfell und Hirschmaske bekleideter Mann hält mit beiden Händen einen Gegenstand vor den Mund, der nur eine Längsflöte sein kann. Ohne Zweifel handelt es sich bei dem vermummten Flötenbläser um einen Zauberer, der mit seinem Spiel eine kleine Gruppe von Tieren, die dicht vor ihm herspringen, auf magische Weise zu beeinflussen sucht. Auch aus späteren Epochen lassen sich genügend Belege für den kultischen Charakter der Flötenmusik zitieren. So ist auf einer ägyptischen Schminkplatte des 4. Jahrtausends v. Chr. ein flöteblasender Mann in Fuchsvermummung dargestellt, der die Jagdtiere verzaubert."

Die älteste Kultur der Maya in Yukatan weist u. a. folgende Musikinstrumente schon seit dem Jahr 2000 v. Chr. auf: Trompeten aus Tritonshornschnecken, Flöten aus Oberschenkelknochen von Menschen und Hirschen, „Raspadores" als Lärmerzeuger aus gekerbten Knochen von Hirschen, Tapiren und Menschen, aus den Rippen des Wals. Man strich mit einem Stock über die Einkerbungen, um den Rhythmus des Tanzes zu markieren. Dazu Trommeln aus Schildkrötenschalen, Kürbisrasseln. Die Tänze „strahlten ein mystisches Fluidum aus, sodaß sich alle Teilnehmer in Kontakt mit dem Übernatürlichen wähnten", stellt Victor von Hagen (168, S. 127) fest.

Daß diese Herstellungsarten in den verschiedensten Teilen der Welt ohne jeglichen magischen Hintergrund auftauchen, ist kaum anzunehmen. Erwähnen wir noch den 33. Gesang der „Kalevala", des finnischen Volksepos, etwa gleichbedeutend mit unserer Edda. Da heißt es von dem finsteren Kullervo: „Macht ein Blasrohr aus dem Kuhbein, aus dem Ochsenhorn die Pfeife, aus Tuomikkis Bein ein Kuhhorn, eine Flöt' aus Kirjos Schienenbein; spielt sodann auf seinem Rohre, tutet auf seinem Horne!"

Die anamitische Laute hat die Form einer Fledermaus, des indischen Glückssymbols, die indische Röhrenzither ähnelt dem unheilbringenden Krokodil, die südindische Vina ist mit einem Tigerkopf gekrönt, das Flachrelief einer Fledermaus zeigt sich auf chinesischen Mondgitarren, Kröte und Elephant auf Kesselgongs Südasiens, chinesische Holzglocken sind Krebsen nachgebildet, der Pfau auf indischen Lauten, der Gazellenkopf auf altägyptischen Klappern, der Stier auf der altbabylonischen Leier, der Löwenkopf noch heute auf manchen Geigeninstrumenten. Der hervorragende Instrumentenkenner Curt Sachs, der hierzu noch viele weitere Beispiele bringt, schreibt: „Dem Bösen wehren, heißt das Gute befreien und in Kraft setzen, daher der alte Glaube, daß der Ton die Götterhilfe herbeirufe. Er knüpft sich schon im Fünfstromland an die Schneckentrompete und spiegelt sich noch in der Zauberflöte mit Papagenos Glockenspiel und in Oberons und Lohengrins Hörnern. Nichts anderes ist es, wenn auf einer Holztafel im Berliner Ägyptischen Museum ein Gläubiger dem Osiris mit der Trompete in die Ohren bläst, und wenn im Vierten Buch Mosis vorgeschrieben wird: ‚wenn ihr in den Streit ziehet . . . so sollet ihr trommeten mit den Trommeten, daß eurer gedacht werde vor dem Herrn, eurem Gott, und ihr erlöset werdet von euren Feinden‘.“ (97, S. 23 ff.)

Nach Curt Sachs stehen Drachen und Schlangen zwischen gut und böse: es gibt schlangenförmige Trompeten in Indien, ebensolche Klirrstangen in Ägypten und Drachenkopfstürzen bei altkeltischen Kriegshörnern, die noch in manchen Autohupen nachgebildet wurden. Mit Schlangen sind auch uralte mexikanische Pfeifen geschmückt. Hier waren sie Symbol des Regengottes und dienten offenbar als Bildzauber bei Regenbeschwörungen. Andere Flöten zeigen einen Baribal-Bär. Kollmann (98) sieht hierin eine mythologische Figur. Dann den Kopf der Gottheit Xipe, die böse Krankheiten verschuldete — wieder ein Fall von Bildzauber. Zahlreiche präkolumbische Instrumente in Tierform besitzt das Museum der Yale-University. Mit Eidechsen sind afrikanische Elfenbein-Kriegshörner, Trommeln am Kongo, Saiteninstrumente der Wayao geschmückt. Karl Weule vermutet (99), daß hier ein Ahnenkult vorliegt. — Ist diese enge Verbindung zwischen Musik und Tierwelt nicht ein beachtenswertes seelisches Phänomen?

Einzelne Musikinstrumente haben ihre besondere kultische Bedeutung wie der Aulos mit seinen aufreizenden Klängen in den Dionysos-Mysterien, im Zug der Bacchanten. Oder das Horn, dessen symbolische Bedeutung von Hermann Wirth treffend erfaßt wurde: „Das Horn als Sinnbild der Mutternacht, der Mutter Erde, ist eines der ältesten uns bekannten Kultursymbole. Und schon in dieser uralten Zeit mag es seine doppelte Verwendung als Gefäß und Klangerzeuger gehabt haben. Wie es auch in der Julsymbolik des Nordens und im Stabkalender noch erscheint: Das Leeren des Julhorns ist eine sakrale Handlung, als Sinnbild des Krafttrunkes für das neue Licht und das neue Leben, wie für die Toten. Das den Schlaf der Nacht bringende Horn ist ein mikrokosmisches Gleichnis des Jahreslaufssinnbildnisses: in diesem Sinne erscheinen Hypnos und Somnus in der griechischen und römischen Verbildlichung mit einem Horn in der Hand." (100, Bd. I, S. 441)

Hypnos (lateinisch Somnus) war in der griechischen Mythologie zusammen mit Thanatos (Tod) ein Bewohner des Hades, seine Söhne waren die Träume, unter ihnen Morpheus = der Gestalter.

Zum Stierhorn, das in seiner ursprünglichen Gestalt während der irischen Bronzezeit eine eigenartige Ausprägung erhalten hat, gesellt sich ein Vorläufer der Trompete: die gallisch-keltische „Carynx", auch „galatische Salpinx" genannt. Sie ist vollkommen einer Tiergestalt nachgeformt, wenn man das lange Blasrohr mit dem Hals identifizieren will. Der Schalltrichter ist ein Tierrachen, weit aufgerissen und sogar mit einer federnden Zunge versehen, die beim Blasen ein schnarrendes Geräusch gab. Friedrich Behn weist darauf hin, daß die älteste Darstellung auf dem Waffenfries von Pergamon abgebildet ist. Ferner findet sie sich auf der Trajanssäule, ebenso auf einem zentralindischen Relief aus dem ersten nachchristlichen Jahrhundert. „Als Nationalinstrument begegnet die Carynx sehr häufig auf den keltischen Münzen. Die phantastische Form des Schallbechers mußte zur Nachbildung reizen, sooft die Kunst den Formen der Antike nachging und sie wiederholte. Zuerst erscheinen solche tierköpfigen Stürzen in den Miniaturen des 11. und 12. Jahrhunderts am Zink und Dudelsack, dann wieder in Bildern der Renaissance (Dürer). Um die Wende des 18. zum 19. Jahrhundert haben besonders die französischen Instrumentenbauer die Trompeten ihrer gallischen Ahnen kopiert und gaben mehreren Instrumenten wie der Ophikleide, dem Fagott, der Posaune und dem ‚russischen Horn' ein Schallstück in Gestalt eines offenen Tierrachens, und auch die federnde Zunge fehlt dabei zuweilen nicht. Merkwürdigerweise finden sich tierköpfige Stürzen auch an Blasinstrumenten der Azteken." (101, S. 146) Wenn unabhängig von einander gleiche Gepflogenheiten bei verschiedenen Völkern festzustellen sind, so liegen die Ursachen in den Tiefen ein und desselben menschlichen Seelenle-

Typus einer gallischen
Carynx in Drachengestalt
Originalzeichnung
von Silvia Stege

bens, das die gleichen Urbilder besitzt und bewahrt. Ob es sich um echten Bildzauber handelt, um mythologische oder kultische Elemente, ist nicht mehr in Erfahrung zu bringen. Es ist aber bezeichnend, wie sich hier die Tierformen der Instrumente Jahrtausende hindurch erhalten und ihrer ursprünglichen Bedeutung entkleidet schließlich nur noch ornamentalen Sinn haben. Ausgesprochener Bildzauber liegt vor, wenn bei alttibetanischen Trompeten und anderen Instrumenten Knochen von Priestern und Heerführern Verwendung fanden. Man glaubte, daß ihre Kräfte in den Klang übergehen und sich allen denen mitteilen, die ihn vernehmen (87, S. 258).

Eines unter allen Instrumenten scheint dazu erkoren, in besonderem Maße Sinnbild der Seele zu sein: die H a r f e. Immer wieder taucht sie in der Dichtung auf, sie wird in der Romantik verherrlicht, etwa von Hölderlin, dem sich die Harfentöne darbieten: „Voll wie aus Meeren schwingt unendlich sich in die Lüfte die Wolke des Wohllauts." Oder bei Novalis, der geradezu verlangt: „Der Mensch ist die Harfe, soll die Harfe sein." Er begründet seine Forderung durch zwei Eigenschaften: Unermeßliche Mannigfaltigkeit der Windharfentöne und Einfachheit der bewegenden Potenz (Man denke an Max Klingers herrliche „Brahms-Phantasien" — der Frauenleib aus der Harfe in der „Evokation"!)

Die Harfe ist eines der ältesten und bevorzugtesten Instrumente der Menschheit. Sie erscheint in allen uns bekannten urzeitlichen Kulturen, ob es sich um Assyrer, Babylonier, um Altägypten oder Griechenland handelt. Sie erfaßt die gesamte Wesenheit des Menschen von seiner Gottgläubigkeit bis zum Frondienst der Sinne. Sie war ebenso der Doppelgöttin Hathor-Isis geweiht, wie sie im phönizischen Molochdienst die Hetären zu zügelloser Lust anstachelte. Aber bereits im Alten Testament wird ihr eine magische Wirkung zugeschrieben, wenn das Harfenspiel Davids die Kraft besaß, die Dämonen zu vertreiben, die König Saul behelligten.

Urform der Harfe ist der Schießbogen, dessen Sehne beim

Entsenden des Pfeils einen schwirrenden Ton erzeugt. An den Bogen erinnert noch die Form der Harfe in Altägypten. Eine reizvolle japanische Sage verbindet diese Herkunft der Harfe mit dem Glauben an den göttlichen Ursprung der Musik.

Eines Tages versteckte sich die Göttin der Sonne, Amaterasu, in einer Höhle — launenhaft wie alle Göttinnen. Sofort wird die Welt in Finsternis getaucht. Die Götter versuchen vergeblich, Amaterasu wieder zum Einzug in ihr Königreich zu bewegen. Da kommt ein Gott auf einen besonders klugen Einfall. Er nimmt sechs große Bögen, bindet sie zusammen und entlockt dieser improvisierten Harfe weiche und zärtliche Klänge. Da erscheint die blonde Ameno-Uzume, die reizende Nymphe im Blumengewand mit Weinlaub geschmückt. Von dem Saitenspiel hingerissen schlägt sie den Takt mit einem Bambus, dem Rhythmus folgend tanzt sie, schließlich fängt sie an zu singen. Neugierig schaut die Sonnengöttin aus ihrer Höhle hervor, und der Welt ist das Licht zurückgegeben. Die Götter aber beschlossen, fortan Gesang und Tanz zu pflegen, um nicht wieder von den Launen der Sonnengöttin abhängig zu sein (nach Combarieu).

Die eigentliche „Magie“ der Harfe erweist sich aber erst dann, wenn sie von selbst tönt — wenn es scheinbar Geisterhände sind, die ihre Saiten in Schwingungen versetzen . . .

Es war im zehnten Jahrhundert, als Erzbischof Dunstan von Canterbury dieses „Wunder“ bewirkte. Da drangen von einer Klostermauer seltsame Klänge, wie man sie noch nie gehört hatte, weithin ins Land . . . Die Menschen, die vorüberkamen, bekreuzigten sich — das kann doch nicht mit rechten Dingen zugehen . . . Und es ging ein Gerede von Mund zu Mund: „Der Erzbischof hat sich dem Teufel verschrieben, er treibt Zauberei!“ — „Der fromme Mann? Unmöglich! Hat er nicht noch kürzlich den Zorn unseres Fürsten durch das Spiel auf dem Psalterium besänftigt?“ — „Weil er mit dem Bösen im Bunde steht! Und darum muß er vors Gericht! Um hochnotpeinlich befragt zu werden!“

Tatsächlich — der Erzbischof wurde der Zauberei angeklagt.

Und man kann sich die verblüfften Gesichter des Gerichtshofes vorstellen, als der Priester nachwies, daß eine Harfe von selbst tönt, wenn man sie in einem Kasten so aufhängt, daß der Wind durch eine schmale Öffnung über die Saiten streichen kann. Das war die Geburt der Äolsharfe, deren mysteriöser Klang unsere romantischen Vorfahren begeisterte. Aber noch lange Zeit glaubte man, daß die Geister der Natur auf der Äolsharfe ihre geheimnisvollen Weisen spielen. Eine Parallele hierzu findet sich in der Erzählung vom „Singenden Baum" aus „Tausend und einer Nacht" (12, 102).

Als eigentlicher Erfinder der Äolsharfe gilt der Dichter Alexander Pope (1688-1744), der von Eusthasius angeregt vergebliche Versuche mit einer Laute unternahm. Das Experiment gelang erst, als er das Instrument mit den Saiten nach oben in die schmale Öffnung eines heruntergezogenen Schiebefensters legte (genau so wie zum Schluß meiner Erzählung „Harmonie der Sphären" s. o.) Im Jahre 1560 schrieb Baptista Porta in seiner „Magia naturalis" von Instrumenten, die der Wind zum Tönen bringt. Die ersten Anweisungen für die Herstellung gab Athanasius Kircher in seiner „Musurgia" (57). Auf Reisen führte er sogar eine Äolsharfe mit. Bei der Übernachtung hängte er sie im Schlafgemach eines Klosters auf. Als sie im Zugwind der offenen Tür zu klingen begann, wunderte sich der patrouillierende Ordensbruder über das seltsame nächtliche „Orgelspiel". Kircher erklärte ihm lachend, er könne den ganzen Raum durchsuchen, ohne eine Orgel zu finden. Die Harfe war inzwischen verstummt, da die Türe geschlossen war. Als der Ordensbruder hinausgehen wollte, begann das Spiel von neuem. Erregt warf er seinem Gast Täuschung vor, bis ihm dieser des Rätsels Lösung verriet (nach Schotts „Mechanica hydraulicopneumatica").

Die gewerbsmäßige Herstellung dieses Instrumentes in der Zeit der Romantik führte zu einer gewaltigen Verbreitung. Von hohen Bäumen, aus stillen Ruinen grüßten den Wanderer die geisterhaften Klänge. Der seltsame klangliche Eindruck ist bei den späteren kunstvoll gebauten, mehrchörigen Äolsharfen mit Windlade darauf zurückzuführen, daß je nach der Stärke des Windes eine verschiedene Zahl von Obertönen mitschwang und dabei eigentümliche Klangmodulationen erzeugt wurden. Eine begeisterte poetische Stimme (Mendel-Reißmann-Lexikon 1880) schildert das Wesen dieser Tongestalten: „Ein akkordisches Wogen, bei dem unsere dadurch geweckten Seelenempfindungen mehr einer Märchenwelt als der Wirklichkeit angehören, das sich vom Nichts fast bis ins Unendliche auszudehnen scheint, in stetem Wechsel bald als eine, bald als zwei oder mehr Tonmassen sich kundgebend und hierin in dem einen Moment einem anschwellenden, nach und nach dahinsterbenden Gesange entfernter Chöre, in dem anderen, unter neckischen, flüchtigen, mehrere Oktaven durcheilenden Tonläufen einer ätherischen Elfenmusik ähnlich ist, badet die Seele des Lauschers in einem Tonmeer, das fast alles Irdischen bar ist; was anders, als daß sich auch alle musikalisch-poetisch begabten Naturen, gleichviel ob Laien oder Kenner, mit derselben Innigkeit an diesem sanft, unmittelbar und ohne Reflexion Genüsse bereitenden Naturquell laben." — Schade, daß die Äolsharfe heute so gut wie ausgestorben ist. Von ihrer Wirkung kann man sich einen schwachen Eindruck verschaffen, wenn man eine Gitarre oben an den Wirbeln ergreift und kräftig hin- und herschwingt bei gleichzeitigem Anreißen aller Saiten. Und man vermeint, einen Glokkenchor zu hören ... Unsterblich hat Brahms allein dieses Instrument gemacht in seinem Lied „An eine Äolsharfe". Anfang und Schluß der Dichtung von Eduard Mörike lauten: „Angelehnt an die Epheuwand dieser alten Terrasse, du, einer luftgeborenen Muse geheimnisvolles Saitenspiel, fang an, fange wieder an deine melodische Klage! Aber auf einmal, wie der Wind heftiger herstößt, ein holder Schrei der Harfe wiederholt, mir zu süßem Erschrecken, meiner Seele plötzliche Regung; und hier — die volle Rose streut, geschüttelt, all' ihre Blätter vor meine Füße!"

In der heutigen lärmbegeisterten Zeit hat dieses zarte Instrument seine Existenzberechtigung ebenso verloren wie andere klangverwandte Tonwerkzeuge der Empfindsamkeit (Glasharmonika). Umso mehr ist man für die Unzahl der Schlaginstrumente eingenommen, die in ihrer klanglichen Aufdringlichkeit besonders in der Jazzmusik einen peinlichen Kontrast zu „ätherischen" Klangerzeugern nach Art der Äolsharfe bilden. Unter allen Tonerregern ist es aber gerade die Gruppe der Schlaginstrumente, denen am meisten eine okkulte, „magische" Bedeutung beigemessen wird.

Glocken und Schellen, Klingeln und Klappern, Trommeln und Rasseln aller Art hatten ursprünglich die gemeinsame magische Aufgabe, dem Bösen zu wehren und das Unheil fernzuhalten. Unter ihnen ist am wichtigsten die Glocke.

Ihr Herkunftsland ist wahrscheinlich China, wo sie schon 2000 Jahre v. Chr. nachweisbar ist. Noch heute gilt sie hier als Talisman und wird von Kindern vielfach aufgestickt an Kleidern getragen. Älteste Glocken fanden sich als Grabbeigaben in Assyrien, in Ägypten und bei den Etruskern. Eine assyrische Glocke zeigt als Reliefverzierung einen Dämonenzug. Mythologische Bilder besaßen auch altägyptische Glocken der 22. Dynastie mit einer offenbar „magischen, unheilabwehrenden Bedeutung". (101, S. 52) Große bronzene Glocken waren Schutzmittel für die etruskischen Toten. „Am Grabe des etruskischen Nationalhelden Porsenna waren, wie wir aus der Literatur wissen, Glocken aufgehängt, um vom Winde bewegt zu klingen und die bösen Geister zu bannen." (101, S. 135) Also wieder wie bei der Äolsharfe der Glaube an das Übernatürliche, sobald der Ton nicht von Menschenhand erzeugt wird.

Hängt der Glaube an wundertätige Eigenschaften der Glocke vielleicht mit dem Alten Testament zusammen, wo im 2. Buch Moses, Kap. 28, Vers 31 das priesterliche Gewand Aarons beschrieben wird mit seinem Wechsel von „güldenen Schellen" und Granatäpfeln? „Und Aaron soll ihn (den Rock) anhaben, wenn er dienet, daß man seinen Klang höre, wenn er aus- und eingehet in das Heilige vor dem Herrn, auf daß er nicht sterbe." Also schützt der Glockenklang das Leben? Seligmann (92, Bd. II, S. 274) führt eine große Zahl russischer Provinzen an, in denen Glocken als Amulette dienen. Manche altitalienischen Glocken trugen Inschriften wie „Ich wende den bösen Blick ab" oder „ich vertreibe den Neid." In Asturien hängt man neugeborenen Tieren Glöckchen um den Hals. Wenn man sie mit dem berüchtigten „bösen Blick" anschaut, sollen sie zerbrechen. Aber auch das friedliche Herdengeläut auf der Weide hatte ursprünglich eine magische Bedeutung. In heidnischen Urzeiten gab man dem Opferrind auf dem Weg zum Altar eine Glocke mit, um es vor der Macht des Bösen zu beschützen. „Der südindische Brauch, bei den Teufelsaustreibungen des Buddhadienstes den Vermummten, die mit Schwertern zwischen den besessenen Weibern herumspringen, Schellen auf den Rükken zu hängen, ist vielleicht der deutlichste Ausdruck für den ausräuchernden Charakter des Glockenklanges." (103, S. 40 ff.)

In Deutschland herrscht folgender Glaube: Wenn die Dämonen das Hexenvolk zum Hexensabbat tragen, so lassen sie ihre Last fallen, sobald Glocken ertönen. Glockengeläut in der Nacht der Heiligen Agathe soll vor Zauberei schützen. Das Gleiche bewirken in Deutschland, Böhmen und der Schweiz Teile von Klöppeln und Riemen, die als Amulett getragen werden. Ein seltsamer Brauch lebt in Norwegen: Bevor man der Leitkuh die Glocke umhängt, füllt man sie mit Salz und gibt es dem Tier zu fressen. Salz soll den Einfluß der Hexen aufheben (92, II. Band, S. 34, 276). Glockenteilen wird die Kraft zugeschrieben, Krankheiten zu vertreiben. Eine der bekanntesten Sagen erzählt von dem geheimnisvollen nächtlichen Flug aller Kirchenglocken nach Rom vor dem Osterfest. Im übrigen diente auch das Glöckchen des Ministranten im Hochamt der katholischen Kirche nicht nur dem Zweck, die Gläubigen zur Andacht aufzurufen, sondern um den Teufel von der Heiligen Handlung fernzuhalten.

Die Spartaner leiten ihre Könige mit Glockenklang zu Grabe. — Nach Apollodor wurde für Sterbende Erz zusammengeschlagen. Durch Zusammenklingen von Becken und Kesseln kam man im alten Rom dem abnehmenden Mond zu Hilfe. Auch die Schellen an der Kappe von den alten Hofnarrgepflogenheiten bis zum heutigen Karneval hatten die Bedeutung eines Amuletts gegen dämonische Einwirkungen. Die Buddhisten rufen durch Glockengeklinge ihre Götter in die Bilder nieder. Ovid kannte den geheimnisvollen Einfluß der Schellen auf die Manen, im Hain der Demeter zu Dodona dienten sie (nach Theophrast) zur Sühne und Reinigung. Im Dienst der Hekate, sowie in den Tempeln der syrischen Göttinnen fanden sich ebenfalls Schellen am Kleid der Priester (vergl. 159, S. 267 ff.).

Es fehlte nur noch ein Schritt — und die Glocke wurde als selbständiges Wesen vermenschlicht, das seinen Platz nach Belieben wechseln kann, das aus den Tiefen des Wassers zu uns tönt, Warnungen erteilt und Unglücksfälle anzeigt. Seit dem achten Jahrhundert erhielten die Glocken eine Weihe, die den Taufgebräuchen entsprach. Sie wurden gewaschen, gesalbt und mit Räucherwerk behandelt, um 1100 kam die Namengebung auf, die zur Ernennung von Glockenpaten veranlaßte. Es kam zur Ausstellung von „Gevatterbriefen“, christliche Namen wie „Hosianna“ wurden vom Volksmund abgewandelt in „Susanna“. Noch um das Jahr 1000 erließ Papst Johann XIV. eine Bulle über die Glockentaufe, um „die Luft von Teufeln zu reinigen“. Bis Luther in seiner „Kirchenpostille“ ein energisches Wort fand und mit dem „Affenspiel“ der Glockentaufe aufräumte. Aber noch im Mittelalter wurde ein Schwur auf die Glocke vielfach ernster genommen als ein Evangelienschwur. In der Dichtung der Neuzeit wird sie „beseelt“ in Goethes „Wandelnder Glocke“, in Hauptmanns „Versunkener Glocke“, in Spittelers „Glockenliedern“. Die Redensart „etwas an die große Glocke hängen“ ist vermutlich auf die mittelalterliche Gepflogenheit zurückzuführen, Bittschriften am Zugseil der größten Glocke zu befestigen.

Glaube und Aberglaube vermischen sich wiederum bei den magischen Zauberpraktiken, die der Glocke und ihrem Guß galten. Der Vorstellungsreigen, wie wir ihn schon oft verfolgt haben, schließt sich wieder einmal durch Einbeziehung des gesamten Kosmos in die Glockenkunde auf astrologischer Grundlage. Aus alten Faustbüchern teilt Kiesewetter (104) den sogenannten „Höllenzwang" beim Glockenguß mit. Er verwendet das „Electrum magicum", eine astrologische Metallmischung, die aus dem Orient stammt und bereits in der Kabbala erwähnt wird. Man schmolz jeden metallischen Bestandteil einzeln unter gewissen Zeremonien, wenn der dem Metall zugehörige Planet in sein Haus trat. War dies geschehen, so wartete man die Konjunktion zweier Planeten ab, um die beiden betreffenden Metalle miteinander zu verbinden, fügte ein drittes Metall hinzu, sobald ein dritter Planet in Konjunktion zu den beiden ersten stand, bis alle Metalle miteinander vereinigt waren. (Danach scheint ein Menschenalter für den Glockenguß kaum ausgereicht zu haben!). Die entstandene „magische" Glocke bedurfte einer bestimmten Einweihungszeremonie. Der Glockenmagier mußte nach voraufgegangener Keuschheitsprobe an einem Sonnabend vormittags unter freiem Himmel mit seinem Blut bestimmte Zeichen in die Glocke schreiben. Dann sollte er nach den vier Himmelsgegenden läuten und vorgeschriebene Beschwörungen sprechen.

Aus einem erst neuerdings von Franz Spunda aufgefundenen Manuskript aus dem Kreise des Paracelsus teilt Kurt Aram (85, S. 559 ff.) eine Anleitung zur Glockenmagie mit. Auf den Schwengel der fertigen Glocke ist der Name Adonay zu schreiben, auf den Glockenrand ein Tetragramm, auf den Glockenzug der Name Jesus. „In diesen dreien stehen alle Heimlichkeiten verborgen, so im Himmel und ganzen Geschöpfen Gottes sein mag." Nach neun Tagen der Enthaltsamkeit soll man in gereinigtem Zimmer vor drei Wachskerzen mit einer neuen Pfauenfeder die Namen der Geister oder Planeten aufschreiben, die man befragen will, und folgendes Gebet sprechen: „O Gott Adonay Tetragrammaton, ich, dein Geschöpf, bitte ich dich durch Jesum allda mein Begehren in Glück durch die Gnad mit diesen Geistern zu erfahren, ohne Übel mit Gewalt deiner Macht, Herr Zebaoth, Herr aller Herren, amen." Dann zitiert man unter dem Läuten der Glocke die gewünschten Geister, „sie lehren dich alles Gutes und Böses, soviel sie in Vermögen haben".

Wenn man auch diese Art von Glockenzauber belächeln mag — wie kommt es dann, daß tatsächlich auf magischem Wege gegossene Wunderglocken existieren, die Unglücksfälle ankündigen, wie man hin und wieder in Zeitungsberichten lesen kann? Paracelsus erwähnt in „De compositione metallorum", daß er in Spanien einen Magier kennen gelernt habe, der eine zwei Pfund schwere, aus Electrum magicum hergestellte und mit bestimmten Zeichen versehene Glocke besaß. Beim Läuten stellten sich Geister in allen möglichen Gestalten ein. Paracelsus behauptet, er habe dies oft mit eigenen Augen gesehen. Über „Warnungsglocken" gibt es Zeugen und Dokumente, die nicht unbedingt anzuzweifeln sind. Eine solche Glocke besaß das Dominikanerkloster zu Salerno. Auch Kaiser Rudolph II. hatte eine magische Glocke, die auf der ehem. Kaiserlichen Bibliothek zu Wien aufbewahrt wurde. Nach Pressenotizen gab es in London eine alte Glocke, die Todesfälle in der königlichen Familie ankündigte (104, S. 283 ff.). Darf man hierbei stets von einem „Zufall" sprechen? Man könnte vielleicht sagen: Glocken, die seit Jahrtausenden mit überirdischen Vorstellungen behaftet sind, bieten damit dem Übernatürlichen eine Brücke zum Eindringen in die diesseitige Sphäre.

Werfen wir noch einen Blick auf die übrigen Schlaginstrumente.

Urform der Trommel ist der ausgehöhlte Baumstamm — wieder eine Beziehung zwischen Musik und Natur. Sie ist afrikanisches Nationalheiligtum, die Muansatrommel ist das Kultinstrument der Wanyiki, eines Geheimbundes. Nichteingeweihte dürfen sie nicht sehen, vor allem nicht Frauen und Kinder (105, S. 26, 38). Im südindischen Buddhadienst ist die Trommel ein Mittel zur Vertreibung teuflischer Mächte. Hierhin gehören auch die Trommelweihen der Indianer Guatemalas, wobei die Instrumente mit Menschenblut bestrichen wurden. Die Entfernung der Garo-Trommeln in Asam aus dem Hause soll Unglück bringen. Bei wichtigen Opfern wird die Trommel mit Pisangblättern belegt, mit dem Blut eines geschlachteten Vogels getränkt und mit Federn verziert. Unter den Eingeborenen in Celebes herrscht der Brauch, Trommeln am Dachgebälk zu befestigen und nur dann herunter zu holen, wenn die Geister in großer Not angerufen werden. Sie sollen den Dorfzauberer erleuchten, daß er Krankheiten bannt. Hat sich der Zauber als wirksam erwiesen, so wird der Trommelschlegel dem Gott als Opfer dargebracht (106, S. 408, 533). Holzpauken und Rasseln spielten eine wichtige Rolle bei mexikanischen Priestern (98, S. 569). „Die Schamanen betäubten sich durch Schlagen der Zaubertrommel, stützen dann die Stirn auf ihren gegen die Erde gestemmten Bogen und drehen sich wie rasend im Kreis, bis sie niederstürzen. Ähnlich ist auch das schottische Deasil-Gehen." (104, S. 393) Im malayischen Archipel wird die Bechertrommel als Priesterinstrument benutzt (103, S. 67).

„Die Trommel hat nach dem Glauben der arktisch-asiatischen Völker eine Stimme: es ist die Stimme Gottes im Himmel, Tanara, des „Einen da oben", der auch in der Mythe der „Donnerer" genannt wird, wie der germanische Sohn Allvaters, Thor-Thonar. Die Trommel, das Abbild der Weltordnung, in deren kosmischer Symbolik Gott verkörpert ist, stellt in Händen der Schamanen als der „Schriftkundigen" auch die Verbindung zur Unterwelt dar. Bei den Korjaken heißt die Trommel daher Ya'yai, der „See," das Wasser, in das der Schamane eingeht, um zur Unterwelt zugelangen, wie der Eskimo-Schamane in die Meerestiefe der Unterwelt zur Sedna hinabsteigt. Jakuten und Mongolen betrachten die Trommel als Schamanen-Roß, womit er zu den Geistern im Himmel hinauf oder zu denen der Unterwelt hinabsteigt." (30, S. 78)

Diese Auswahl an Beispielen für die Vorstellungskraft, die sich mit der Trommel verbindet, möge genügen. Sie ließe sich zwanglos erweitern durch Hinweise auf das megalithische Weltbild (80, S. 55), durch die Beziehungen zwischen Trommelkult und Tonsprache bei nordamerikanischen Stämmen (106, S. 45) und vieles andere. (Es muß auf die Literaturangaben verwiesen werden). Zur Abwehr des Bösen erhielten auch sonstige Lärminstrumente eine kultische Bedeutung. Das S i s t r u m, ein Schüttelgerät mit Stäben, war der Göttin Isis heilig, die K y m b a l a (Zymbeln), kleine Hohlbecken, waren der phrygischen Kybele geweiht im Zusammenklang mit Flöten und Pauken. Kybele, eigentlich Rhea, die Mutter des Zeus, verkörperte noch in der römischen Kaiserzeit die „Große Mutter Erde,“ ihre Priester waren die Korybanten, Daktylen und Kureten, ihre Feste nahmen orgiastischen Verlauf in fanatischem Taumel bis zur Selbstverstümmelung. Aus der Verbindung von Handpauken und Kymbala entstand unser Tambourin. Als heiliges Tempelinstrument gilt der Gong in China, selbst die T a n z r a s s e l und Fußknöchelspangen aus Metallschellen genießen in Vorderindien religiöse Verehrung, kein Tänzer bindet sie um, ohne vorher ein kurzes Gebet zu sprechen, sie ist das heilige Symbol des Tänzerstandes (103, S. 44).

Schließen wir die Reihe der Beispiele aus dem Kreis der magischen Musik hiermit ab. Und wenn wir ihre Zahl noch um das Doppelte oder Dreifache vermehren wollten — sie bestätigen uns nur immer wieder die erstaunliche Hintergründigkeit der musikalischen Welt, die nicht nur unfaßbare Tiefen des Seelenlebens bloßlegt, sondern auch in der Fülle ihrer Erscheinungen Aufschlüsse über die graduelle Verschiedenartigkeit seelischer Strömungen gibt. Das menschliche Leben selbst in seiner Vielgestalt bedarf des künstlerischen Widerscheins im Spiegel der Musik. Sie ist wie keine andere Kunst dazu ausersehen, den Lebensweg des Menschen zu begleiten von der Geburt, dem Wiegenlied und Ständchen bis zu seinem Verscheiden, dem musikerfüllten Eingehen in die Sphäre einer höheren geistig-kosmischen Ordnung (darüber wird im folgenden Abschnitt noch

Wesentliches zu sagen sein). Und wir erkennen: Musik ist mehr als ein Spiel mit Tönen, mehr als eine „tönend bewegte Form" — sie ist klanglicher Ausdruck der Seele selbst. Ist aber Musik ein Spiegel des Lebens, so müßte es zu unseren höchsten Aufgaben gehören, uns selbst in diesem Spiegel zu erkennen und den Wert der eigenen Lebensführung an ihrem musikalischen Klangbild zu messen. Schiller schrieb am 21. 1. 1802 an Körner: „Überall in der Kunst ist Leben und Bewegung, und Farbe und Fülle; man wird aus sich heraus ins volle Leben und doch wieder von da in sich zurück — in sich selbst hineingeführt." Das ist es eben: aus der Fülle der Erscheinungen in einer „magisch" bewegten Musikwelt den Weg zu sich selbst zurückgewinnen, bereichert um eine Vielzahl seelischer Eindrücke, die uns das Wesen der Musik in neuem Licht erscheinen lassen und die uns dazu verhelfen, unser eigenes Verhältnis zur tönenden Kunst zu überprüfen und zu vertiefen.

Das bedeutet: Musik nicht allein als einen zeitlichen und nur in der Zeit wahrnehmbaren Ablauf von Tönen zu betrachten, sondern in ihr den Ewigkeitsgehalt des Unvergänglichen, des Ursprünglichen zu spüren, aufzunehmen und in der Seele zu bewahren.

Das bedeutet ferner: den Schleier zu lüften, der uns die Welt seelischer Hintergründigkeit verbirgt — vorzudringen durch das Reich der Sagen und Mythen, der Magie und Mystik bis zu den „Urentsprechungen," den Urbildern, die seit Jahrtausenden in der Seele beheimatet sind und die beim Erklingen eines Kunstwerkes ihre Wiedergeburt erleben — „für den, der heimlich lauschet."

Und es ist die überwiegende Mehrzahl bei allen Beispielen aus dem Reich der musikalischen Magie, in denen uns diese Urentsprechungen erscheinen als Emanationen des Naturverbundenen, des Kosmischen und des Göttlichen. Eduard von Hartmann hatte recht, wenn er der Ansicht war, daß die musikalischen Ideen nicht mit dem menschlichen Gefühlsleben erschöpft sind, daß Musik zum „Widerschein und Ausdrucksmittel des Untermenschlichen, des tierischen, pflanzlichen und kosmischen Naturlebens werden kann.“ Da haben wir die Stufenleiter der Urentsprechungen: wir fanden das Untermenschliche im „Fluchgesang“, im Veitstanz und Tarantismus, das Tierische und Pflanzliche besonders bei der Magie der Musikinstrumente, und das Kosmische als Ausgangspunkt und Endpunkt jeder Entwicklung, die ihre Entstehung einer höheren kosmisch-geistigen Ordnung verdankt und sich in ihr vollendet. Und wenn Musik ihr Urbild in einer jenseitigen Sphäre besitzt, die der göttlichen Gesetzmäßigkeit untersteht, so kann ihre Aufgabe nicht darin bestehen, sich von dieser inneren Gesetzmäßigkeit abzuwenden und sich gegen sie aufzulehnen, wenn sie sich nicht selbst verneinen will. Um das zu vermeiden, bedarf es der bewußten Ausprägung eines k o s m i s c h e n M u s i k b e w u ß t s e i n s, wie es mehr oder minder unbewußt seit Urzeiten in der menschlichen Seele schlummert.

Es kann kaum ein Zweifel darüber bestehen, daß der Mensch in vorgeschichtlichen Zeiten ein tieferes Verhältnis zu den Naturvorgängen besaß als heute — ja, daß ihm vielleicht manches als selbstverständlich erschienen wäre, was in diesen vorliegenden Betrachtungen erneut aus Urzeiten ins Licht der Gegenwart gebracht wird. Einige wertvolle Worte des Dichters und Deuters Albrecht Schaeffer aus seinem empfehlenswerten Werk „Mythos“ mögen an dieser Stelle Erwähnung finden (163, S. 15 ff.):

Die Alten besaßen „ein Vermögen, in geistige Tiefen und in Zusammenhänge des Lebens zu tauchen, die den bloßen Kräften unseres heutigen Intellekts unerreichbar und undurchschaubar sind; sie besaßen die Gabe, die wir ‚Schau‘ nennen, die aber in Wahrheit nicht darin besteht, etwas zu erschauen, sondern etwas Unschaubares, dem Verstand und den Sinnen Unwahrnehmbares, mit einem geheimen Organ geistiger Witterung zu ergreifen und es nun in einem Bilde sichtbar zu machen, in dem es Gestalt gewinnt. Niemand wüßte zu sagen, wie.“ Vielleicht doch. Es bedarf hierzu einer Einstellung, die sich nicht einseitig intellektuell an der Wissenschaft orientiert und ihr nicht einen Vorwurf daraus macht, wenn sich die „geistige Schau" mit einer hellsichtigen, jedoch geistig gezügelten Phantasie verbindet. Wenn dichterisches Denken und wissendes Gefühl sich zur „Harmonie" vereinen. Und: Wir werden „wieder und wieder mit Überaschung erfahren, daß unser heutiges von dem uralten Wissen mancherlei Aufklärung, ja reiche Offenbarung gewinnen kann. Dann wird die Mythologie wieder zu dem, was sie ursprünglich war, einer wahren Biologie, einer Lehre vom Leben."

Würde nicht die Gefahr seelischer Verarmung zu befürchten sein, wenn wir die Welt der Magie und Mystik hinter den hörbaren Tönen leugnen wollten und uns blind und taub stellten zu der tiefen, im Grunde unlöslichen Durchdringung unseres Seelenlebens mit den magischen Kräften der Musik? Sollten wir nicht dankbar sein für die Erkenntnis, daß das Herzen verjüngende W u n d e r in der tönenden Kunst noch lebt, in ihr vielleicht seine letzte Zuflucht gefunden hat? Die Sehnsucht nach Musik ist in einem Ausspruch von Walther D a h m s „die metaphysische Sehnsucht nach dem Wunder, dem Glauben, der Erlösung". Vom „Wunder der Musik" spricht auch Oscar B i e : „Wer die Musik in sich hat, trägt das Wunder in sich. Wem sie ferner steht, der muß Brücken zu ihr suchen." Der Glaube an das Wunder Musik webt einen farbenreichen verhüllenden Schleier über die Welt der Töne, daß sie uns nicht nur, alles schönen Scheins entblößt, als rein akustisch-physikalische Tatsache entgegentritt. Und die „Sehnsucht nach dem Wunder" ist letzten Endes die Sehnsucht des Menschen, sich selbst, dem eigenen Ich in musikalischer Verklärung wiederzubegegnen und in ihr das „Wunder" des eigenen Wesens begreifen zu lernen. Mag auch der musikalische Wunderglaube, der alle Zeiten und Völker erfüllte, in uns verschüttet sein — er ist unsterblich, er lebt für alle, die „heimlich zu lauschen" verstehen, er führt uns über das eigene Ich hinaus in die Natur, in den klingenden Kosmos, er erhebt uns über das Sternenzelt, wo „ein lieber Vater wohnen" muß. „Musik, du bist die tiefste Labe, die aus der Menschenseele quoll, bist Gottes allerbeste Gabe, da seine Güte überschwoll". (Hermann C l a u d i u s)

Der Glaube an das Wunder setzt die Einwirkung höherer Mächte voraus innerhalb eines mythischen Weltbildes, in dem das Göttliche noch wesenhaft war. Walter F. O t t o (155-157) nennt den Mythos das „Schöpferische", das „schöpferische Tun Erweckende". Er wurde für „wahr und heilig" gehalten in enger Verbindung mit dem Kultus. Wir „haben allen Grund, auch dem jeweiligen Inhalt der Mythen mit Achtung zu begegnen ... Es sind dieselben Dinge und Ereignisse, die der Mensch zu allen Zeiten vor Augen hat. Aber sie sind Gestalten, von einem Uradel umleuchtet und mit göttlicher Stimme redend"... In der Dichtung und Kunst ist noch ein Nachklang des echten Mythos lebendig. Wir nennen ihn „das wahre Urbild, von dem alle anderen nur die Abschattungen sind, das aber auch in ihnen noch mit seiner Wunderkraft gegenwärtig ist". (155, S. 87 ff.) Auch Erich U n g e r erkennt den Mythos als Wirklichkeit (160, S. 105). „Ein Wirkliches für den, der noch religiös fühlte." (Ernesto G r a s s i, 158, S. 106)

Es erscheint angebracht, an dieser Stelle noch einen Augenblick zu verweilen, um das Wesen des musikalischen Mythos abzugrenzen gegen die Magie der Musik. So tiefgründig und „einleuchtend" die Werke des ehemaligen Frankfurter Universitätsprofessors Dr. Walter F. Otto sind, so läßt sich der Mythos doch wohl kaum allein aus seinen Ursprüngen erfassen ohne Berücksichtigung der Begriffswandlungen im Verlauf der Geschichte (der „Richard Wagner-Kult" und der „Mythos" von Bayreuth brauchen nicht unbedingt als überzeugende Beispiele aus neuerer Zeit zu gelten). „Mythischen" Elementen sind wir wiederholt im Verlauf dieser Darstellung begegnet. Echtem Mythos entstammt die Orpheus-Gestalt. Die mittelalterliche Darstellung des griechischen Sängers als ein mit übersinnlichen Kräften ausgestatteter Astrologe (bei A. Kircher) bedeutet eine Verflachung des Mythischen als zweckbetonte Magie. Mythen umgaben die alte Sequenz „Media vita in morte sumus". Die Nonnen, die im Mittelalter durch diese Kirchenweise Verwünschungen gegen Menschen vornahmen, stellten das magische Element über das mythische. Im Mythos wurzeln die meisten Musikinstrumente, die ein Gott den Menschen schenkte. Ihre äußere Ausgestaltung mit Tierköpfen, Glückssymbolen usw. bedeutet wiederum eine Verquickung des Mythischen mit dem Magischen (Bildzauber). Ernesto Grassi erinnert an die Pindarsche Erzählung von der Entstehung der Flöte (Aulos), die von der Göttin Athena geschaffen wurde, als sie tief beeindruckt vom Wehklagen der Medusenschwester Euryale den Wunsch hatte, diesem Eindruck eine feste, objektive Gestalt zu geben. Die Klage wurde von ihr als Aulosweise „dargestellt", verwandelt in „Kunst", in „Können", in — Musik. Pindar sagt uns konkret, daß die Musik des Blasinstrumentes als „Darstellung des menschlichen Affektes" aufgefaßt wird. Aber diese „Wende vom Sakralen zum Profanen", wenn Töne und Rhythmen sich vom bisherigen „naturhaften Ausdruck des Menschlichen" abwenden, um in die Kunstgeschichte einzugehen, (158, S. 103), ist keineswegs symptomatisch für das Gesamtgebiet der Musikinstrumente. „Profane" Tonwerkzeuge blieben „sakral" bei ausschließlicher Verwendung im Gottesdienst. Und was die Flöte anbetrifft, so sahen wir auch hier das Abgleiten vom Mythischen ins Magische (tibetanische Knochenflöten als Bildzauber).

Mythos und Magie stehen in ursächlichem Zusammenhang zu einander, ohne eine scharfe Abgrenzung beider sich ergänzender Weltanschauungen zuzulassen. Ja — ist der Mythos vielleicht sogar die Voraussetzung für die Entstehung musikalischer Magie? Sollte Walter F. Otto nicht doch etwas zu weit gegangen sein, wenn er der Meinung ist, daß die von Magie beeinflußten Gemeinschaften niemals in der Welt des Mythos und Kultus zu leben vermöchten? „Die Magie ist auf das gestaltlose Reich der Seelentiefe angewiesen, auf eine Welt des Grenzenlosen und der geheimsten Kräfte, während Kultus und Mythos dem wesenhaften Sein der Erden- und Sternenwelt zu dienen berufen sind." (157, S. 36)

Was verbleibt uns Heutigen von der alten „Magie der Musik", wie wir sie im Verlauf der bisherigen Untersuchungen kennen gelernt haben? Die verblaßte Erinnerung an magische Kräfte, die noch im Kunstwerk nachklingen? Die Sehnsucht nach Selbsterfüllung im Lebensbereich der Klangwelt? Nach der inneren Ergänzung, dem notwendigen Ausgleich, den unsere Altvordern sich in der Vermenschlichung, Vergöttlichung des Naturlautes schufen? Haben wir nicht „magische" Einflüsse der Natur in der Formgestaltung feststellen können — Ständchen, Symphonie, Wiegenlied, Tarantelle, Kanon — ja auch in der Erweiterung des Kanons zur Fuge? Denn „Fuga" ist die „Flucht" der Stimmen vor einander — so flieht das Wild vor dem verfolgenden Jäger — so jagt auch eine Stimme die andere in der Urform des Kanons, der „Caccia" der „Ars nova". Und diese Caccia war — ein Jagdstück.

Aber auf einem wichtigen Gebiet hat sich die „Magie der Musik" bis heute erhalten — sie hat sogar erst in der Gegenwart an Bedeutung gewonnen, losgelöst aus den Fesseln eines Aberglaubens, der sie Jahrtausende hindurch umstrickte. Und das ist wieder einer jener nicht seltenen Fälle, in der sich der Kern eines Aberglaubens als echt und wahr erwies — sollte er auf musikalischem Gebiet wirklich der einzige sein und bleiben?

Gemeint ist die Krankenheilung durch Musik — mit dem vorsichtig anzuwendenden Fachwort „Musiktherapie". Eine „echte" Magie im Sinne unserer Definition — denn Musik ist nur Mittel zum Zweck, um psychologische Wirkungen hervorzurufen. Sie wären gegenstandslos, wenn die Kunst der Töne nicht — wie wir immer wieder nachgewiesen haben — unter allen Künsten das stärkste seelische Kraftpotential darstellen würde.

Die Geschichte der Musiktherapie offenbart aufschlußreiche Wandlungen der Anschauungen über die Art der musikalischen Anwendungsmöglichkeiten.

Was war doch Novalis für ein hellseherisch begabter

Dichter! In seinen „Fragmenten“ liest man: „Jede Krankheit ist ein musikalisches Problem, die Heilung eine musikalische Auflösung. Je kürzer und dennoch vollständiger die Auflösung, desto größer das musikalische Talent des Arztes“. Und: „Höhere Töne sind sthenischer, tiefere Töne asthenischer Natur . . . Höhere Töne drücken erhöhtes Leben, tiefere Töne vermindertes Leben, Mangel aus.“

Zunächst verließ man sich in ältesten Zeiten auf die unmittelbare Magie der Töne, von der man zu allen übrigen Wundern auch noch „Wunderheilungen“ erwartete. Schon in der Odyssee wird im 29. Gesang fließendes Blut durch Musik gestillt. Ein antiker Kommentar bemerkt hierzu: „Die alte Heilkunde beruht auf dem Gesang“. Heilgesänge kannten die Ojibwa, ein nordamerikanischer Indianerstamm. Der Medizinmann gab den Kranken Melodien statt Arzneien und lehrte sie, neue Gesänge zu erfinden (87, S. 77). Zu den ältesten Praktiken primitiver Völker gehört der Brauch, mit Lärmwerkzeugen, besonders mit Rasseln, die bösen Geister auszutreiben, von denen die Kranken besessen waren (die moderne Medizin würde vielleicht von einer „musikalischen Schocktherapie“ sprechen). Mit Gesang und Trommelschlag begleiten die Bellakula-Indianer an der Behringstraße den Medizinmann, der in der linken eine Rassel schwang, während die rechte heilmagnetische Striche ausführte, bis sich der Genesene wieder unter die Tänzer mischte (107, S. 97). Ähnliche Zeremonien sind von den altindischen Teufelstänzern bekannt.

Im antiken Griechenland war Thephrast der Meinung „Ischiasleidende würden gesund, wenn jemand die kranke Stelle mit phrygischen Tönen anblase, auch Vipernbisse ließen sich durch ein weises und mäßig angewandtes Flötenspiel heilen. Demokritos setzt auseinander, und ihm pflichtet Apollonios Dyskolos bei, Flötenspiel lasse jeden kranken Körperteil gesunden. Die Flöte wurde ursprünglich zum Zaubern verwendet, so erregte man mit ihrem Blasen Stürme (Analogie-Zauber!). Wenn bei Opfern fast durchweg Flötenspiel ertönte, hatte dies einen Dämonen abwehrenden Zweck". (153, S. 169) Asklepiades soll Trompetenstöße gegen Nervenschmerzen angewandt haben. Porphyrius berichtet von Pythagoras: „Die seelisch Kranken tröstete er mit Musik, er hatte auch Lieder gegen körperliche Leiden, zum Vergessen der Trauer, zur Stillung des Zornes und Austilgung der Leidenschaften". Willy Schrödter erwähnt in diesem Zusammenhang („Neue Wissenschaft", IV, 8/9) ein Sprichwort „Englisch Horn bezwingt den Zorn".

Über die „Musik als Heilfaktor bei den Pythagoräern im Licht ihrer naturphilosophischen Anschauungen" berichtet Prof. Dr. med. Dr. phil. Joseph Schumacher — Freiburg in dem Sammelband „Musik in der Medizin" (154), auf den Interessenten nachdrücklich verwiesen werden müssen. In jenem Aufsatz finden sich weitere Angaben über die musikalische Heilwirkung im klassischen Griechenland wie die „musikalische Reinigung" bei Pythagoras durch den Gemeinschaftsgesang der Schüler, der vor der Nachtruhe angestimmt, gesunden Schlaf und angenehme Träume verursachte. Auch Schumacher erkennt an, daß die pythagoräische „Zahl tatsächlich zur Grundlage wirklichkeitsnaher Schau" werden konnte.

Weniger bekannt ist dagegen die Vermutung, daß nicht Griechenland, sondern das geheimnisvolle Tibet die Heimat der Musikheilkunde ist. Gewährsmann hierfür ist der Stockholmer Medizinalrat Dr. med. Felix Kersten. Er schreibt (161, S. 164 ff.):

„Mit den medizinischen Auffassungen der fernöstlichen Welt wurde ich während der zwanziger Jahre durch den hochangesehenen und bekannten chinesischen Massagearzt Dr. Ko in Berlin vertraut gemacht. Damals hörte ich an der Berliner Universität medizinische Vorlesungen und erlebte in der Gesellschaft manche interessante Persönlichkeiten. So lernte ich auch Dr. Ko kennen. Der chinesische Arzt hatte die Heilwesen Asiens und Europas eingehend studiert. Als Kind chinesischer Eltern im Bereich eines uralten Klosters im Nordosten Tibets geboren, wurde er Klosterschüler und später als Mönch unter der Anleitung weiser Priesterärzte in die Geheimnisse tibetischer Heilkunde eingeführt. Mit Erlaubnis seiner Lehrer reiste er später nach Europa, um auf den holländischen und englischen Hochschulen zu studieren und in England den Doktorgrad zu erwerben. Die Ereignisse des Ersten Weltkrieges und manches andere trugen dazu bei, daß Dr. Ko seinen Entschluß, nach Asien zurückzukehren, immer wieder aufschob. Kurz vor dem Ersten Weltkrieg hatte er in Paris eine Massagepraxis eröffnet, die er dann nach Kriegsende nach Berlin verlegte. In väterlicher Weise nahm sich Dr. Ko meiner an. Ich lernte durch ihn unendlich viel aus einer Welt, die sich Europäern so schwer erschließt. Später durfte ich Dr. Ko assistieren, bis er 1925 schließlich nach China zurückkehrte.

Dr. Ko hielt viel von der Methode, mittels gewisser Töne und Tonarten bestimmte Krankheiten zu heilen. Diese Schalltherapie ist in Tibet seit undenklichen Zeiten beheimatet. Um diese oder jene Nerven in Schwingungen zu bringen, blasen, flöten oder trommeln Mönchsgruppen einen bestimmten Ton, der wochenlang nicht abreißen darf. Die Gruppen lösen sich von Zeit zu Zeit ab. Schließlich beruhigt sich das Nervensystem bei dem unablässig erklingenden Ton. In den tibetischen Klöstern wissen die alten Medizin-Mönchspriester genau, auf welchen Ton einer Trommel oder eines angeschlagenen Kupferkessels die Nerven des einen oder anderen Kranken reagieren. Die Schallbeschwörung von Schlangen durch das Beeinflussen von Kopfnerven dieser Tiere liegt auf ähnlichem Gebiet, wobei zu bedenken ist, daß Schlangen gleicher Art durchaus auf verschiedenartige Tongruppen ansprechbar sein können."

Hierzu noch einige weitere Angaben Kerstens — auch wenn sie sich nicht unmittelbar auf Musik beziehen:

„Dr. Ko führte mich in die Unendlichkeit des Weltalls (sic!!) und lehrte mich, den Menschen als dessen erstes und letztes Gleichnis anzuschauen — nein, zu erleben ... Die tibetanischen Medizinphilosophen, wie Dr. Ko einer war, gehen von der allergrößten Ganzheit, dem Kosmos aus. So bestehen innere Verbindungen, die heute noch allzu wenig fruchtbar gemacht werden und doch zum Wohle der gesamten leidenden Menschheit noch reiche Wirkungskräfte bergen. Bei der Skizzierung meiner Physio-Nervalen Therapie zur Erkennung von Krankheiten erwähnte ich das kaum zu schildernde Gefühl, das mich bei der Untersuchung des Patienten erfüllt, und den Umstand, daß ich sozusagen den Organismus des Kranken mit meinem ‚inneren Auge' sehe. Dieses intuitive Erkennungsvermögen, zu dem nach der Ansicht von Dr. Ko eine starke Anlage in mir vorhanden war, verfeinerte sich außerordentlich in den Jahren, da ich sein Schüler sein durfte und der Meister mir den Weg zu den Wahrheiten wies." (161, S. 170)*

Sollte uns diese Musikbehandlung „mittels gewisser Töne und Tonarten", die Reaktion bestimmter Nerven nicht an bereits Bekanntes erinnern — an unseren mysteriösen „menschlichen Eigenton", den „abstrakten Ton" der Sufi, den „kosmischen" Ton? An den „Ton, der durch alle Töne tönet"? Waren uns die alten Weisen nicht doch mitunter an geheimem Wissen überlegen?*

Es entspricht der Psyche des frühen Mittelalters, Wahrheit und Dichtung zu vermischen und absonderliche Einzelfälle aufzubauschen. Wie die viel verbreitete Legende des Saxo Grammaticus über König Erik von Dänemark, der durch „Zauberweisen" eines Spielmanns in Raserei versetzt wurde und seine besten Ratgeber tötete, bis eine lieblichere Zauberweise sein Gemüt wieder beruhigte und ihn heilte. Unverkennbar ist der antike Einfluß vom Glauben an die aufreizenden und wieder besänftigenden Wirkungen bestimmter griechischer Tonleitern. Oder die Geschichte von den Ertaubten, die nur dann ein Wort verstanden, wenn man gleichzeitig dazu Trompete blies oder kräftig die Trommel rührte (bei Asclepiades

* Dr. Kersten ist ein Jahr vor dieser Niederschrift verstorben. Dr. Ko ist nach China zurückgekehrt. Es war mir daher leider nicht möglich, nähere Aufschlüsse über die interessante tibetanische Schalltherapie zu erhalten.

„Vibrationsmassage des Trommelfells" durch Schallwellen?). Aber auch entgegengesetzte Wirkungen fehlten nicht. Ein Abt (nach J. J. Rousseaus Enzyklopädie) brach unter musikalischen Klängen wie erstickt zusammen, nach Schneider (47, S. 156) verursachte der Ton der (Glas-) Harmonika eine hysterische Krankheit, ein junges Mädchen bekam beim Glockenklang Konvulsionen und ein junger Mann erbrach sich bei jeder Musik. Und damit der Humor beim Einfluß von Instrumentaltönen auf den menschlichen Organismus nicht zu kurz kommt, zitieren wir Lichtenthal (108): „Viele Autoren geben der Musik eine diuretische (= diarrhoetische) Kraft, und wirklich lehrt dieses die Erfahrung bei der (Glas?-) Harmonika. Nach Weber soll einst auf einem Tanzsaal der Eindruck der Sackpfeife (= Dudelsack) so gewaltig gewesen seyn, daß sich der Ball früh endigen mußte, nachdem im Kurzen der Tanzsaal zu einer Schwemme wurde." (O tempora, o mores ...) Hofgartner (109) berichtet übrigens dasselbe, hervorgerufen vom Klang des Dudelsacks, der Leier und der Laute.

Auf welche Weise wurden nun die musikalischen Heilwirkungen erzielt? Die mittelalterliche Medizin vermochte ohne die Vorstellung von „Lebensgeistern" schwerlich auszukommen. Nach Athanasius Kircher öffnet Musik die „Luftlöcher" (Poren), wodurch die „bösen Geister" ausziehen können. Da nun schnelle Musik eine schnelle Luftbewegung hervorbringt, so werden die ebenfalls aus Luft bestehenden Lebensgeister in lebhafte Bewegung versetzt und machen die Menschen fröhlich. Langsame Töne und kurze Intervalle können die Geister beruhigen, sodaß die scharfen Dämpfe, die aus dem Magen, der Milz usw. ins Gehirn steigen, gemildert werden. Die seltsame Schrift Niedtens baut Kirchers Lehren noch weiter aus. Weite Intervalle erzeugen eine „Erweiterung" der Lebensgeister, und zu ihrer Lebendigkeit trägt die Oktave in höherem Maße bei als die kleinere Quinte. Die Terz macht traurig, und noch kleinere Intervalle verursachen einen „Eckel". (Was nicht unbedingt auf die atonale Musik bezogen zu werden braucht). Sieht man hier bei Niedten (111, S. 115) von der freundlichen Mitwirkung der „Geister“ ab, so findet man hier bereits Ansätze zu moderner Heilungsauffassung in bezug auf die belebende Kraft des Rhythmus und die Intervallqualitäten. Bei Kircher gibt es Gedankengänge, die uns aufhorchen lassen, weil sie ganz auf der Linie unserer eigenen Erkenntnisse liegen. Kircher vergleicht die Nerven mit den Saiten, die unter der Einwirkung des Tones vibrieren. Und in der „Musurgia“, Band IX, Kapital 7 stellt er die Behauptung auf, daß gewisse Töne eine verborgene Kraft auf gewisse Körper in einem derartigen Verhältnis ausüben, daß nur diese und keine andere sie in Bewegung setzen kann. „Wie der Magnet nicht auf Holz, Blei und ähnliche Dinge einwirkt, sondern nur auf das, was ihm ähnlich ist, so gibt es gewisse Töne, die zur Erregung gewisser Körper geeignet sind und — proportioniert.“ Sind wir entsprechenden Anschauungen nicht schon einmal begegnet? Bei Robert Fludd — der Mensch „proportioniert“ in seinem „harmonischen“ Bau — im Verhältnis seines „Eigentones“ zu den „tönenden Zahlen“ der Intervallproportionen und dergleichen? Glaubte Kircher auch daran, daß bestimmte Tonreihen nur dann psychologische Wirkungen erzielen, wenn der Mensch in seinen subjektiven Seelenschwingungen auf gerade diese Tonreihe und keine andere „eingestimmt“ ist? Erkannte er bereits, daß musikalische Heilbehandlung *individuellen Charakter* haben muß, daß sich nur in beschränktem Maße musikalische Heilmethoden anwenden lassen, die für alle Menschen in gleichem Maße Gültigkeit haben?

Eine Stelle bei Kircher macht stutzig: „... auf das, was ihm *ähnlich* ist...“ Dieser Ausdruck läßt Kirchers Verbundenheit mit der alten *Zauberei* erkennen. Der Zauberspruch, der diesem Gedanken zugrunde liegt, lautet: „Similia similibus“, nämlich: „Gleiches mit Gleichem.“ Das heißt, Heilungen können nur mit solchen Mitteln erzielt werden, die den gleichen Ursprung haben wie die Krankheit selbst. Das bekannteste Beispiel finden wir im dritten Akt von Wagners „Parsifal“:

„Die Wunde schließt der Speer nur, der sie schlug." Die Auswüchse, die diese dem Zauberspruch zugrunde liegende Heilmethode hervorrief, stimmen erheiternd. Besonders bei dem zu seiner Zeit hochangesehenen Naturarzt Janbattista della Porta, der in seiner „Magia naturalis" aus dem 16. Jahrhundert (112) auf den letzten Seiten folgende Ratschläge erteilt: Die Pest wird kuriert durch Musik auf einer Gitarre aus Lorbeerholz, weil Lorbeer Gegengift gegen diese Krankheit sein soll. Leidet man an schwerem Stuhlgang, so hilft Musik eines Instrumentes, das Teile der Rizinuspflanze enthält. Der Ton des Pappelholzes soll Hüftweh vertreiben, das Zimmetrohr beseitigt die Ohnmacht. Wer Mühe hat sich seine Keuschheit zu erhalten, braucht nur ständig auf einer Pfeife aus — Schafsmilch zu blasen, und eine Flöte aus den Beinen des Hühnergeiers läßt alle Hühner zur Bildsäule erstarren — wegen der „antipathischen Kraft", die dem Klang dieser Geierflöte innewohnt.

Zwei bedeutende Persönlichkeiten verdienen eine Vorrangstellung, weil sie aus der Naturphilosophie ihrer Zeit heraus zu einer Eingliederung der musikalischen Heilwirkungen in den gesamten kosmischen Ablauf alles Geschehens gelangten: Paracelsus und Kepler. In seiner Einführung zu Kepler geht Otto J. Bryk (54, S. VII) kurz und treffend auf die Eigenheiten des Paracelsus ein: „Von ihm stammt der Anschluß der Lebenskräfte des Einzelwesens an die gewaltigen Lebenskräfte des Weltganzen; von ihm die Zuordnung der Leibesglieder, der einzelnen Pflanzen, Tiere und Gesteine an bestimmte Gestirne und ihre Einflüsse; von ihm endlich der erste wirkungsvolle Entwurf einer allgemeinen, aus Übereinstimmungen im Weltganzen gegründeten Heilmittellehre. In diesen Arbeiten zeigt sich Paracelsus stark von den Geheimlehren beeinflußt, die sich im Kampfe gegen brüchig gewordene Lehrgebräuche machtvoll entwickeln konnten. Ihnen allen ist die durchgreifende Zuordnung von Gestirnen, Klängen, Farben, Lebewesen und Leibesgliedern eigentümlich. Aber Paracelsus hat das

Verdienst, nicht bloß dieses fast unübersehbare Gebiet in ein geordnetes Lehrgebäude und in den Dienst der Krankenheilung gestellt, sondern aus ihm die Forderung nach unmittelbarer Naturanschauung herausgelesen und in den Mittelpunkt alles späteren Suchens nachdrücklich gestellt zu haben ... Die Natur vom kleinsten Gestein bis hinauf zum kreisenden Gestirn zu beseelen und aus den Kraftströmen solchen Wechselgeschehens (Goethes ‚goldenen Eimern') Heilwirkungen zu erschließen, das war sein Ziel gewesen."

Eine Äußerung des großen Astronomen Kepler möge an dieser Stelle als „pars pro toto" genügen: „Es pflegen etliche Ärzte ihre Patienten durch eine liebliche Musik zu kurieren. Wie kann die Musik in eines anderen Menschen Leib wirken? Also, daß die Seele des Menschen, wie auch etlicher Tiere, die Harmonie verstehet, sich darüber freuet, erquicket und in ihrem Leib desto kräftiger wird. So dann nun auch die himmlische Wirkung in den Erdboden durch eine Harmonie und stille Musik kommt ..." (116, S. 28)

Es ist immer wieder unfaßbar und doch zugleich faszinierend, wie die Mystik des Mittelalters es verstanden hat, alles irdische Geschehen in den gewaltigen kosmischen Kreislauf sinngemäß einzugliedern und den Ursachen eine fast größere Bedeutung beizumessen als den Wirkungen, mit denen sich die Musiktherapie im allgemeinen allzu ausschließlich befaßt. Die hinter den Tönen sich offenbarende geistige Welt war (und ist) eine reale Wirklichkeit, mit der man operierte, als sei sie „in concreto" vorhanden. Wir würden aber niemals dem Geheimnis musikalischer Heilwirkungen (und dem Einfluß der Musik auf das Seelenleben überhaupt) nahekommen, wenn wir nicht die Möglichkeit kosmischer Strömungen einbeziehen wollten, die der Musik eine übergeordnete Rolle im menschlichen Leben zuteilen. Was waren das übrigens für „Geheimlehren", von denen Bryk im Zusammenhang mit Paracelsus sprach? Es war die in vielen Schriften und Zeichnungen des Mittelalters verbreitete Anschauung von der Identität des Mikrokosmos und Makrokosmos. Das heißt: Man dachte sich den Kosmos als übermenschliches Wesen, als körperliches Abbild des Menschen, erfüllt vom „Weltgeist“ als „quinta essentia“, ein eigenes fünftes Element außerhalb der bestehenden vier Elemente Erde, Wasser, Feuer, Luft. Etwa im Sinne des Agrippa von Nettesheim: „Dieser Geist ist ein Weltkörper gerade in solcher Form wie unser Geist im menschlichen Körper, denn wie die Kräfte unserer Seele durch den Geist den Gliedern sich mitteilen, so wird alles mittels der quinta essentia von der Kraft der Weltseele durchströmt. Es ist nichts in der ganzen Welt, das nicht einen Funken ihrer Kraft hätte.“ (85, S. 268) Ohne Berücksichtigung dieser Anschauung würde es uns unbegreiflich bleiben, wie in der musikalisch-astrologisch eingestellten Heilkunde des Mittelalters der Mikrokosmos ein getreues Spiegelbild des Makrokosmos darstellen konnte mit den frappierenden Folgerungen, daß jedes innere Organ des Menschen einem bestimmten Planeten zugehört, und daß sich bei gewissen Krankheitsdispositionen Gestirnseinflüsse geltend machen.

Wichtige Angaben als Beiträge zu einer Geschichte der Musiktherapie macht der sehr belesene und sachkundige Aleks Pontvik (70). Er verweist u. a. auf die Verwendung eines englischen Orchesters Ende des 19. Jahrhunderts zur Behandlung von Nervenkranken, auf die Gründung einer Irrenanstalt mit Musiktheraphie bei Neapel durch Abbate Cavaliere Liguitti. Die von Pontvik angeführte Schrift des Prager Arztes Leopold Raudnitz von 1840 ist jedoch nicht „die einzige Abhandlung zum Thema der musikalischen Heilwirkung aus dem 19. Jahrhundert“ (70, S. 21) Hofgartner, ebenfalls 19. Jahrhundert, und Lichtenthals „Der musikalische Arzt“ von 1807 wurden bereits genannt. Dem Dr. Hofgartner scheint das Verdienst zuzukommen, als einer der ersten auf die vasomotorischen Wirkungen der Musik verwiesen zu haben (109, S. 31 ff.):

„Bei schneller und angenehmer Musik glänzen die Augen, das Gesicht rötet sich mehr, der Pulsschlag wird stärker und härter, die tierische Wärme wird erhöht, es stellt sich eine gesteigerte Herztätigkeit ein, alle Funktionen der verschiedenen Organe gehen schneller vonstatten. Die langsame und düstere Musik bedingt ein Trübwerden des Auges, Erbleichen des Gesichtes, Zurücktreten des Blutes von außen nach innen, also Temperaturverminderung der Haut, langsamerer und schwächerer Herz- und Arterienschlag, wie auch längere und seltenere Respiration." Selbstverständlich ist diese Aufstellung nicht vollständig, es fehlen noch manche Erscheinungen wie Muskelkontraktionen, weitere vasomotorische Störungen wie das bekannte Gefühl, daß es einem bei besonders schöner Musik „kalt den Rücken hinunterläuft" und dergleichen. Aber die Erkenntnisse Dr. Hofgartners sind zweifellos grundlegend für die Methodik der neuzeitlichen Musiktherapie.

Als besondere Vorzüge bei Raudnitz (113) hebt Pontvik hervor: die erste, in der Literatur aufgeführte Heilung eines hysterischen Mädchens durch Klavierspiel bei „Unsichtbarmachung" des Musikers, die Untersuchungen über die Eignung verschiedener Instrumente für die Heilbehandlung, wobei es sich ergibt, daß Vokalmusik ungeeignet ist, Violintöne nachteilige Folgen für das Nervensystem haben können, Harfen- und Flötenspiel dagegen beruhigt. Mit Recht erscheint Pontvik auch folgende Stelle bedeutsam: „Je einfacher und ungekünstelter die Musik ist, je mehr sie die einfache Sprache des Gemüts nachahmt, desto kräftiger wirkt sie, besonders bei minder kultivierten und solchen Menschen, die den Sinn der gekünstelten, mehr für das Ohr des Künstlers berechneten Musik, zu enträtseln nicht imstande sind." Das bedeutet also, daß der naive Mensch für musikalische Beeinflussung zugänglicher ist als der intellektuelle, analysierende und mit Fachwissen belastete Musiker. Von diesem Standpunkt aus gewinnen wir eine neuartige Einstellung zu der in diesem Abschnitt behandelten „magischen Musik". Alle gesungene und gespielte Musik konnte deshalb als „magisch" gelten, weil sie sich der einfachsten Ausdrucksweise bedient und damit den naiven Menschen anspricht. Die Nachahmungen der Naturtöne und diese selbst gehörten einem universalistischen, allgemein verständlichen musikalischen Sprachschatz an — nicht um den Geist zu belasten, sondern die Seele zu erheben, hinauf zu jenen Quellen der Natur und des Kosmos, dem die Tonreihen entstammten. Vorstellungen, die ihnen seit Urzeiten anhafteten, trugen dazu bei, die Magie der Musik stets auf ganz bestimmte Objekte, auf gleichbleibende Handlungen zu lenken. Die Assoziation verstärkt die „magische" Wirkung — dagegen kann sie musiktherapeutische Beeinflussungen erschweren, wenn „Menschen durch die Wiederbegegnung mit einem Musikstück an Erlebnisse erinnert werden können, die alte Wunden aufs neue schmerzen machen, ohne daß durch eine Rückerinnerung der Prozeß einer Heilung gefördert worden wäre." (70, S. 66) Hier ist also ein Wesensunterschied zwischen musikalischer Magie und Musiktherapie festzustellen, wenn auch beide gemeinsamen Ursprung haben.

Leider muß ich es mir versagen, eine Gesamtdarstellung der neuzeitlichen Musiktherapie zu geben, weil ein solcher gewiß interessanter Einblick den vorliegenden Rahmen weitaus überschreiten würde. Ich muß auf die Literaturangaben verweisen, neben Teirich (154) besonders auf Pontvik mit seinen zahlreichen Beispielen, seine Einführung in die von ihm begründete schwedische „Psychorhythmie" und seine Nachweise über die Beeinflußbarkeit des gesamten menschlichen Organismus durch musikalische Vibration. Editha Koffer-Ulrich stellt mit Recht fest: „Musikheilkunde ist die Betätigung der Ganzheit Mensch und die Wiederherstellung dieser Ganzheit in Harmonie (114)." Aber Musikstücke sind keine Medikamente, die man nun unbedenklich allem und jedem verschreiben darf. Wenn es nach der Ansicht einer Ärztegruppe an der Universität Michigan ginge, würde sie gegen Hysterie Harfen, gegen Verfolgungswahn Trompeten verschreiben, und bei Herzschwäche eine Stunde Händelscher Musik, bei Rheumatismus Mozart-Klänge, während Schubert gegen Schlaflosigkeit helfen soll.

In den letzten Jahrzehnten hat die Musiktherapie einen gewaltigen Aufschwung genommen, wobei Deutschland bemüht ist, den Vorsprung Amerikas einzuholen. Eine Flut von Literatur erscheint, namhafte Ärzte widmen sich dieser Heilkunde, Gesellschaften werden gegründet. Hingewiesen sei auf das erste Werk über Musiknarkose, verfaßt von Walter von Rhodt zu Anfang unseres Jahrhunderts (115). Die Chloroform-Narkose verläuft bei weitem ruhiger, das Erbrechen beim Erwachen fällt fast ganz fort, wenn den Ohren des Patienten belebende Musik zugeführt wird.

Der Psychotherapeut Dr. Rudolf Kinsky ersetzt die Narkose selbst durch musikalische Behandlung mit der Yogi-Flöte, deren Bekanntschaft er dem Studium der Yogalehre verdankt, und glaubt in ihr ein ebenso starkes Mittel gefunden zu haben wie das Evipan. Musik wird von Dr. Burdick zur Beruhigung der Patienten vor der Operation angewandt. Dr. med. F. Nettesheim ist der Ansicht, daß „angenehm empfundene Musik auf dem Weg über die Hirnrinde bessernd und sogar heilend auf erkrankte Organe wirken" kann. Ob der klassische Meisterkoch Frankreichs, Brillat-Savarin, nicht doch von richtigen Voraussetzungen ausging, wenn er sich von der Einführung der „Tafelmusik" eine rhythmische Beeinflussung der Verdauungsorgane versprach?

Bedeutende Ärzte der Gegenwart sprechen sich über ihre Erfahrungen aus in dem bereits empfohlenen Sammelband „Musik in der Medizin" (154). Er unterrichtet über die erstaunlichen Fortschritte in der Methodik mit modernsten Apparaten, mit Pneumographen, Sphygmographen, plethysmographisch, psychogalvanographisch, besonders durch Elektromyographie. Da wird nun jede Veränderung in der Atmung, im Pulsschlag, Blutdruck und in der Muskeltätigkeit unter dem Einfluß der Musik gemessen und ausgewertet. Die hochentwickelte amerikanische Musiktherapie bedient sich hauptsächlich zweier Methoden. Das „Iso-Prinzip" bedeutet eine Angleichung des Musikcharakters an den seelischen Zustand des Patienten. Die gewählten Musikstücke entsprechen der bedrückten Stimmung des Kranken, aus der er allmählich durch belebende Rhythmen herausgeführt wird. Beim „Level-Prinzip" wird mit einem einfachen Lied begonnen, um erst das allgemeine Interesse zu erregen, rhythmisch betonte Weisen und Stimmungsmusik verschiedenen Charakters schließen sich an. Es handelt sich „um eine Stufung der Musik, die vorwiegend psychotherapeutischen Zwecken dient: nicht nur einzelne Psychosen sollen entsprechend behandelt werden, sondern es können auch bestimmte Schichten in der Seele der jeweils zu behandelnden Patienten angesprochen werden." (Dr. Hans A. Illing, Los Angeles, in 154, S. 29)

Verschiedene Ärzte setzen sich für besondere Instrumente ein, die für die Hebung seelischer Störungen geeignet erscheinen. Der in Schottland wirkende Arzt Dr. Karl König, der seine Tätigkeit als Heimschulleiter für seelisch gestörte Kinder hauptsächlich auf den Lehren Rudolf Steiners aufbaut, empfiehlt die Gärtner'sche Leier, eine Art von Kleinharfe in Bogenform, während Dr. F. Orne, Senior Instructor an der Tufts-University in Boston, gute Erfahrungen mit englischem Handglockenspiel gemacht hat.

Auch ein bekannter Komponist, Prof. Cesar Bresgen, meldet sich in dem genannten Buch zu Worte und bringt Beispiele für die Heilkraft, die aus den Anregungen zum eigenen musikalischen Schaffen gewonnen wird. Musik überwindet Angstzustände, gibt fehlendes Selbstvertrauen zurück, sie wirkt über die Seele auf den Organismus.

Zu der Reihe führender zeitgenössischer Musiktherapeuten gehören ferner die Ärzte Dr. May, Heidelberg, Prof. Erdmann, Wittenberg, J. M. Cox, Bourdelot, D. Denis, Prof. Sutermeister (Schweiz), Dr. Teirichs (Graz), James A. Young, der in Baltimore (Maryland) Musik sogar erfolgreich als Heilmittel bei spinaler Kinderlähmung einsetzt. Nachdem ein Konzert des Utah-Symphonie-Orchesters in Salt Lake City 175 Geisteskranken Besserung gebracht hat, sind mehr als siebzig Heilanstalten der Vereinigten Staaten dazu übergegangen, der Musik im medizinischen Aufgabenkreis einen festen

Platz einzuräumen. Im Jahre 1950 wurde vom „National Musik Council“ eine „National Association for Music Therapy (NAMT)“ gegründet, während die deutschsprachigen Länder ihre Erwartungen an die Tätigkeit der 1959 erstandenen „Österreichischen Gesellschaft zur Förderung der Musikheilkunde“ mit dem Sitz an der Akademie für Musik und Darstellende Kunst (Wien) knüpfen. Die segensreich wirkende „NAMT“ sorgt für Qualifikation und besondere Ausbildungsstätten, veranstaltet regionale Tagungen und Jahreskongresse, über die im „Book of Proceeding“ berichtet wird.

Die „magische“ Musik, geboren aus dem Aberglauben, dem Primitivismus, hat in der Musikheilkunde ihren höchsten Ausdruck gefunden. Die Schlußworte Pontviks mögen diesen Abschnitt beschließen: „Von der Personalunion Priester-Musiker-Medizinmann bis zur Kristallisation eines musiktherapeutischen Bedürfnisses in der Psychohygiene ist es ein weiter Weg gewesen. Das, was jeder Spezialist jedoch auf dem ihm vom Schicksal anvertrauten Platz erwirken muß, ist die Fixierung der Ganzheit als ein gemeinsam zu erstrebendes Ziel.“

Vierter Abschnitt

SPIRITUELLE MUSIK

INTERMEZZO III

Ghostly Melody

Das hätte Lorry nicht gedacht, daß ihr der Abschied so schwer fallen würde! Aber da war es, als wenn alle Dinge plötzlich eine eigene Sprache erhielten, auf sie einredeten, baten, beschwörten: Das Labor, die Dunkelkammer, aus der sie unzählige Male ins Helle des Tages trat, beladen mit Fotos, Abzügen — hier ihr kleiner schmucker Schreibtisch, an dem sie Aufträge registrierte, Kartei führte, und den zu jedem Wochenbeginn frische Blumen schmückten. Erst hatte sie sich die Aufmerksamkeiten Andys verbeten, dann ließ sie ihn lachend gewähren. War es nicht schließlich eine Auszeichnung für sie, daß er ihr sein Interesse zuwandte — der Starfotograf des berühmten Londoner Ateliers ihr, der kleinen, unbedeutenden chemischen Assistentin?

Ein letzter Blick in die lieben, vertrauten Gesichter der Arbeitskollegen! Schwankte ihre Stimme nicht ein wenig, als sie die Abschiedsgrüße erwiderte, sich für die Glückwünsche zu ihrer neuen Tätigkeit bedankte? Aber es war nicht Lorrys Art, wehmütigen Gefühlen Raum zu geben. Dafür stand sie zu fest auf dem Boden der Wirklichkeit, die klaren, grauen Augen unter hochgeschwungenen Brauen sahen kühl und nüchtern ins Leben, der feingezogene schmale Mund und das vorgewölbte Kinn verrieten Energie und Tatkraft.

Dann stand sie auf der Straße, winkte einem Taxi: „Chelsea! Waterloo-Street fifty-one!“ und ließ sich aufatmend in die Polster fallen. Aus dem Lied der Räder klang ihr jubelnd die eine Melodie entgegen, an der sie sich nicht satt hören konnte: Frei! Frei! Unabhängig und selbständig! Besitzerin eines eigenen Foto-Ateliers, für das sie Jahr um Jahr einen Shilling zum andern gelegt hatte, bis das Häuschen ihr Eigentum wurde. Allerdings — ohne Andys Hilfe hätte sie es nicht geschafft. War es nicht doch ein wenig gewagt, sich mit ihm zu gemeinsamer Arbeit zu verbinden? Würde er nicht eines Tages Forderungen an sie stellen, die sie nicht erfüllen konnte? Aber dann sah sie in Gedanken sein feines, schmales Gesicht — und die Augen, die ihr stets in Achtung und Ehrerbietung begegneten — nein, sie konnten nicht täuschen ...

Da bog der Wagen bereits in die Straßen des Vorortes Chelsea ein, hielt an dem düsteren, etwas unheimlich wirkenden Haus — ein Bau früherer Jahrhunderte, von einem kleinen, verwilderten Park umgeben. In den Wipfeln der Bäume verlor sich das letzte Abendlicht, aber strahlende Helle flammte aus den hohen, strengen Fenstern — und wie lieb von Andy, an der Eingangspforte ein kleines Blumengewinde als Willkommensgruß anzubringen!

Seine Lippen ruhten flüchtig auf ihrer Hand — dann legte er behutsam den Arm um sie und führte sie in ihr gemeinsames kleines Reich. Wie hatte es Andy nur zuwege gebracht, in heimlicher Arbeit den Räumen unaufdringlichen Glanz zu geben! Nichts fehlte im Empfangssalon, der auf die Künstler von Bühne und Film wartete, mit denen Andy in geschäftlicher Beziehung stand. Die Dunkelkammer war mit den neuzeitlichsten Einrichtungen versehen, Lichtanlagen in roten, grünen, gelben Farben boten ihre Dienste an.

Frohes Gebell schreckte sie aus ihren Zukunftsträumen auf — Andys kleiner Foxterrier umtänzelte sie und ließ sich willig liebkosen. Während der Freund in den Keller stieg, um ein Fläschchen Wein zu holen, konnte Lorry der Versuchung nicht widerstehen, nochmals allein die Arbeitsräume zu durchstreifen. Sie ordnete noch einmal die Chemikalien, daß sie für den nächsten Tag griffbereit lagen, die Finger spielten am Lichtschalter und — beinahe hätte sie laut gelacht: was war das für ein seltsamer Kauz, der da plötzlich irgendwo ein Cembalo spielte, als habe sie ihm mit dem Aufflammen der Lampen das Zeichen zum Einsatz gegeben?

Wieder betätigte sie den Schalter — der Raum lag im Dunkel — die Musik war verstummt. Merkwürdig — war die Lichtanlage versehentlich mit einem Rundfunkgerät gekoppelt oder — —

Kaum klangen die gefüllten Gläser in froher Eintracht zusammen: „Andy — sag' — hast du vielleicht heimlich eine Stube im Obergeschoß an einen Pianisten vermietet?"

„Wie kommst du darauf?"

„Das muß doch hier im Hause gewesen sein — das Spiel auf dem Cembalo!"

„Cembalo? Ich habe nichts gehört!"

Sie faßt ihn am Arm, führt ihn in die Dunkelkammer. Totenstille umfängt sie, schwer lastet auf ihnen die Finsternis.

„Mach doch Licht!"

Die Hand greift nach dem Schalter — Lorry zuckt zusammen: „Horch — da ist es wieder! Und jetzt fängt er dasselbe Stück von vorn an!"

Es ist eine seltsame alte Weise — ein Menuett vielleicht — ein Gruß aus Jahrhunderte alter Vergangenheit. Und die Töne tänzeln, tändeln zaghaft, zierlich, sie scheinen aus allen Ecken des Zimmers gleichzeitig hervorzudringen, und es ist, als schwebten um sie leise Schritte — sie umschleichend — umschlingend ...

„Lorry!" Ihren Arm preßt Andy. „In diesem Hause ist kein Mensch! Die oberen Räume sind unbewohnt und abgeschlossen. Das Radio ist nicht in Betrieb. Und das nächste Haus ist weit von uns entfernt."

Ihre Blicke begegnen sich — fragend — verständnislos. Und das geheimnisvolle Spiel geht weiter. Jetzt ist es eine Gigue, jetzt eine Sarabande — die starren Klänge des Cembalos verschweben, verschwimmen — ein kühler Hauch streift Lorrys Schulter — erschauernd drängt sie sich an ihren Freund — horch, klingt das nicht wie ein Seufzer, der über den Tonfluten verhaucht?

„Möchtest du nicht doch noch einmal oben nachsehen?"

„Es ist zwecklos, Lorry. Ich habe vorhin erst ..."

„Andy! Sieh' doch! Der Hund!"

Das Tier ist ihnen in die Dunkelkammer gefolgt. Plötzlich beginnt es zu winseln — am Fell sträuben sich die Haare — mit eingeklemmtem Schwanz schleicht es sich zitternd aus dem Raum ...

Lorry stürzt zum Schalter — das orangenfarbene Licht erlischt — die Musik bricht ab. Andy läßt die roten, die grünen Lampen flammen — kein Laut ist zu hören — die Stille der Nacht umsargt die Lauschenden — nur das Heulen des Hundes klagt aus dem Nebenzimmer. Lorry schaltet das gelbe Licht ein — da ist sie wieder, die unheimliche Musik — und seltsam, der Unsichtbare setzt sein Spiel nicht fort, sondern beginnt abermals mit dem Menuett. Andy wartet ein paar Takte ab — dreht am Schalter — die Musik verstummt. Wieder leuchtet die gelbe Lampe auf — abermals setzt das Menuett ein — in gleicher Klangstärke, gleichem Zeitmaß, als habe man eine Schallplatte aufgelegt ...

„Andy!“, Lorry schreit auf, krallt sich in den Arm des Freundes. „Nein! Nein! Ich ertrage es nicht! Bring' mich fort von hier — jetzt — gleich — hörst du?“

Sorgsam geleitet er sie zum Sessel, reicht ihr das gefüllte Glas, führt ihre zitternde Hand zum Munde, streicht ihr behutsam, beruhigend über die Schläfe.

„Aber Lorry — liebes, kleines Mädchen — alles Erworbene aufgeben, nur weil ein armer, ruheloser Geist uns über die Jahrhunderte hinweg mit seinem schönen Spiel begrüßt? Vielleicht hat der Raum geheimnisvolle Kräfte aufgespeichert, die sich in Tonfluten entladen — vielleicht hat das gelbe Licht einen Kontakt ausgelöst, der die unhörbaren Klänge dem menschlichen Ohr vernehmbar macht — was wissen wir von den noch unbekannten Gesetzen einer unergründlichen Natur?“

Aus Worten der Liebe und Fürsorge klingt ihr eine Musik des Herzens entgegen, die ihr mehr gilt als Geisterklang vergangener Jahrhunderte. Langsam gewinnt sie die Beherrschung wieder, schmiegt sich an den Helfer, den Kameraden, läßt ihm ihre Lippen, die er verdient, wenn er sie auch nie begehrt hat ...

War es ein guter Geist, der ihre Arbeit segnete, ihnen in den nächsten Wochen mehr Aufträge zuwies als sie beide bewältigen konnten? An die rätselhafte Begleitmusik zu ihrer Arbeit in der Dunkelkammer hatte sich Lorry gewöhnt — ja, sie weigerte sich sogar, die Lichtanlage umbauen zu lassen, wie Andy riet. Niemand von ihren Freunden war imstande, die Herkunft der Geistermelodien zu ermitteln.

Viele Jahre später, als sie längst verheiratet waren, besuchten sie noch einmal die Stätte, die sie während des Weltkrieges aufgeben mußten. Das Haus bestand nicht mehr. Die geheimnisvollen Klänge, die zwei Herzen zusammengeführt hatten, waren für immer verstummt.

Heimgekehrt ins Reich ewiger Harmonie.

Die Erzählung ist frei nach Tatsachen gestaltet, erlebt und geschildert von der Londoner Fotografin Yvonne Thomas, veröffentlicht in der Londoner Zeitschrift „Prediction“. (The Bazar, Exchange & Mart, Ltd. 24 Store Street, London W. C. 1), Dezember 1959, unter dem Titel „Ghostly Melody“.

Ehe wir den letzten — und vielleicht entscheidenden Schritt — auf unserem Erkenntnisweg wagen, wollen wir uns eine kurze Pause der Besinnlichkeit gestatten, um noch einen Rückblick zu halten und uns über die Strecke zu vergewissern, die noch vor uns liegt.

Wir sind vom „tönenden Menschen" ausgegangen, von der Klangwelt in und um uns, die uns teilweise in Naturlauten, teils in einer unhörbaren, „latenten" Musik umfängt. Wir sind den „Urphänomenen" nachgegangen und fanden ihr Urbild im Kosmos, der in gleicher zahlmäßig bestimmbarer Ordnung dieselbe tönende Bereitschaft aufweist wie die Erde.

Vom Kosmos treten wir nunmehr den Rückweg zu irdischen Gefilden an und suchen noch Antwort auf ungelöste Fragen, die uns gleich zu Anfang des ersten Abschnitts beschäftigten. Wie war das doch mit Eichendorffs „Lied, das in allen Dingen schläft"? Mit Schlegels „Ton, der durch alle Töne tönt" — der sich aber nur dem offenbart, der „heimlich zu lauschen" versteht? Und wie war das mit dem „abstrakten Ton" — dem „Grundton des Lebens" — der Bezogenheit alles irdischen Wirkens auf eine Lebensmelodie, die unser Dasein durchzieht, ohne daß wir ihrer in unserem Wachbewußtsein gewahr werden — unter welchen Umständen vermag eine höhere Harmonie, die aus kosmischer Unendlichkeit geboren wurde, in unser Leben hineinzuklingen?

Diese Fragen mögen reichlich „mystisch" erscheinen — und in der Tat: unseren Rückweg zum irdischen Dasein versperrt eine Region, die wir noch zu durchdringen haben — das „Zwischenreich", in dem Kräfte beheimatet sind, die man etwas abfällig als „okkult" zu bezeichnen pflegt.

Da erscheint es angebracht, wieder einmal Graf Hermann Keyserling zu bemühen: „Über die geistigen Kräfte, welche im Kosmos walten, als solche wissen wir noch wenig. Doch alles spricht dafür, daß die, über welche der Menschengeist jeweilig verfügt, nicht unmittelbar seinem Gehirn entstammen, sondern daß dieses nur den Apparat bedeutet, der sie dem Menschen zur Verfügung stellt." (120, S. 33)

„Vorurteil" ist „der eigentliche Grund, weshalb es bisher noch nicht gelungen ist, das Okkulte ins Bereich wissenschaftlicher Erkenntnis hineinzubeziehen." (120, S. 19)

„Ich stehe nicht an zu behaupten, daß wir hauptsächlich deshalb so wenig vom Hintersinnlichen noch wissen, weil den jeweilig Erlebenden zum Abwarten die Einsicht oder der Charakter fehlte." (120, S. 20)

„Somit besteht die richtige Einstellung zum Okkulten, sofern man es erfahren will, darin, daß man sich genau so vorurteilslos und unbefangen zu ihm verhält wie zur sonstigen Natur." (120, S. 34)

Und ein anderer Ausspruch Keyserlings leitet unmittelbar zu unserem Thema über: „Seitdem es Menschen gibt, ist der Musik eine Vorzugsstellung unter den Künsten zugestanden worden. Bewußter- oder unbewußtermaßen hat sie von jeher als Ausdruck und Vermittlerin von Kosmischem gegolten, von einem Jenseits des Menschen, wo die anderen Künste in ihm ihren Ursprung hätten ... Esoterische Lehren berichten allerorts, daß die Erscheinung gewisser Ebenen höherer Geisteswirklichkeit in Tönen bestehe. Gesang und Harfenspiel gilt als die Sprache der Engel." (5)

Bedarf es noch weiterer schonender Vorbereitung auf das Kommende? Immerhin wollen wir uns bemühen, so sachlich wie möglich vorzugehen.

Die „Sprache der Engel" oder die durch christlich-übersinnliche Gestalten belebten und personifizierten harmonischen

Sphären — hatte nicht schon Platon den Gedanken geäußert, daß die Planeten von singenden Sirenen bewohnt seien? — sie erreichen unser Tagesbewußtsein nicht. Sie offenbaren sich nur dem, der „heimlich zu lauschen" weiß. Dieses „heimliche Lauschen" — wir müssen es endlich einmal zu definieren versuchen. Die „Heimlichkeit" setzt eine Abkehr von allem Äußerlichen voraus, eine Versenkung in die eigene Innerlichkeit, ein Abgeschlossensein von allem, was aus der irdischen Umwelt störend die geistige Vertiefung hindert — mit einem Wort: die Meditation.

Der christliche Mystiker der Gegenwart, Sadhu Sundar Sing, berichtet von sich selbst, daß er Musik zu hören pflegt, wenn er in den Zustand der religiösen Ekstase gelangt (121, S. 97, S. 120).

Ein Einzelfall? Rudolf Steiner würde sagen: „Der Kosmos spielt mit Hilfe unseres astralischen Leibes unser eigenes Wesen." Diesem Satz gehen bei ihm folgende Worte voraus: „Wir sind nach musikalischen Gesetzen aus dem Kosmos heraus als astralische Wesen geschaffen; wir haben, insofern wir astralische Wesen sind, einen musikalischen Zusammenhang mit dem Kosmos. Wir sind selbst ein Instrument . . . Nehmen wir an, wir würden nicht physikalisches Erklingen der Töne brauchen, so würden wir erklingen hören die Weltenmusik, die Sphärenmusik . . ." (34, S. 4)

Nun — Sadhu Sundar Sing war in der Meditation sicherlich unabhängig von den physikalischen Gegebenheiten. Also hörte er die Harmonie der Sphären?

Aber fragen wir doch diejenigen, die — „berufsmäßig" hätte ich beinahe gesagt — in der Meditation leben und schlagen wir Weinhandls „Deutsches Nonnenleben" auf. Geben wir ruhig den sachlichen Bedenken der Verfasserin Raum (122, S. 11): „Wirtschaftliche Notlage, Ehelosigkeit, Unbefriedigung, Liebessehnsucht, Erlebnisarmut, Wundersucht, krankhafte Überspannung, das alles mag bedingend oder steigernd daran mitbeteiligt sein, genügt aber so wenig zum Erfassen der Erscheinung in ihrer Gesamtheit als Formschönheit einer Bergblume aus der Beschaffenheit des Gesteins restlos zu deuten.“ Vielleicht mögen diese Einschränkungen nicht ganz zutreffend sein, denn gerade die aufgelegten Entbehrungen erschließen einen dem Irdischen abgewandten Sinn — als „Ersatz“ vielleicht ...

In dem genannten Buch finden sich Originalchroniken alter Klöster in hochdeutscher Übertragung. Da gibt es nun zahlreiche Fälle, bei denen die Meditation von Musik begleitet war. Von der Schwester Jüzi Schulthasin heißt es: „Und als die Mette kam und sie einsam in ihrer Ruhe verblieb, da hörte sie eine Stimme ober ihrem Haupte, die sang so überaus süße deutsche Worte, daß beide, Stimme und Worte, sich keinem leiblichen Ding vergleichen ließen. Und da richtete sie sich auf und wollte lauschen, ob sie die Worte irgend verstehen könnte; doch da begann sich die Stimme zu entfernen, so daß sie kein Wort zu begreifen vermochte, und wohin sie sich auch der Stimme nach kehrte, immer dünkte ihr, daß es anderswo wäre.“ (S. 224)

Oder von der seligen Schwester Mechtild von Stans:

„Sie war auch einst in ihrem Stuhl und hörte einen gar schönen und süßen Gesang, und es waren die Worte: ‚Sanctus, Sanctus‘ mit ‚Alleluja‘ und da kam sie in ein Wundern und ging hinzu.“ (216/17)

Schwester Anna von Weitersdorf in der „Nonne von Engeltal Büchlein von der Gnaden Überlast“ hörte die Engel singen die Respons „Summe trinitate“ und ein schönes „Kyrie eleison“ mit drei Stimmen, „das klang so schön, daß es über alle menschlichen Sinne war.“ (S. 302)

Oder Schwester Anne Vorhtlin von Nürnberg.

Sie „sah zu Aller-Engel-Nacht unter der Mette in einem geistlichen Gesicht“, und es „kam eine große Schar Engel und sangen einen so süßen Sang, der über der Menschen Sinne war“. Und dazu viele andere Zeugnisse von der Schwester Diemut Ebnerin von Nürnberg, die dreistimmigen Engelsgesang hörte, oder von Schwester Elisa, die „drei Tage lang Engel singen hörte“ (S. 319) und so weiter.

Stellen wir fest: die Nonnen hörten in der Meditation Klänge, die „über der Menschen Sinne“ gingen, die also mit der sinnlich wahrnehmbaren irdischen Musik keine Ähnlichkeit hatten. Würden wir sagen, sie litten an Einbildung, so wäre das nur insofern richtig, als sie sich echohaft „Ein-Bild“ von Klängen höherer Sphären schufen, denn man kann sich doch nur etwas einbilden, was mit menschlichen Sinnen faßbar und im Sinneskreis bereits vorgebildet ist.

Aber ziehen wir einmal einen bekannten Mystiker zurate, Heinrich S e u s e (123). Da finden sich mindestens acht Stellen, in denen Musik erwähnt wird. Der Vollständigkeit halber, selbst auf die Gefahr hin zu ermüden, mögen sie angeführt sein:

„Einstmals saß er in seiner Ruhe (= Meditation), da hörte er etwas inwendig in sich so herzlich erklingen, daß sein ganzes Herz bewegt ward, und die Stimme sang mit einem lauten süßen Hall, währenddem der Morgenstern aufging, und sang diese Worte: ‚Stella Maria maris hodie processit ad ortum.‘ Dieser Gesang hallte so übernatürlich voll in ihm, daß sein ganzes Gemüt außer sich geriet und er fröhlich mitsang.“ (S. 17)

„Da war ihm in einem Gesicht, als käme eine große Schar des himmlischen Ingesindes zu ihm in die Kammer ... und die Himmelsschar fing an einen himmlischen Reigen zu singen, das erklang so süß in seinen Ohren, daß seine ganze Natur verwandelt ward.“ (S. 58)

„Da geschah es in der Engelnacht, daß es ihm in einem Gesichte war, als höre er Engelsgesang und süßes himmlisches Getön. Davon war ihm so wohl, daß er all seines Leidens vergaß.“ (S. 18)

Eine „himmlische“ Bestätigung für die Heilkraft der Musik?

„Da entsanken ihm irgendwie die Sinne und deuchte ihm, es käme eine englische Schar herein zu ihm in die Kapelle, die sangen ihm zum Troste einen himmlischen Gesang.“ (S. 93/94)

„Da war ihm in einem Gesicht, als wäre der Himmel offen ... da hörte er den allerschönsten Gesang, der je gehört ward.“ (S. 95)

„Als er aufstehen wollte, da war ihm gleichsam, als sei er in einem himmlischen Chore, und da sang man das Magnificat.“ (S. 96)

„Da ihm in der Betrachtung die Sinne entsanken, da deuchte ihm in einem Gesicht, es ging ein edler himmlischer Jüngling neben ihm. Da erhob der Jüngling in des Bruders (= Seuses) Seele ein Lied, und das erscholl so fröhlich, daß es ihm alle seine Sinne verflüchtigte von Übermaß des süßen Getöns ... Er sang mit dem Jüngling das Lied ganz aus. Und kam wieder zu sich und fand seine rechte Hand auf dem Herzen liegend.“ (S. 122)

„Sie zogen den Diener (= Seuse) bei der Hand zum Tanz, und der Jüngling fing ein fröhliches Gesänglein an von dem Kindlein Jesus, das lautete also „In dulci jubilo“ ... Der Vorsänger sang vor, und sie sangen nach, und sangen und tanzten mit jubilierendem Herzen... Dies Tanzen geschah nicht in der Weise, wie man in dieser Welt tanzt. Es war etwa wie ein himmlisches Herauswallen und Wieder-Hineinwallen in den unbegreiflichen Abgrund der göttlichen Verborgenheit.“ (S. 19)

Diese Vision tanzender Engel ist besonders eigenartig. Denn hier erscheint Musik als kosmische Schwingungen, die sich zu irdischen Rhythmen wandeln und sich wiederum auflösen in ihren Ursprung.

Sicherlich ließen sich diese Beispiele bei systematischer Durchsicht der gesamten mystischen Literatur noch bedeutend vermehren. Wir aber wollen noch einen Schritt weiter gehen und uns einer anderen, ungleich tieferen und längeren Meditation zuwenden, in der sich der Geist vom Körperlichen löst, um nie mehr in die gleiche Hülle zurückzukehren. Es ist — der Tod.

Wer kennt die Apotheose Buddhas? Als der Erleuchtete auf der Totenbahre lag, da „ließen sich himmlische Klangweisen in den Lüften vernehmen, dem Vollendeten zu Ehren, und himmlische Sangweisen gingen in den Lüften vor, dem Vollendeten zu Ehren“, heißt es im Mahaparinibbanasuttam des Pali-Kanons (124, S. 111). — (Ferner 125, S. 95, S. 75).

Legende! Sinnestäuschung! Massensuggestion all der vielen, die zugegen waren und diese „Sterbeklänge“ hörten!

Aber kehren wir noch einmal zu Weinhandls „Nonnenleben“ zurück.

Ehe die Seele der Schwester Ut von Regensburg „von ihrem Leib schied, hörte eine bewährte Schwester, als ob ein großes Heer aufbräche mit mancherlei süßem Saitenspiel... Dann verschied jene mit einem heiligen Ende“. (S. 315)

„Dann hörten sieben Schwestern das allersüßeste Saitenspiel in den Wolken, das kam zu ihr herab, und darin verschied sie.“ (S. 316) Das Gleiche wird vom Tode der Schwester Agnes berichtet (S. 322). Im Büchlein von der Gnaden Überlast steht folgender Bericht: „Da es gegen Mitternacht ging, sprach sie (Schwester Berth Makerin von Nürnberg): ‚Wohl mir, daß ich je zu Menschen geboren ward! Ich höre das süßeste Saitenspiel, das je ein Mensch hören sollte. Ich will sterben, betet mich hinaus!‘ Über eine kleine Weile, ehe der Konvent die Betanie las, war sie verschieden.“ (S. 296)

Dergleichen unwahrscheinliche Vorkommnisse von „Sinnestäuschungen“ spielen sich wohl nur in einer schon „vorbelasteten“ religiösen Sphäre ab?

Keineswegs. Die Literatur hierüber ist so umfangreich, daß sich über die mysteriösen Sterbeklänge fast allein ein Buch füllen ließe. Sie tauchen auf als Verkünder des Todes, sie scheinen dem Sterbenden den Übergang in ein anderes Leben zu erleichtern, sie sind teilweise nach Urkunden und Zeugenaussagen, die nicht anzuzweifeln sind, auch allen denen vernehmbar, die den Sterbenden umgeben, Uhland hat diese Erscheinung in Verse gekleidet: „Was wecken aus dem Schlummer mich für süße Klänge doch? O Mutter, sieh, wer mag es sein, in später Stunde noch? — ‚Ich höre nichts, ich sehe nichts, o schlumm're fort so lind! Man bringt dir keine Ständchen jetzt, du armes, krankes Kind!‘ — Es ist nicht irdische Musik, die mich so freudig macht! Mich rufen Engel mit Gesang! O Mutter, gute Nacht!“ Und es ist fast, als habe Uhland eine Begebenheit gekannt, die Dr.

Ludwig (126) unter Berufung auf das Werk des Berner Zoologen und Professors der Anthropologie Perty (Die mystischen Erscheinungen der menschlichen Natur) schildert (S. 143):

„Eine Frau hiesiger Stadt sah ihr einziges Kind in schweren Leiden darniederliegen, ohne ihm helfen zu können. Sie beugte sich schmerzvoll zum Kinde nieder und hörte nun eine himmlisch schöne Musik, von einer Art, wie sie die Erde nicht hat. Sie erhob sich und horchte um sich — die Musik schwieg. Sowie sie sich wieder zum Kinde niederbeugte, ertönte die Musik aufs neue und schien wie aus dem Ohre des Kindes zu kommen. Dieses starb bald darauf."

Es wird immer merkwürdiger. Jetzt soll sogar das Ohr des Kindes den Todesengeln als Musikinstrument dienen?!

Lassen wir einmal den maßgeblichsten Autor auf diesem Gebiet, Ernesto Bozzano (127) zu Worte kommen: „Sogar die politischen Tageszeitungen interessieren sich zeitweilig dafür. Letzthin hat die Daily Mail einen Fall registriert: sofort hat die Redaktion der Zeitung mehrere Briefe erhalten, in denen man ihr ähnliche Fälle kund gab, aber stets wissenschaftlicher Art. Unter den Korrespondenten des Londoner Journals gab es einen Professor der Physik Mr. Searle von der Universität Cambridge. Leider spricht er hiervon nur in folgender kurz gefaßter Form: ‚Vorfälle, die demjenigen des Mr. Drew analog sind, erscheinen zahlreicher als man im allgemeinen annimmt. Erst letzten Sonnabend hat mich ein Landpfarrer davon in Kenntnis gesetzt, daß er bei einem sterbenden Kind geweilt habe, das mehrfach wiederholt habe, es höre eine Engelsmusik . . Einige Wochen vorher hatte mir ein anderer Pfarrer gesagt, daß in seiner Gemeinde ein sehr religiös gesinnter Mann wohnte, der oft die Musik des Paradieses vernahm.'" (127, S. 217)

Dr. Ludwig führt an, daß sich beim Tode der Herzogin Magdalena von Württemberg nachts in ihrem Zimmer in Gegenwart von zwei Personen am 7. August 1712 eine Vokal und Harfenmusik hören ließ, auf die der Kanzler der Universität Tübingen in einer öffentlichen Rede Bezug nahm (S. 141). Ferner verweist Ludwig auf den Heiligen Augustin, der bereits „geisterhafte Musik bei Sterbefällen“ erwähnte, sowie auf den vierten Dialog des Papstes Gregor des Großen, der von Ohrenzeugen gehört haben will, wie sich beim Tode einer Jungfrau zwei singende Chöre vernehmen ließen, die umso leiser wurden, je höher die Seele zum Himmel geführt wurde. Ludwig (S. 142) und auch Moritz im „Magazin zur Seelenkunde“ (Bd. 1, S. 59) erzählen vom Ende eines Berliner Professors Georg Zierbein, der kurz vor seinem Tode in die Worte ausbrach: „Ei, wie schön! O, das ist etwas Herrliches! So schönen Gesang habe ich noch nicht gehört!“

Es erweist sich leider als notwendig, alle diese Fälle einzeln aus der Literatur zusammenzusuchen — sie erscheinen dafür an dieser Stelle in einer vielleicht noch nicht anderweitig vorhandenen Vollzähligkeit.

Nehmen wir einmal Beispiele bekannter Persönlichkeiten aus Rosenbergers Sammlung (128), der ohne jede Stellungnahme nur die Tatsachen mit ausführlichen Quellenangaben aufzeichnet.

An seinem Sterbetag rief Jakob Böhme bald nach Mitternacht seinen Sohn Tobias zu sich und fragte ihn, ob er die schöne Musik höre, und als dieser verneinte, gebot er ihm die Türe zu öffnen, um den Gesang deutlicher vernehmen zu können. Später fragte er, wieviel Uhr es sei, und da man ihm sagte, es sei zwei Uhr, sprach er: „Das ist noch nicht meine Zeit, nach drei Stunden ist meine Zeit.“ Nach drei Stunden starb er auch, nachdem er noch manches geordnet und von seiner Frau und seinem Sohn Abschied genommen hatte. Auch sagte er zu seiner Frau, daß sie nicht mehr lange leben werde, was auch zutraf (nach Abraham von Frankenberg: Bericht von dem Leben und Abscheiden Jakob Böhmens, Amsterdam 1682).

Joseph Haydn verzeichnet in seinem Tagebuch unter dem 25. April 1792 eine Begegnung mit einem Geistlichen, der beim Anhören eines bestimmten Andante in G-dur von Haydn plötzlich in düstere Schwermut verfiel. Auf die Frage seiner Freunde antwortete er: „Das Andante kündigt den nahen Tod an, wie mir in verflossener Nacht ein Traum angedeutet hat.“ Er verließ das Konzert, ging nach seiner Wohnung, legte sich schon krank ins Bett und verschied einige Tage nachher (berichtet von Haydns Biograph Albert Christoph Dies, der mit Haydn persönlich verkehrte, und in weiteren von Rosenberger angeführten Quellen).

Goethes Tod soll sich auf verschiedene Weise angekündigt haben. Darunter die „Musik in der Wand“, wo Goethe saß. Zuerst hörte Fräulein von Pogwisch diese Geistermusik, als sie einmal die Treppe hinaufging. Sie fürchtete sich so sehr, daß sie umkehrte und durch einen anderen Aufgang ins Zimmer zu gelangen suchte, aber auch da tönte ihr Musik entgegen. Nun nahmen auch die anderen Hausbewohner wahr, daß leise Töne in feinen Melodien aus den Wänden quollen (zitiert nach Wilhelm Bode: „Stunden mit Goethe“, Berlin 1909, Bd. IV, S. 202/3).

Der Dichter Eduard Mörike hatte in seinem abgelegenen einsamen Haus in Stuttgart seinen 70. Geburtstag gefeiert, als plötzlich harfenähnliche Töne erklangen und in seinem kleinen Zimmer verhallten. Seine Schwester Klara suchte nach den Musikanten — es war niemand zu sehen, weder auf der Straße, noch im Hause selbst. „Hast du gehört?“, fragte sie ihre Nichte. Zugleich rief Mörike aus dem Schlafgemach: „Wo ist die Musik“? Die Angehörigen konnten nur ihrer Verwunderung Ausdruck geben, die Musik verschwand so rätselhaft wie sie gekommen war. Da sagte Mörike: „Das geht mich an. Es ist mein letzter Geburtstag.“ Am 4. Juni des folgenden Jahres starb er (enthalten in Mörikes Gesamtausgabe von Harry Mayne, im Nekrolog über den Dichter von Oberst Günther in „Alemania“ Bonn 1875).

Siebzehn anscheinend authentische Fälle von „Sterbeklängen“ veröffentlicht der genannte Ernesto Bozzano (127) in seinem heute selten gewordenen Werk (einen gedrängten, aufschlußreichen Auszug, der hier mit verwertet wird, bringt die Zeitschrift „Metaphysik“, herausgegeben von der „Gesellschaft für metaphysische Forschung e. V.“ Hannover, 3. Jahrgg., Heft 6 u. 7, aus der Feder des verstorbenen Generals a. D. Josef Peter, der im Vorwort bedauert, daß das Gebiet der musikalischen Manifestation fast völlig vernachlässigt sei, und daß weder eine Sammlung noch eine Klassifikation vorhanden ist). Bozzano stützt sich auf die „Phantasms of living“ (by Gurney, Myers & Podmore, London 1887), auf das „Journal of the American Society for Psychical Research“, sowie geschichtliche Werke, Zeitschriften und eigene Beobachtungen.

Es sind durchwegs ähnliche Gehörsphänomene, verschieden nur in den äußeren Umständen. Und es erhebt sich die Frage, weshalb allein „Visionen“ selbst seitens der Kirche Bestätigung finden, den musikalischen Erscheinungen aber meist mit Zweifel und Mißtrauen begegnet wird?!

Hier nur zwei eklatante Beispiele (aus obiger Zeitschrift):

„Vor einigen Jahren erlebten meine Schwester und ich ein supranormales Ereignis, das uns großen Trost im Leben brachte. Unsere Mutter lag schwer krank darnieder. Der Arzt und die Wärterin erklärten, daß sie nicht mehr lange zu leiden habe. Eines nachts wachte meine Schwester mit der Krankenwärterin bei meiner Mutter, und ich ruhte in einem Zimmer im oberen Stockwerk. Plötzlich hörte meine Schwester majestätische Akkorde, die von einem himmlischen Instrument zu kommen schienen. Niemals hatte sie solch göttliche Melodie vernommen. Meine Schwester fragte die Wärterin, ob sie die Musik höre. ‚Ich höre nichts‘, antwortete die Gefragte. In diesem Augenblick stürzte ich in das Zimmer und fragte: ‚Woher kommt diese paradiesische Musik?‘ Die Akkorde ertönten so sonor, daß ich aus tiefem Schlaf erwacht war. Allmählich wurde die Musik schwächer und erstarb. Ich sah nach meiner Mutter: sie war tot! Ihr Geist hatte mit dem letzten Ton den Körper verlassen. Unser Vater, der im Nebenzimmer schlief, hatte nichts gehört.“

Ein lehrreiches Beispiel ist den bekannten „Phantasms of Living“ entnommen (hier im Auszug):

„Am Krankenbette eines Kindes hörten neun Personen der Familie musikalische Töne wie von einer Äolsharfe. Es waren melodische Akkorde, die sich allmählich verstärkten und schließlich das ganze Zimmer füllten. Diese transzendentale Musik wurde sogar in einer Küche vernommen, die unter dem Krankenzimmer lag. Nur das kranke Kind hörte nichts. Das Phänomen wiederholte sich an drei Tagen zu derselben Stunde und in demselben Raum. Am dritten Tage starb das Kind. — Der Fall ist gut beglaubigt und von mehreren Ohrenzeugen bestätigt. Der Umstand, daß das Kind nichts hörte, obwohl es noch bei vollem Bewußtsein war, beweist deutlich, daß es sich bei dem Phänomen nicht um Halluzination handelt, welche von dem Sterbenden auf die Anwesenden übertragen wird, sondern um eine Erscheinung, deren Ursprung äußerlich ist. Die dreimalige Wiederholung zu derselben Stunde läßt auf eine Absichtlichkeit schließen und die Anwesenheit eines oder mehrerer geistiger Intelligenzen am Todesbett annehmen."

Soweit Bozzano. Aus allen diesen Begebenheiten gewinnen wir zunächst die Erkenntnis, daß nicht alle Menschen in der Lage sind, diese rätselhafte Musik zu hören. Das beweist, daß eine besondere Befähigung notwendig ist — eine von besonderen Organen begünstigte „Hellhörigkeit", die eine Parallele zur bekannten Hellsichtigkeit bietet. Diese Tatsache erklärt vielleicht, weshalb nicht bei jedem Sterbefall von allen Anwesenden die Musik vernommen wurde. Sie ist aber auch kein Gegenbeweis gegen das Nichtvorhandensein von Sterbeklängen bei allen Todesfällen. Sie mögen vorhanden sein, ohne wahrgenommen zu werden. Wir wollen uns diese Feststellung merken.

Und zum Schluß dieser Betrachtungen noch ein Memorandum aus den „Phantasms of living", II, S. 639, eingereicht von einem Lehrer des Eton-College, übernommen nicht nur von Bozzano, sondern auch von Ludwig (126). Das Memorandum umfaßt mehrere Seiten mit Protokollen von Zeugen, darunter der behandelnde Arzt. In Anwesenheit verschiedener Personen wurde zehn Minuten nach dem Tod einer Mutter eine Musik vernommen, die als Klang von drei Mädchenstimmen beschrieben wird. Sie wird von einer Zeugin als zart, milde und „seltsam tief", von einer anderen sogar als „sehr tief" empfunden. Eigenartig, denn Mädchen, die auf der Straße vorüberziehen, pflegen nicht gerade „seltsam tief" zu singen. In dem Memorandum werden die kleinsten, nebensächlichsten äußeren Umstände geschildert zur Erhöhung des Wahrscheinlichkeitsgehaltes. Niemand konnte aber die Herkunft der Töne feststellen. Die Strasse war leer. Und das Merkwürdigste: der Gesang wurde gleichzeitig im Vorderhaus und auf der Hintertreppe vernommen, und der Klang schien unmittelbar an ihnen vorüberzuziehen. Lesen wir dazu im Wortlaut wenigstens noch die ungekürzte Aussage des behandelnden Arztes:

„Ich erinnere mich des Ereignisses vollkommen. Die arme Miss L. starb am 28. Juli 1881. Ich wurde ungefähr um Mitternacht gerufen und blieb nach ihrem Tode bis ungefähr 2.30 Uhr morgens. Weil keine geeignete Wärterin zugegen war, blieb ich und half den Freunden, die Leiche aufzubahren. Vier oder fünf von uns waren dabei beschäftigt, und auf meine Anordnung hin gingen die Wirtin von M. L' Haus und eine Magd zur Küchenabteilung, um eine Lade oder ein flaches Brett zu suchen, worauf wir die Leiche legen wollten. Etwas nach ihrem Fortgang, während wir auf ihre Rückkehr warteten, hörten wir deutlich einige Strophen lieblicher Musik, nicht unähnlich dem Klang einer Äolsharfe, welche die Luft für einige Sekunden zu erfüllen schien. Ich trat ans Fenster und sah hinaus, indem ich dachte, es müsse irgend jemand draußen sein, aber ich konnte niemand sehen, obwohl es völlig hell und klar war. Seltsam genug hatten die, welche zur Küche gingen, dieselben Klänge gehört, und zwar, als sie auf der Treppe waren, völlig an der anderen Seite des Hauses. Dieses sind Fakta, und ich halte es für geboten, Ihnen zu sagen, daß ich nicht den geringsten Glauben hege an Übernatürliches, Spiritualismus und dergleichen."

Wieder drängt sich uns eine Beobachtung auf. Diese Sterbemusik äußerst sich nicht nur verschieden, manchmal instrumental, mitunter vokal, sondern wird auch von den Beteiligten verschiedenartig empfunden, teils als dreistimmiger Gesang, teils als Ton einer Äolsharfe (in obigem Beispiel). Das beweist, daß die äußere (oder innere) Auslösung der Musik nicht identisch zu sein braucht mit dem musikalischen Inhalt selbst. Der gleiche Impuls kann je nach Individualität verschiedenartige musikalische Wirkungen auslösen — vielleicht in der Art einer Angleichung des Impulses an die persönlichen musikalischen Fähigkeiten, an das eigene Verständnis und Empfindungsvermögen für bestimmte, vertraute Klangcharaktere, für Äolsharfen, Instrumente, Mädchenstimmen und dergleichen. Wir wollen uns auch diese Beobachtung einprägen.

Die musikalische Wahrnehmung in der Meditation, in der Sterbestunde setzt eine besondere Einstellung voraus, eine diesen Umständen nach ungewöhnliche seelische Disposition.

Wie aber nun, wenn wir auf der nächsten Stufe unseres Erkenntnisweges feststellen müssen, daß mitten in unser Alltagsleben hinein Klänge unbekannter Herkunft dringen? Wir knüpfen damit wieder an den ersten Abschnitt an, die dort geschilderten geheimnisvollen Naturstimmen, die schon im Altertum Anlaß zu einer Personifizierung, zu einer Beseelung durch geistige Wesenheiten gegeben haben. Manche dieser seltsamen Klänge mögen wohl eine natürliche Ursache haben, mögen der eigenen Einbildung entstammen. Wie die geheimnisvolle Musik, die der Münchener Universitätsprofessor J. A. M. Perty (129, I, 121) schildert: „In einer Oktobernacht 1838, als ich eben in München war und gegen 12 Uhr in trüben Gedanken wachend lag, weil mir von jemand auf eine treulose und undankbare Weise begegnet wurde, ertönte plötzlich eine leise zarte Musik, wie von einer kleinen Glasharmonika, etwa einen Marsch darstellend. Die Töne schienen auf oder im Nachttischchen gebildet zu werden und das ganze liebliche Wesen dauerte etwa 2-3 Minuten.“ Damals gab es noch kein Radio. Würde es mit den wissenschaftlichen Erfahrungen vereinbar sein, daß sich innerlich erklingende Töne unter gewissen psychischen Umständen nach außen projizieren lassen und somit räumliche Gestalt erhalten?

Vielfach mag die Natur im Spiele sein, wenn rätselhafte Gesänge vernommen werden in angeblich menschenleerer Gegend, die ein Abt namens Pluquet neben vielen anderen Personen gehört haben will, berichtet von De Vesmes (130, S. 50 ff., Bd. III). „Dieses alles war wohl verbürgt worden, und jene Stimmen erklangen so harmonisch, daß unsere Bauern gewiß nicht fähig waren, ein ähnliches Konzert anzustimmen." Aber — das erscheint uns wieder bedeutsam: „Nicht alle, welche hinzuliefen, um Ohrenzeugen des Wunders zu sein, konnten die Stimmen auch wirklich vernehmen."

Wir war das doch mit dem im ersten Abschnitt mitgeteilten Erlebnis des Dichters Verner v. Heidenstams (vergl. S. 53) mit der seltsamen Musik, die dicht an ihm vorbei durchs Zimmer zog? Hat ihm dabei seine dichterische Phantasie allein einen Streich gespielt? Ist dieses Beispiel nicht ähnlich der geisterhaften Begebenheit, die vor diesem Abschnitt nach einem Tatsachenbericht in erzählender Form wiedergegeben wurde? Und wenn wir dabei den Wahrscheinlichkeitsgehalt auf ein Minimum reduzieren wollten, so gewinnen wir dennoch hieraus die Erkenntnis, daß Musik mehr ist und mehr vermag als nur die Luft in verschiedenartige Schwingungen zu versetzen — daß hinter ihr vielmehr eine Kraftpotenz am Werk ist, deren Wesen wir nicht kennen. Läßt sich ein Raum wie in der Erzählung „Ghostly melody" mit dieser unbekannten Kraft „aufladen", daß sie sich unter gewissen Umständen wieder dem inneren Ohr in Tonfolgen mitteilt? Da geriet mir eine andere Erzählung aus der Zeitung „Neues Österreich" vom 26. 4. 59 in die Hand: „Die Legende vom Bösendorfer Saal." In diesem berühmten Konzertsaal unterhalten sich zum hundertjährigen Todestag seines Begründers zwei Konzertbesucher.

„Ich habe diesen Saal wie einen Menschen gern gehabt. Wissen Sie, diese glatten Wände haben etwas Zauberhaftes, sehr Geheimnisvolles! Fühlen Sie nicht, daß da Schichten von

Musik gelagert liegen? Musikspat! Ein neues Mineral, Herr Doktor! Was meinen Sie dazu?“

„Musikspat! Welch reizende Idee, verehrter Herr Hofrat! Als ob in diesen Wänden die Musik von Beethoven, Wolf, Brahms, Chopin eingemauert wäre!“

„Haben Sie nicht auch, lieber Doktor, wenn Sie diese wunderbaren Namen aussprechen, eine bestimmte Rhythmusvorstellung?“

„Nein, nur Farben sehe ich dabei.“

„Farben? Merkwürdig! Für mich wieder ist jeder dieser hohen Namen ein irgendwie verkörperter Takt. Ich kann es Ihnen nicht anders erklären. Und wie ist das mit Ihren Farben?“

„Wie das mit meinen Farben ist? Für mich ist Bach dunkelblau, Beethoven gold, Schubert himmelblau, Chopin violett, Haydn rosa, Wolf frühlingsgrün, aber Mozart — Mozart ist das Spektrum: alle sieben Farben sind in seiner Musik.“

Der Hofrat lächelte. „Nette Spielerei! Wolf frühlingsgrün! Ja, das mag was für sich haben. Übrigens, glauben Sie nicht auch, daß in diesem Hause die hier verklungene Musik noch weiterlebt?“

„Wieso?“

„Es klingt ja hier! Hören Sie denn nicht, wie es in diesem Saale, auch in der Ruhe, tönt?“

Die Ähnlichkeit des Londoner Berichtes mit dieser Plauderei in dem einen, entscheidenden Punkt ist zumindest etwas frappierend.

Und da sind wir nun mitten in der musikalischen Spukwelt, wenn wir Bozzano aufschlagen und seine weiteren Beispiele verfolgen. Da hört eine Mutter den Gesang einer verwandten Nonne im gleichen Augenblick, als sie gestorben ist, in einem weit von ihr entfernten Kloster. In leeren Kirchen, in Kapellen, besonders auf Friedhöfen vernehmen sensitive Personen Choräle, Orgelklang, einen Kirchenchor. Der englische Forscher Podm o r e, absoluter Gegner des Spiritismus, versucht eine „natürliche Erklärung“ zu finden:

„Schwierig sei nur, zu erklären, daß Mr. B. eine Instrumentalmusik vernommen habe, während Lady Z. einen Chorgesang hörte. Podmore glaubt, daß man nicht nötig hat, auf Ursachen zurückzugreifen, die nicht natürlich sind. Traditionen in der Familie oder Gedanken an das Jenseits, hervorgerufen durch die Umgebung, können schon genügen, um musikalische Harmonien zu hören in Tönen, welche der Wind in dem Buschwerk erzeugt. Auf solche Weise bilde sich eine halluzinatorische Vorstellung, und wenn diese einmal erzeugt ist, kann sie sich auf andere sensitive Personen unter besonders günstigen Umständen übertragen. Im vorliegenden Falle konnte die Vorstellung verschiedene Formen annehmen, je nach der Idiosynkrasie, ganz abgesehen von dem Orte“.

Bozzano bemerkte hierzu sehr richtig, daß es bezüglich des vorliegenden Falles eine willkürliche Behauptung sei, wenn man die Ursache als spiritistisch bezeichnet, denn es fehlt der Beweis, „aber von da bis zur Halluzinationstheorie Podmore's ist ein Abgrund. Übrigens haben die betreffenden Personen vor ihrem Erlebnis nicht von dem Phänomen sprechen hören. Die Halluzinationstheorie fällt damit. Man muß das Phänomen als supranormal betrachten, und derartige Phänomene haben jedenfalls theoretischen Wert, wenn man andere Erlebnisse dieser Art in größerer Zahl feststellt, die bessere Einzelheiten enthalten.“

General Peter nimmt weiterhin hierzu Stellung in der Zeitschrift „Metaphysik“:

„Ich möchte noch beifügen, daß Podmore's Annahmen willkürlich sind. Selbst wenn die Personen sich Meditationen über das Jenseits hingegeben haben, ist es doch sehr fraglich, ob sich daraus Halluzinationen in solcher Deutlichkeit und Stärke entwickeln. Noch willkürlicher ist die Annahme der Übertragung auf andere Personen. Wenn Podmore recht hätte, müßten derartige Phänomene in größerer Menge erscheinen, als dies tatsächlich der Fall ist. — Übrigens bezweifle ich, ob der gesunde Menschenverstand mit solch künstlich konstruierten Annahmen auf seine Rechnung kommt.“

Noch seltsamer ist das Erlebnis zweier Damen, Miss Lamont und Miss Morison, bei einem Besuch in Klein-Trianon, nach Bozzano.

„Die genannten Damen hatten dort die Vision, in die Umgebung aus der Zeit Ludwig XVI. versetzt zu sein. Sie sahen Marie Antoinette und Personen des königlichen Hofes in der Tracht der Zeit. Unter anderem hörte Miss Lamont die Musik eines Orchesters und Violinen aus dem Hause von Klein-Trianon ertönen. Die orchestrale Begleitung war im Tone tiefer als in der modernen Musik. Die Dame konnte zwölf Takte der Solis aufzeichnen. In einem der Takte war ein Harmoniefehler.

Man stellte fest, daß um die Zeit, in welcher die Besucherinnen im Parke waren, keine Musik spielte — weder hier, noch in der Umgebung. Aber noch mehr: Die 12 Takte wurden von einem Musikverständigen in Paris geprüft, und es ergab sich, daß sie einer veralteten Musik angehörten, etwa aus der Zeit um 1780. In der Tat war im 18. Jahrhundert die Begleitung tiefer als heute. Im Konservatorium von Paris ergab sich ferner, daß die Takte sich in verschiedenen Werken des 18. Jahrhunderts fanden und das Leitmotiv bildeten. Nichts Ähnliches wurde in späteren Werken (nach 1815) gefunden. Die Takte bildeten einen charakteristischen Teil in Werken von Sacchini, Philidor, Monsigny, Gretry und Pergolese. Auch Harmoniefehler ähnlicher Art, wie die von Miss Lamont gehörten, finden sich bei Monsigny und Gretry.

Dieser interessante Fall ist schwer zu erklären. Wenn man aber in dem Phänomen der transzendentalen Musik die Absicht eines intelligenten Überträgers — des Agenten — erblickt, dann kann man sich nicht mehr mit der psychometrischen Hypothese begnügen, sondern muß an spiritistische Telepathie denken.“

Verdient der nachstehende Fall etwa mehr Glaubwürdigkeit?

„Perzipient war ein in den Vereinigten Staaten wohlbekannter Ingenieur, ein Freund des berühmten Philosophen H. Spencer. Er war sehr musikalisch und kannte alle besseren Werke der alten Musik. Er erklärte, daß die transzendentale Musik, welche er verschiedene Male hörte, an Schönheit alles übertrifft, was an irdischer Musik geboten werden kann. Dieser Sensitive hörte Chöre, darin abwechselnd Solostimmen, männliche und weibliche. Besonders war eine Tenorstimme so hinreißend, daß er sie — wie er sagt — unter tausend Stimmen wiedererkennen würde. Wenn er diese Musik hörte, schien sein Gesicht zu leuchten. Die Welt existierte nicht mehr für ihn. Anfangs glaubte er, daß er das Opfer einer Autohypnose sei, aber allmählich mußte er sich überzeugen, daß er in solchen Momenten wirklich in Beziehung trat zu den geistigen Sphären. Er kam dann in einen ekstatischen Zustand, und wenn er daraus erwachte, fragte er die Anwesenden: ‚Habt ihr es nicht gehört? Es schien mir, ihr hättet es hören müssen. Das ganze Universum schien durchdrungen.‘

Merkwürdig ist, daß ihn einst in einer Sitzung mit dem Medium Mrs. Hollis-Billing die Trancepersönlichkeit fragte, ob er wisse, wer mit jenem herrlichen Tenor gesungen habe? Der Ingenieur war überrascht und sagte: ‚Nein, kannst du es mir sagen?‘ Die Antwort war: ‚Ja, es ist ein italienischer Musiker, namens Porpora. Er hat oftmals versucht, seinen Gesang Lebenden vernehmbar zu machen, aber immer ohne Erfolg. Du bist der einzige, bei dem es gelungen ist . . .‘

Tags darauf suchte der Ingenieur in biographischen Werken über Musiker und fand, daß im 17. Jahrhundert ein eminenter Komponist und Tenor namens Porpora gelebt hatte. Es scheint, daß er noch heute unter den Liebhabern der klassischen Musik bekannt ist.

Hierbei ist zu bemerken, daß das Medium den Ingenieur nicht kannte. Er wohnte zum erstenmale der Sitzung bei. Von den Anwesenden wußte nur ein Freund, der ihn begleitet hatte, von der hellhörenden Fähigkeit des Ingenieurs.“ —

Wiederum bestätigen sich die bereits gewonnenen Erkenntnisse, daß nur besonders disponierte Personen dazu fähig sind, eine „spirituelle“ Musik wahrzunehmen, und daß unter ihnen der erhaltene Eindruck verschiedenartige Formen annehmen kann. Es bedarf gewisser medialer Fähigkeiten, wie sie in besonders ausgeprägtem Maße ein spiritistisches Medium aufzuweisen hat.

Und damit sind wir auf unserem Rückweg in irdische Gefilde mitten im Zwischenreich angelangt, in der Welt des Spiritismus.

Spiritistischen Erfahrungen zufolge lieben die Geistwesen Musik und werden von ihr „magisch“ angezogen. Schon Agrippa von Nettesheim beschreibt in der „Occulta philosophia“ eine Beschwörung von Elementargeistern, wobei ausdrücklich von einer „eigens dazu komponierten Musik“ die Rede ist (104, S. 394). Ich werde mitunter gefragt, welche Musik für die Einleitung spiritistischer Sitzungen geeignet sei. Da kann ich nur empfehlen: die freie Improvisation am Klavier. Unabhängigkeit vom Notenbild, das Schaffen aus dem Inneren heraus bei hierfür begabten Persönlichkeiten dürfte für alle, die hieran glauben, die geeignetste Brücke zwischen dem Diesseits und Jenseits sein.

Bereits im Altertum war die Wirkung der Musik zur Erzielung somnambuler Zustände bekannt. Sie dürfte in den Mysterien des altägyptischen Tempelschlafes angewandt worden sein. Auch die Neopythagoräer erkannten in der Musik eines der besten Steigerungsmittel des Somnambulismus und verbanden die Übungen der dreijährigen Prüfungszeit mit musikalischer Betätigung (131, S. 12). Dieser somnambule Zustand, das Verfallen in „Trance“ beim Medium — ist es etwas so Absonderliches — klingt es nicht echogleich noch an bei jedem intensiven Musikhören, wenn sich der Musikfreund völlig im Banne des Kunstwerkes fühlt, in das er sich innerlich versenkt? Und kann er hierbei nicht Leiden und Schmerzen, Sorgen und Kummer vorübergehend restlos vergessen? Und wenn er gewaltsam durch einen äußeren Schock aus diesem Zustand herausgerissen wird — kann dieser Schreck nicht seelische Störungen verursachen wie in ungleich stärkerem Maße bei einem mit Gewalt erweckten Medium?

Aus der Fülle von Protokollen, die bei spiritistischen Sitzungen verfaßt wurden, aus den mir selbst zugegangenen Zuschriften anläßlich meines Aufrufes in der Zeitschrift „Die andere Welt“ (Verlag Hermann Bauer, Freiburg i. Br.) ergeben sich zwei Gesichtspunkte: das Erscheinen von Klopfgeräuschen, die rhythmisiert eine von Teilnehmern vorgetragene Musik begleiten, und zweitens das selbständige Spielen von Musikinstrumenten.

Ist der französische Dichter Sully-Prudhomme, 1901 durch den Nobel-Preis ausgezeichnet, eine glaubwürdige Persönlichkeit? Er berichtet aus Anlaß einer Rundfrage der Pariser Zeitung „Le Matin“ (132, S. 287) von seinen Erlebnissen mit dem berühmten Medium Eusapia Paladino, daß eine Gitarre sich selbständig in die Luft erhob, daß Musikinstrumente von selbst erklangen. „An Schwindel glaube ich nicht. Wir kannten einander und wußten, daß wir zueinander Vertrauen haben durften.“ Tonwerkzeuge, die ohne Einwirkung von Menschenhand erklingen, werden in Sitzungen mit den Medien Guzik, der „Femme masquée,“ Home u. a. erwähnt. Berichte hierüber finden sich in der ehemaligen Leipziger Zeitschrift „Psychische Studien“, 49. und 51. Jahrgang. Gewährsleute sind die Doktoren Müller, Moll, Fritz Quade, der aussagt, daß Geistwesen die von ihm gedachten Melodien erkannten. „Manche Gedankenhörer berichteten, daß sie öfters Melodien und Harmonien hörten, die nicht aus ihrer Vorstellung stammten.“ (133, S. 65) General Peter erwähnt in der obigen Zeitschrift Versuche mit dem Medium Miß Besinnet nach den Protokollen des „British College of Psychic Science“. Dabei ließen sich in der Luft singende Stimmen hören, Pfeifen, Tambourinspiel u. a. „Die singenden Stimmen variierten vom höchsten Sopran bis zum mächtigen Bariton.“ Sie waren selbst dann klar und deutlich, wenn das Medium erkältet war und unfähig auch nur zu sprechen.

Von selbständig erklingenden Instrumenten berichten ebenfalls die authentischen Protokolle der Sitzungen mit dem Medium Maria Silbert, genannt „Mutter Silbert, die Seherin von Waltendorf." Ihre ungewöhnlichen Fähigkeiten, die von zahlreichen glaubhaften Persönlichkeiten, Wissenschaftlern und Gelehrten in einem umfangreichen Werk (174) bezeugt sind, beziehen sich auch auf Musikphänomene. In ihrer Jugendzeit begann ein Klavier selbständig zu spielen (174, S. 41). Der Parapsychologe Professor Daniel Walter (Graz) schildert eine Sitzung, in der eine Geige Akkorde ertönen ließ, ohne von Menschenhand berührt zu werden. Ein Teilnehmer (Dr. Haslinger) sang die Venushymne aus Tannhäuser, bei der die Geige selbständig die Begleitung ausführte. (S. 193 ff). In einem anderen Falle erklang in Klopftönen der Rhythmus aus den Anfangstakten eines Streichquartettes von Beethoven, dessen Titel von einem Teilnehmer auf einen Zettel geschrieben wurde.

Höhere Mächte scheinen sich der Stimme des Mediums zu bedienen, wie eine mir persönlich zugegangene Mitteilung des deutschen Korrespondenten des Pariser „Bureau international du Spiritisme" vermuten läßt: „Frau K. singt im Trance-Zustand ausgezeichnet. Im Wachzustand ist ihre Stimme wenig wert. Zu den Sitzungen hatte ich auch einen Gesangskundigen eingeladen, welcher erklärte, daß das Medium ein ‚Kapital' in der Kehle besäße. Während des Schlafzustandes verjüngten sich ihre Gesichtszüge ganz beträchtlich und veränderten sich auch je nach dem Alter oder Geschlecht des Geistes, welcher Frau K. beeinflußt. Der Stimmumfang ist ein ganz gewaltiger, Koloratur in den höchsten Lagen, zarte Kinderstimme, tiefe Männerstimme, Gesang in fremden, nie von ihr gelernten Sprachen. Da an den Sitzungen auch eine zuverlässige Hellseherin teilnahm, so wurde der Wechsel des Einflusses ‚hellseherisch' beobachtet und vor Ertönen der Stimme des Mediums beschrieben. Leider sind die Sitzungen mangels Apparates nicht phonographiert worden."

Der dänische Komödiendichter Julius Magnussen (134) teilt ein Erlebnis mit, das Dr. Fritz Quade in einem Vortrag der „Deutsch- Okkultistischen Gesellschaft" (Psychische Studien, März 1923) aufgriff. Demnach habe sein Bruder ein langes Stück aus der Oper „Die Hugenotten" auf dem Klavier wiedergegeben, ohne die Oper je gehört zu haben. Er führt dies auf Einwirkungen seines verstorbenen Vaters zurück.

Klopflaute begleiten den Takt eines Musikstückes, sogar eines Duettes, wobei gleichzeitig zwei Noten geklopft werden (130, S. 96, S. 130, S. 212). De Vesmes übernimmt die Angaben eines Arztes (Dr. Plath), daß sich bei einer Kranken ständig Geräusche und Klopflaute hören ließen. „Wenn jemand falsche Töne sang oder spielte, so gaben die Schläge den richtigen Ton an, indem sie die Tonleiter klopften." Von musikalischem Klopfen berichtet auch H. P. Blavatsky in „Isis entschleiert" und bezieht sich auf spiritistische Musikphänomene des Roger Bacon vor der Königin: „Wir sind von englischen Korrespondenten der theosophischen Gesellschaft benachrichtigt worden (unsere persönliche Erfahrung nicht zu erwähnen), daß sie Weisen der entzückendsten Musik gehört hatten."

Diese Beispiele ließen sich noch endlos fortsetzen. Mit Vorbedacht wurden aus der Fülle des Stoffes solche Fälle gewählt, die auf der Aussage namhafter und zuverlässiger Persönlichkeiten beruhen. Wie z. B. der bekannte Astronom Camille Flammarion, der ausführlich eine Sitzung mit dem Medium Home beschreibt in Anwesenheit von Wissenschaftlern, darunter der Spezialist für Spektroanalyse Sir William Huggins (135, S. 270 ff):

„Herr Home setzte sich neben den Tisch auf ein Chaiselongue. Ich setzte mich zu seiner Linken, ein anderer Beobachter ließ sich an seiner Rechten nieder, einige andere Teilnehmer setzten sich um den Tisch herum. Während des größten Teils der Sitzung, besonders aber wenn ein wichtiges Phänomen stattfand, hielten die Beobachter, die neben dem Medium saßen, ihre Füße über den seinen, sodaß sie die geringste Bewegung bemerken mußten. Herr Home nahm eine Ziehharmonika zwischen Daumen und Mittelfinger der einen Hand, an der den Klappen entgegengesetzten Seite. Nachdem ich selbst noch die Baßklappe geöffnet hatte, wurde ein Kasten unter dem Tisch hervorgezogen, gerade so weit als nötig war, um die Ziehharmonika mit der Klappenseite nach unten hineinzuschieben. Hierauf wurde der Kasten wieder unter den Tisch geschoben, soweit es Herrn Homes Arm erlaubte, doch ohne daß seine Hand den Nebensitzenden verdeckt wurde. Bald sahen die Nebensitzenden, wie die Ziehharmonika auf sonderbare Weise hin- und herschwankte, schließlich wurden nacheinander mehrere Töne gespielt. Während das geschah, kroch mein Präparator unter den Tisch und stellte fest, daß die Ziehharmonika sich aus- und zusammenzog. Herrn Homes Hand, die die Ziehharmonika hielt, war ganz unbeweglich. Dann wurde eine einfache Melodie gespielt. Da ein solches Resultat nur erhalten werden kann, wenn die verschiedenen Klappen des Instrumentes in harmonischer Weise in Tätigkeit gesetzt werden, erklärten alle Anwesenden das Experiment für erwiesen. Aber was hierauf folgte, war noch erstaunlicher: Herr Home entfernte seine Hand vollständig von der Ziehharmonika, nahm sie ganz aus dem Kasten heraus und legte sie in die Hand der Person, die neben ihm war. Da spielte das Instrument von selbst weiter, ohne daß jemand es hielt."

Darf man wirklich annehmen, daß alle Menschen, die jemals Erfahrungen in spiritistischen Sitzungen gemacht haben, getäuscht wurden? Oder sind hier tatsächlich höhere Mächte im Spiel, die außerhalb irdischer Gesetzmäßigkeit stehen?*

* Es sei mir gestattet, an dieser Stelle ein persönliches Erlebnis anzuführen, für dessen sachliche Richtigkeit ich mich verbürge. Es handelt sich um einen wichtigen Hinweis, den ich von einer „anderen Seite" bei der Abfassung meiner Dissertation erhielt. Ich arbeitete an einer Biographie des Dresdner Komponisten Constantin Christian Dedekind (1628-1715). Er pflegte auf der Titelseite seiner Werke hinter dem Namen die rätselhaften Buchstaben

Ist man berechtigt, alles das zu leugnen, was sich einstweilen noch mit den uns bekannten Naturgesetzen nicht unmittelbar in Einklang bringen läßt?

Haben wir bisher nur musikalische Erscheinungen behandelt, die unter bestimmten seelischen Einstellungen oder spontan bei medial veranlagten Personen auftraten, so begeben wir uns jetzt auf ein Gebiet, bei dem sich Musikphänomene unter dem Zwang einer fremden menschlichen Einwirkung bilden. Und das ist die Hypnose.

Die Bedeutung der Hypnose für die Kunst ist ein wohl noch wenig beachtetes Problem. Es gibt Traumtänzer, Pianisten, Maler, Dichter, die in einem künstlich hervorgerufenen Schlafzustand Leistungen vollbringen, die ihnen im Wachbewußtsein

---

„KSM und KRP" anzubringen. Vergebens bemühte ich mich, durch Umfragen, durch archivarische Forschungen hinter dieses Geheimnis zu kommen. Entmutigend war auch eine spätere handschriftliche Eintragung in einem seiner Bücher auf der Dresdner Landesbibliothek: „Es wird wohl niemals gelingen, das Rätsel dieser Buchstaben aufzuklären." — Damals experimentierte ich „nur so zum Spaß" mit einem Freund am Skriptoskop (Planchette). Auf einer Glasplatte, die ein Alphabet bedeckt, steht ein dreieckiges Pappkästchen mit Zeiger, das angeblich „von selbst" über die Platte gleitet von einem Buchstaben zum andern, wenn man lose die Finger darauflegt. Eines Abends meldete sich mein Dedekind persönlich an. Natürlich — wie konnte es anders sein, als daß meine Gedanken einen unbewußten Willensimpuls auslösten, der das Kästchen in Bewegung setzte?! Immer noch belustigt stellte ich die Frage: „Was bedeuten KSM und KRP?" Sofort glitt das Kästchen über die Tafel und buchstabierte „Kurfürstlich Sächsischer Musikus und Kaiserlich Römischer Poet." — Die erste Erklärung war einleuchtend, denn Dedekind stand im Dienst des Kurfürsten von Sachsen. Der Poeten-Titel kam mir aber doch etwas unwahrscheinlich vor. Immerhin nahm ich die Spur auf. Ich befaßte mich mit den literarischen Strömungen des 17. Jahrhunderts, stieß auf die damals zahlreichen „Dichterorden", ermittelte, daß Dedekind dem Dresdner „Elbschwanen-Orden" angehörte und — ich glaube meinen Augen nicht zu trauen, wie ich lese, daß die Mitglieder dieses Ordens das Recht hatten, sich „Kaiserlich Römische Poeten" zu nennen!! Da hatte ich den wissenschaftlichen Beweis für die Richtigkeit der mir zugegangenen „okkulten" Mitteilung in der Hand! Ich verwertete sie in der Dissertation (Auszug in der „Zeitschrift für Musikwissenschaft" 8. Jahrgang). Eine „natürliche" Erklärung läßt sich wohl kaum finden. Naheliegende Faktoren wie Telepathie, Strömungen des Unbewußtseins müssen vollkommen ausschalten, denn nachweislich war keinem Menschen meiner Umgebung die Deutung der Buchstaben bekannt. Und mein Freund, mit dem ich experimentierte, war musikfachlich überhaupt nicht interessiert.

unmöglich wären. Das dürfte jeder Hypnotiseur bestätigen können. Versuche dieser Art werden von Schrenck-Notzing, von Oberst De Rochas bezeugt. Dazu kommen mir persönlich zugegangene Protokolle, in denen sachlich festgestellt wird, daß z. B. eine Dame mit schulmäßigem Klavierspiel ausgedehnte freie Phantasien spielt, nachdem sie eingeschläfert wurde. Der Hypnotiseur verlangte, daß sie vorgeschriebene Landschaftsstimmungen am Klavier zum Ausdruck bringen sollte. Sie tat es mit derartigem Gefühlsreichtum, daß ein bei der Sitzung anwesender Klaviervirtuose ihre Kunstleistung nicht genug rühmen konnte. Ein heute in München lebendes Klaviermedium habe ich im Beisein von Fachleuten selbst geprüft. Es handelt sich um eine sehr sensitive Dame, die nach Angaben der Eltern niemals Klavierunterricht gehabt hat, aber sich selbst in einen Trance-Zustand versetzen konnte, in dem sie freie Phantasien im Stil alter Meister fehlerlos ausführte. Zufällig zog bei diesem Vorspiel ein Gewitter auf. Die elektrischen Entladungen trieben sie vom Sitz empor, und mit den Worten: „Ich höre Orgelmusik — jetzt werde ich Orgel spielen!" improvisierte sie stehend eine Toccata in Bachschem Stil. Als ich nach Beendigung auf die vielen kontrapunktischen Feinheiten, die imitatorischen Wendungen aufmerksam machte, fragte sie ganz erstaunt: „Was ist denn das?" Den anwesenden Fachleuten war es unbegreiflich, wie man ohne Schulung, ohne Übung sich die notwendige flüssige Technik aneignen kann.

Dieses Selbstversenken in einen Trance-Zustand ist nicht selten, es genügt ein starker Wille — und die Anwesenheit einer „Kontaktperson", die seelische Verbindung mit der medial veranlagten Person aufnimmt. Über die Erweckung tänzerischer Fähigkeiten in einem Mädchen berichtete Professor Jahn (Köln) im „Kölner Tageblatt" vom 18. 1. 1923. Nachdem ein anwesender Arzt an den verschiedenen Symptomen (Stellung der Pupillen, Muskelstarre, Unempfindlichkeit) festgestellt hatte, daß die Versuchsperson eingeschlafen war, nahm der Hypnotiseur durch Berühren und magnetische Striche den Kontakt auf und befahl ihr, verschiedene Stimmungen pantomimisch auszudrücken und Tänze nach wechselnden Themen vorzuführen. Die künstlerische Leistungsfähigkeit war für alle Anwesenden überraschend. Wenn die Musik plötzlich abbrach, behielt sie für kurze Zeit die letzte Pose bei, dann sanken die Arme herab — sie schlief. Es gab keine Ermüdungserscheinungen. „Die Forschung hat zu dem Ergebnis geführt, daß der hypnotische Zustand etwa nicht neue Kräfte schafft, sondern nur die vorhandenen von seelischen Hemmungen befreit", meint Prof. Jahn. Nach dem Erwachen vermag sie sich an nichts mehr zu erinnern.

Besonders aufschlußreich für den Musikpsychologen sind die von De Rochas durchgeführten Experimente, weil sie Wesentliches über den inneren Zusammenhang zwischen Tonfunktionen und Körperfunktionen aussagen (136, S. 153 ff.) Die „Traumtänzerin" reagierte mit den äußeren Körperteilen auf den Rhythmus, mit Haltung und Ausdruck des Oberkörpers auf die Melodie. Spielte man auf dem Klavier nur die Begleitung, so setzten die Füße zum Schreiten an, der Oberkörper blieb leblos. Sowie die Melodie hinzutrat, spiegelte sie sich in der Physiognomie. Die aufsteigende Tonleiter erzielte eine zitternde Bewegung von den Füßen bis zum Kopf, Unter- und Oberdominante waren in Arm und Hand lokalisiert, der Leitton entsprach der Lippenbewegung! De Rochas berichtet von einem anderen Versuch in der Nervenklinik von Dr. Bérillon, Paris. Eine hypnotisierte Kranke erhob sich bei den Klängen eines Walzers von Schulhoff und tanzte. Als plötzlich der melodienreiche a-moll-Walzer von Chopin ertönte, brach die Bewegung der Füße ab, der tänzerische Ausdruck beschränkte sich allein auf die Arme. „Und im selben Maße wie sich die Melodie entwickelt, wird die Bewegung seltener und der Ausdruck verinnerlicht sich." (136, S. 255)

Es ist wohl anzunehmen, daß weitere Versuche auf dem Gebiet der Hypnose wertvolle Aufschlüsse über die inneren Zusammenhänge zwischen Musik und Seelenleben liefern könnten. Uns interessiert vor allem die Frage, woher die im Wachbewußtsein nicht vorhandenen und nur in der Hypnose zu Tage tretenden künstlerischen Fähigkeiten stammen? Von dem Hypnotiseur selbst können sie nicht ausgehen — also waren sie bereits in der Seele vorhanden und bedurften nur eines äußeren Anlasses, um „erweckt" zu werden? Ist die Seele eine Art von Radargerät, das die ihr zugeleiteten Schwingungen empfängt, registriert und nun aus unbekannten Tiefen Kräfte entfaltet, die ohne Hemmungen und Störungen durch den physischen Organismus anderweitig nicht erreichbare Kunstleistungen erzielen? Wir wollen uns auch diese Erwägungen merken.

Auf dem Rückweg von Sternenhöhen zu irdischen Tiefen nähern wir uns nach Überwindung des „Zwischenreiches" immer mehr dem allgemein menschlichen Dasein.

Die vorletzte Station unseres Erkenntnisweges ist das Problem des musikalischen Erlebens im Traumzustand.

Es kann nicht unsere Aufgabe sein, uns mit den einschlägigen Traumtheorien des in seiner Einseitigkeit glücklich überwundenen Freud, Adler, mit Stekel, P. Bjerre, mit dem auf diesem Gebiet führenden C. G. Jung und seinem verdienstvollen Mithelfer Aeppli, mit Schultz-Hencke u. a. auseinanderzusetzen. Interessenten seien auf die einschlägige Literatur verwiesen, namentlich auf die wissenschaftlich gründliche Arbeit von Wolf v. Siebenthal, dessen Literaturverzeichnis 1309 Werke über Träume und Traumdeutung umfaßt (137). Wir haben uns lediglich mit der Bedeutung zu befassen, die der Musik im Schlaftraum zukommt.

Es ist nicht unwichtig, daß C.G. Jung (36, S. 103) Mythen und Märchen mit den Träumen vergleicht, in ihnen „sagt die Seele über sich selber aus". Ziel des Traumes ist die Integration zwischen Bewußtsein und dem Unbewußten. Dem Traum liegen einerseits Archetypen des kollektiv Unbewußten zugrunde — also urtümliche Bilder, die der menschlichen Allgemeinheit eigen sind, und andererseits Bezogenheiten auf das eigene Ich. Wir haben gesehen, welche Rolle Mythen und Märchen bei der Entstehung und Entwicklung der Musik spielen. Es wäre aufschlußreich, ihnen in der Traumwelt nachzuspüren und wieder zu begegnen — unter der Voraussetzung, daß eine hinreichende Fülle von Material zu einem solchen Unterfangen berechtigt. Verhältnismäßig ist die Zahl der gesammelten Musikträume jedoch noch recht gering.

Es bleibt eine offene Frage, ob die ärztliche Wissenschaft, die sich hauptsächlich um die Traumprobleme bemüht hat, die allein berufene Instanz ist, um über das Wesen des Traums zu urteilen und ihn dem psychoanalytischen Seziermesser auszuliefern. „Vor allem erscheinen die Träume schöpferisch begabter Menschen bemerkenswert, die sich oft genug eine gewaltsame Zurechtbiegung gefallen lassen müssen, um mit der Schulmeinung übereinzustimmen. Das haben die großen schöpferischen Geister der Menschheit aber nicht unbedingt nötig. Jahrhunderte lang hat sich die ärztliche Kunst und Wissenschaft um den Wahrheits- und Schönheitsgehalt der Träume begabter Menschen überhaupt nicht gekümmert, und es ist ein unbilliges Verlangen, daß die Wissenschaft nun auf einmal als oberste Zensur- und Bewertungsstelle für Träume angesehen werden solle. Der Horizont, der Erlebnisbereich vieler Künstler und Dichter, vor allem derer, die visionär und prophetisch in positivem und gesundem Sinne begabt sind, reicht weiter als der Gesichts- und Erfahrungskreis von vielen, die heute glauben, das Traum-Erfahrungsgut wissenschaftlich allein bewerten zu dürfen... Wenn eine Klasse von Menschen seit eh und je die Mysterien der Träume verwaltet und bewahrt und weiterüberliefert, so sind es in erster Linie die schöpferisch begabten und nicht diejenigen, welche als Mediziner im Strom der gerade vorwaltenden Anschauungen über ein Gebiet mitschwimmen." (138, S. 34 ff.) Diesen mutigen Worten, die einen aufschlußreichen Beitrag zur Kennzeichnung der heutigen Situation auf dem Gebiet des Traumes liefern, ist wohl nichts hinzuzufügen — ohne daß damit der Wert einzelner bedeutender Wissenschaftler wie C. G. Jung angetastet werden soll.

Aber gerade um die Träume der schöpferisch Begabten handelt es sich in unserem Falle! Und es ist für unsere Untersuchung bedauerlich, daß hierzu noch keine Spezialliteratur vorhanden ist. Weniger interessant sind für uns die Alltagsträume, in denen zumeist äußere, während des Schlafes empfangene akustische Reize sich in bildhaftes Traumgeschehen umwandeln. Die Traumsprache ist im allgemeinen eine Bildersprache, deren Symbolgehalt uns überrascht und zu Deutungen veranlaßt. Und wenn Musik in Alltagsträumen erscheint, etwa eine dem eigentlichen Traumerlebnis nur nebensächlich koordinierte Musikkapelle aufziehender Soldaten oder Musik bei einem Leichenbegängnis, so vermag man allenfalls einen allgemeinen Eindruck zu empfinden, ohne sich über den musikalischen Inhalt Rechenschaft geben zu können. Ernst Aeppli weist in seinem von innerer Wärme erfüllten Traumbuch ebenfalls darauf hin, daß das Bilderlebnis gegenüber dem Tonerlebnis weit vorwiegt. „In bestimmten Situationen musiziert die Seele; hintergründig wird der Tag von ihren Tönen begleitet ... Ein inneres Orchesterkonzert ist stets ein Traumerlebnis von positiver Bedeutung. Ob man dieses Urteil auch auf jene herrliche überirdische Musik ausdehnen darf, welche Todbedrohte im Traum zu vernehmen glauben, ist eine Frage der Weltanschauung.“ (139, S. 336) (Man vergleiche zu dieser Bemerkung meinen Abschnitt über „Sterbeklänge“)

Einzelinstrumente haben erotische Bedeutung, Streichinstrumente gelten als weiblich, Blasinstrumente haben männlichen Charakter. Versagende Klaviertasten haben nach Aeppli Beziehungen zu Menschen, die Konflikte auslösen, die Tonnamen sind die deren Anfangsbuchstaben. Lieder erklingen im Traum — sie können Hinweise, Warnungen sein: ein Träumer muß auf der Orgel den Choral „Großer Gott, wir loben dich“ intonieren und zieht daraus den berechtigten Schluß, daß er Gott für eine Schicksalswendung zu Dank verpflichtet ist. Selbst banale Schlager und Kinderlieder können symbolische Bedeutung haben.

Auch Siebenthal bestätigt, daß bei Musikträumen stets

das Bildhafte dominiert. Es ist ein unbestimmter, unbestimmbarer Eindruck, der sich geradezu körperlich äußern kann: „Einmal erwachte ich nach einem Musiktraum durch ein den ganzen Körper wohlig durchrieselndes Vibrationsgefühl auf, dessen Intensität im Traum mit der Dynamik der Musik konform ging. Akustische Reize fanden nicht statt." (137, S. 166) Das Tongewebe wird teilweise von den Träumenden nachträglich als „himmlische Klänge wie Sphärenmusik" (!) beschrieben (138, S. 131). Sogar bei einem prophetischen Traum spielt Musik eine Rolle: Eine Krankenschwester sieht mitten im zweiten Weltkrieg in Stuttgart einziehende amerikanische Truppen mit klingendem Spiel — ein Traum, der sich bewahrheitet hat (wenn auch ohne Musik). (138, S. 285) Unerklärlich ist, wie zwei befreundete Menschen zu gleicher Zeit bei weiter räumlicher Trennung im Traum eine Beethoven-Sonate hören konnten: „Herrliche Musik durchflutete den Raum." (138, S. 305)

Aber wenden wir uns einer anderen Gattung von Träumen zu. Sie ist selten, jedoch ist wohl jedem die Eindrucksstärke einer besonderen Art von Träumen bekannt, die uns lange beschäftigen, weil sie eine irgendwie bedeutsame Aussagekraft besitzen und uns förmlich dazu zwingen, sie auch anderen mitzuteilen. Es sind Träume, die schon Plinius als „von Göttern gesandt" empfand — in der modernen Traumpsychologie als „Großträume" bezeichnet. In ihnen offenbaren sich oft Wunder des „kollektiv Unbewußten" aus verborgenen Sphären eines Urmenschentums. Ein Beispiel enthält das Raja-Yoga: „Es kommt vor, daß ein Mensch träumt, Engel seien zu ihm gekommen und hätten mit ihm gesprochen, er habe sich im Zustand der Ekstase befunden und die Musik der Sphären (!) vernommen. Der Träumer ist glückselig (!) und wenn er erwacht, ist er tief von seinem Traum beeindruckt. Ihr solltet diesen Traum als Realität ansehen und über ihn meditieren." (137, S. 110). Und nun unmittelbar im Anschluß hieran der berühmte Traum des Violinvirtuosen Giuseppe Tartini nach Lalandes Wiedergabe in seiner „Italienreise" (138, S. 76):

„Im Jahre 1713 träumte ich in einer Nacht, daß ich einen Pakt geschlossen hätte und der Teufel in meinen Diensten stände. Alles gelang mir nach Wunsch; alles, was ich begehrte, ging im vornhinein in Erfüllung; meine Wünsche wurden durch die Dienste meines neuen Bedienten stets übertroffen. Ich hatte den Einfall, ihm meine Geige zu geben, um mich zu überzeugen, ob er es fertigbringen würde, mir schöne Melodien vorzuspielen. Aber wie groß war mein Erstaunen, als ich ihn eine so merkwürdige und so schöne Sonate mit solcher Meisterschaft und soviel Geist vortragen hörte, daß nichts, was ich geschaffen hatte, damit verglichen werden konnte. Ich war darüber so verwundert, entzückt und begeistert, daß mir der Atem verging. Ich erwachte durch diese heftige Erregung, nahm sofort meine Geige und hoffte, etwas von dem, was ich soeben gehört hatte, wiederzufinden. Doch es war vergeblich. Das Stück, welches ich dann komponierte, ist in Wahrheit das beste, was ich je gemacht habe, und ich nannte es auch „die Teufelssonate“; doch blieb es weit hinter dem zurück, was ich im Traum gehört hatte, so daß ich meine Geige zerbrochen und für immer der Musik entsagt haben würde, wenn ich imstande gewesen wäre, von ihr zu lassen.“ — Als „Teufelstriller-Sonate“ ist die Schöpfung Tartinis im Konzertsaal heimisch geworden.

Engel und Teufel sind Archetypen — Personifikationen höherer Mächte, die seit Urzeiten die Seele erfüllen. Der Teufel ist in der traumpsychologischen Deutung Symbol gieriger dunkler Leidenschaft und kennzeichnet eine „tragische geistige Situation“ des Träumers. Robert S c h u m a n n hörte in eigenartig somnambulen Zuständen noch vor seiner endgültigen geistigen Umnachtung Musik der Engel. Clara Schumann berichtet hierüber am 10. 2. 1854 in ihrem Tagebuch: „Alles Geräusch klingt ihm wie Musik. Er sagt, es sei Musik so herrlich mit so wundervoll klingenden Instrumenten, wie man auf der Erde nie hörte. . . Er schrieb ein Thema auf, welches, wie er sagte, ihm die Engel vorsangen. . . Er war des festen Glaubens, Engel umschweben ihn und machen ihm die herrlichsten Offenbarungen, alles das in wundervoller Musik." In Hermann Erlers Schumann-Biographie findet man den Hinweis, daß ihm des Nachts Schubert und Mendelssohn erschienen seien und ihm eine kleine, von ihm aufgezeichnete Melodie aus Es-dur vorgesungen hätten. War nun Schumann verrückt oder bloß — „hellhörig"?! Mit gewissem Vorbehalt sind dagegen wohl Mitteilungen aufzunehmen, wonach Händel den Schlußchor zum „Messias" im Traum vernahm, Mozart viele (!) seiner Werke geträumt habe, ebenso Schubert, daß Wagner das „Rheingold"-Vorspiel in somnambulem Zustand „empfangen" habe (138, S. 76 ff.).

Alle derartigen Träume sind „Großträume" infolge ihrer Verankerung im urtümlich Unbewußten. Sie stehen außerhalb der gewohnten Regel, wonach das Visuelle traumbestimmend sein soll und nicht das Akustische. Wohl kann es vorkommen, daß die schöpferischen Kräfte des Tages auch im Schlaf noch regsam sind. Es ist aber doch „nicht so, daß Komponisten bis in den Schlaf hinein immer von Melodien verfolgt würden." (138, S. 75) — Jedenfalls zählen akustische Musikträume zu den Seltenheiten. Was Aeppli über die Dichter sagt, trifft auch für Komponisten zu (139, S. 97): „Man nimmt gerne an, daß die Träume der Künstler, vor allem der Dichter, viel großartiger seien als die der sogenannten ‚gewöhnlichen' Menschen. Dem ist nicht ganz so. Natürlich haben sie einige Großträume drängendster Art, ehe ihr Schöpfertum ins Werk durchbricht. Auch sie werden an entscheidenden Stationen ihres Lebens von Großträumen beglückt, gleich wie die andern Menschen, mit denen das Leben etwas vorhat. Im übrigen, und das macht beispielsweise ihr Dichtertum aus, träumen sie aus der Fülle ihrer Phantasie das Bedeutende in ihren Werken und nicht in ihren Nächten." Achtung: sie — „träumen in ihren Werken...."

Die umfassende Sammlung von Ignaz Jezower (149) enthält unter 772 aufgezeichneten Träumen kaum mehr als ein halbes Dutzend Musikträume. Darunter solche bekannter Persönlichkeiten, die in ihrer Eigenart (und tieferen Bedeutung) eine Wiedergabe wert sind. Rahel Varnhagen berichtet unter dem 25. 12. 1815: „Diese Nacht träumte mir, ich höre ein so schönes Präludium aus der Höhe oder wo es sonst herkam (!), genug, ich sah nichts, welches eine so große Harmonie entwickelte, daß ich auf die Knie sinken mußte, weinte und immer wieder ausrief: ‚Habe ich es nicht gesagt, die Musik ist Gott, die wahre Musik — damit meinte ich Harmonien und keine Melodien (sic!) — ist Gott!' Immer schöner wurde die Musik; ich betete, weinte und rief immer mehr; wie durch einen Schein, und ohne Gedankenformen, wurde mir alles, das ganze Sein in meiner Brust, hell und deutlicher; das Herz ging mir vom glücklichen Weinen entzwei, und ich erwachte."

Das dürfte wohl einer der schönsten und sinnvollsten Musikträume sein, da er tiefe, verborgene Beziehungen zwischen den verschiedenen Sphären des Seins (Geist, Seele, Körper) enthüllt. Ein seltsames Zukunftskonzert träumte Eduard Mörike (in einem Brief an Hartlaub vom 10. 3. 1838). Der Kapellmeister einer Opernaufführung saß an einer „niedlichen" Klaviatur vor lauter gläsernen Orgelpfeifen, und eine vergitterte Falltüre führte zu unterirdischen Blasebälgen. Die Musik erinnerte an die Glasharmonika. Hebbel zeichnete einen Traum von Elise Lensing auf (13. 8. 1840): „Elisens schöner Traum: eine goldene Harfe wird ihr gereicht; sie soll spielen und kann nicht; als sie es aber versucht, spielt sie so herrlich, daß sie selbst entzückt wird." (Appell an unbewußte Seelenkräfte?) Clara Schumann träumte, daß sie ihr eigenes Begräbnis mit Musik sah. Brahms erlebte im Traum die tatsächlich erfolgte Umarbeitung seiner „verunglückten" Jugendsymphonie in das Klavierkonzert d-moll.

Ich selbst empfange mitunter Musik im Traum. Zur Zeit dieser Niederschrift erlebte ich im Schlaf, daß ich als Kritiker vorn in der ersten Reihe des Opernparketts sitze bei der Erstaufführung eines unbekannten Singspiels von Smetana. Die Sängerin kommt bei ihrem Solo ganz vorn an die Rampe, erkennt mich und lächelt mir zu. Dann beginnt sie ein Couplet, übersteigert sich im Vortrag. Ich notiere auf dem Programm „Liebenswürdige Übertreibung". Beim Schluß ihrer Strophe wache ich auf. Aber der Beginn des Refrains hallt mir noch so deutlich in den Ohren, daß ich ihn sofort aufschreibe. Nur der Kuriosität halber sei die harmlos konventionelle Traummelodie hier wiedergegeben:

Eigenartige Musikträume erzählte mir eine befreundete Opernsängerin — eigenartig deshalb, weil sie das seelisch-Hintergründige der Traumwelt besonders deutlich erkennen lassen und außerdem unverkennbar kosmischen Ursprungs sind.

„Ich gehe traurig durch einsame Traumgegenden — weiter und weiter — werde immer müder — schließlich lege ich mich hin und schaue in die Nacht. Auf einmal ziehen dicke weiße Wolken dicht über mir hinweg, sie werden lichter, durchsichtiger und es formt sich ein Gesicht, das den ganzen Himmel einnimmt: Beethoven! Das überirdische Antlitz ist von strahlenden Sternen umrahmt, es neigt sich über mich, dringt vollständig in mich hinein — ich vergehe und fühle mich durchflutet von einem goldenen Sternenfluß."

„Ich stehe im weißen Gewand der Traviata, letzter Akt, auf der Bühne. Plötzlich fühle ich mich von grob polternden Soldatenstiefeln verfolgt und muß fliehen — durch das ganze Opernhaus — stehe auf einmal draußen auf der Freiterrasse, hinter mir die Meute, vor mir auf dem Platz eine schreiende Menschenmenge. Gerade haben mich die Verfolger erreicht — da breite ich die Arme aus, erhebe mich singend über die Menschen und fliege — fliege. . .“

„Ich träume, ich bin gefangen im Serail von Mozarts ‚Entführung‘, irre umher und suche einen Ausgang, stehe im Innenhof und schaue in das dunkle Wasserbecken, in dem sich die Sterne wundersam spiegeln. Ich fange an zu singen und schwebe dabei über die Wasserfläche — ich fühle, das ist Freiheit, ich weiß nicht mehr, was Spiegelung, Wasser, Tod ist — ich muß singend auf die Sterne zufliegen — spüre erschreckend eine Eiseskälte aufsteigen, aber ich weiß, daß ich nach oben fliegen muß und daß ich es auch kann!“

Charakteristisch ist, wie hier der Traum einem von uns symbolisch gebrauchten Ausdruck seinen ursprünglich bildhaften Sinn zurückgibt: wir sprechen von einer „erhebenden“ Musik — von uns zumeist herabgewürdigt zu einem Epitheton ornans, einem schmückenden Beiwort, im Traum vom „Sternenflug“ aber auf die ursprüngliche Wortbedeutung zurückbezogen. Spricht nicht ein bekanntes Mendelssohn-Lied von den „Flügeln“ des Gesanges?

Ein weiteres eigenes Traumerlebnis möge noch Platz finden. Ich stehe am offenen Fenster eines Wohnhauses im ersten Stock, vor mir auf dem großen Platz haben Chöre, Orchester mit einer mir bekannten Pianistin Aufstellung genommen, und ich soll mit meiner unausgebildeten Stimme die Solo-Arie singen, daß sie weit über den Platz schallt. Schon beginnt die Pianistin mit dem Vorspiel — ich kann aber nicht einsetzen, weil ich auf dem mir völlig unbekannten Notenblatt den Text nicht entziffern kann. Da muß ich erst eine Lampe herbeiholen, der Kontakt funktioniert nicht, ein Staubsauger ist am Doppelstekker angeschlossen, den ich erst abmontieren muß. Inzwischen legt das Orchester eine Generalpause ein und wartet geduldig auf meinen Einsatz. Endlich bin ich soweit und trete ans Fenster. Da sehe ich, daß der Platz leer ist. Alle Mitwirkenden sind verschwunden — ich bin ganz allein. Undeutlich entsinne ich mich, daß nachher im Traum der Dirigent und die Pianistin mein Zimmer betraten und mir Vorwürfe machten, die ich zurückwies. Der Inhalt des Gesprächs war mir nach dem Erwachen nicht mehr bewußt.

Musikträume können derart seltsame Formen annehmen, daß es selbst geübten Traumpsychologen schwer fallen dürfte, mitunter eine ausreichende Erklärung zu finden. Da höre ich im Traum das Telefon klingeln. Ich melde mich mit meinem Namen. Eine unbekannte Frauenstimme sagt aufgeregt: „Ach, Herr Dr. St., (wörtlich) ich lasse nicht jemanden, den ich kenne. Seien Sie morgen um 3 Uhr im Ratskeller!" Ich (ganz kurz): „Wer ist denn da?" Keine Antwort. Ich (wütend): „Ich warte!!" Totenstille. Ich hänge ab. Im gleichen Augenblick ertönt in mir eine Melodie. Sie begleitet mich durch den Schlaf und klingt in mir auch noch nach dem Erwachen. Ich grübele: was kann das sein? Da fällt es mir ein: eine Refrainzeile aus einem Männerchor von Gotovac. Und der Text? „Ich lasse dich nicht, o Heimat!"

Ich glaube, die Einschaltung dieser Erlebnisse den Lesern gegenüber verantworten zu können, weil wie gesagt die Zahl der reinen Musikträume noch zu gering ist, als daß sie der psychoanalytischen Auswertung von Nutzen sein könnten.

Doch nun zu einer anderen, wichtigen Frage.

Vermag der Traum das musikalische Schaffen zu befruchten?

Julius Bahle, der sich in seiner Arbeit über die Psychologie des Schaffensprozesses die Entgleisung erlaubte, Komponisten Unkenntnis ihres eigenen Schaffensprozesses vorzuwerfen, soweit er nicht mit seiner wissenschaftlichen Methodik übereinstimmt, führt einige interessante Fälle über das Komponieren im Traum an. (140, S. 127 ff.) Er verweist auf eine Umfrage S. v. Hauseggers über das Traumschaffen: „Wohl sprechen die von ihm befragten Künstler von der Ähnlichkeit des Traumzustandes mit dem schöpferischen Zustand (sic!); über wertvolle, im Traume geschaffene Einfälle oder gar künstlerische Produkte erfährt man jedoch so gut wie nichts." Bahle bringt Beispiele bekannter Tonsetzer. Heinrich Kaspar Schmid bekundet, daß er sich im Traum als Dirigent einer selbsterfundenen Musik gesehen habe. „Verwendet wurde davon allerdings nichts, weil es unbrauchbar war." Dann wird Heinrich Neal bemüht, der folgendes Traumerlebnis berichtet: „Ich war in einem hellerleuchteten Saal und erfand sofort ein wunderbares Thema, das sich auf alle nur erdenklichen Arten variieren und verarbeiten ließ. Ich selbst war ganz begeistert und steigerte mich immer mehr in der improvisatorischen Leistung. Nach dem Aufwachen war ich noch ganz unter dem Eindruck dieser herrlichen Traumimprovisation und schrieb sie morgens auf. Im Anfang hielt die Begeisterung für das Thema noch an, verlor sich dann mehr und nach einiger Zeit entdeckte ich, daß es weitgehende Übereinstimmungen mit einem Thema aus ‚Carmen' aufwies und verbüßte dadurch vollends seinen ursprünglich vermuteten Wert." Bahle erwähnt dann noch den Fall einer ganzen symphonischen Traumkomposition von Hector Berlioz, „die er nach zweimaligem Anhören im Traum nur deshalb nicht aufschrieb, weil er befürchtete, durch die Aufführungskosten seine finanzielle Lage in Rücksicht auf seine erkrankte Frau noch mehr zu verschlimmern." Diese drei Fälle genügen dem Verfasser, um hieraus den Schluß zu ziehen, daß „das Fehlen der künstlerischen Kritik im Traum die Traumschöpfungen im Werte weit hinter der durch den Kunstverstand bestimmten und kontrollierten Tagesarbeit des Künstlers zurücktreten läßt."

Das ist richtig, denn keine wertvolle Komposition entsteht nur aus dem Gefühl ohne die Feile des prüfenden, wägenden Verstandes. Aber mit dieser Erkenntnis allein ist das musikalische Traumproblem nicht zu lösen. Ist das Gefühl nicht das Primäre, sozusagen der Mutterschoß der musikalischen Schöpfung? Muß man daher nicht der Gefühlssphäre des musikalischen Traumes eine ursprünglichere, erhöhte Bedeutung beimessen als dem Wachbewußtsein?

„Die ästhetisch befriedigenden Träume regen zu einer bewußtseinsferneren meditativen Haltung an, der Voraussetzung künstlerischer Betätigung. Der Traum selbst ist kein Künstler, weil er nichts durchgestaltet, aber er lehrt das phantasievolle Kombinieren, bietet Material, weckt die künstlerische Betätigung." (137, S. 127) Und die Seele „träumt immer", was nur wegen des „Lärms", den das Bewußtsein macht, überhört werde. Das ist jedenfalls die Ansicht C. G. Jungs (139, S. 14). „Die Seele befragt im Traum die Urweisheit des Lebens." (139, S. 82)

Weitgehende Beziehungen bestehen zwischen Traum und Phantasie. Hierüber bringt Siebenthal (137, S. 124 ff.) wesentliche Aufschlüsse. Beide arbeiten mit sinnenhaftem Material, entnehmen die Bildelemente der wachen Wirklichkeit, kombinieren sie zu neuen Gebilden, kümmern sich nicht um Zeitschranken und sind abhängig vom Zustand des Gemütes, Gefühls, des Trieblebens, der Bedürfnisse. Unter den Verschiedenheiten steht die Abhängigkeit vom Willen obenan. „Das aktive Element im Vorgang des Phantasierens erweist sich näherer Präzisierung als ein Akt der vergeistigenden Gestaltung der elementaren Drang- und Triebbilder des Unbewußten, bei dessen Gelingen (als Akt der Durchformung, Vergeistigung und ‚Bewältigung') eben die Vorstufe des Kunstwerkes entsteht. Die Objektivierung solcher ‚erarbeiteter', ‚verarbeiteter', mehr oder minder spontaner Phantasieprodukte ist auch eine Bannung der Tiefe in das objektive Werk als Bild, Plastik, Musik oder Dichtung, oft hineinspielend bis ins wissenschaftliche Werk. Selbst an dieser ‚geistigen' Arbeit hat die Phantasie regen Anteil."

Das sicherlich lohnende Ergebnis dieser Untersuchungen besteht in der Erkenntnis, daß das Wirken des Komponisten über das Wachbewußtsein hinaus weit in die Phantasie- und Traumsphäre hineinragt, um sich an Anregungen zu bereichern, die einem Urgrund der Seele entstammen — aus Tiefen des Unbewußten, die der Tonsetzer mit allen unseren bisher behandelten Erscheinungen einer „spirituellen Musik" teilt.

Und damit sind wir unversehens auf der letzten Stufe unseres erdwärts gewandten Erkenntnisweges angelangt: die musikalische Komposition.

Versuchen wir doch einmal, uns ohne eine allzu weit führende kritische Auseinandersetzung mit der Tatsächlichkeit der aufgeführten musikalischen „Erscheinungen" abzufinden, um uns nicht den Vorwurf Keyserlings zuzuziehen, daß es uns an Vorurteilslosigkeit, an „Einsicht und Charakter" bei der Behandlung okkulter Probleme fehle! Spüren wir den Gemeinsamkeiten dieser Erscheinungen nach und verdichten wir die vielfach verstreut aufgetauchten neuen Gesichtspunkte zu einem möglichst ordnungsgemäß geknüpften Netz!

Ob es sich um musikalische Meditationen, um „Sterbeklänge", Musik in der Hypnose oder spiritistische Musik handelt — stets ist eine besondere Art der inneren Aufgeschlossenheit, eine eigene seelische Einstellung, eine Empfänglichkeit für die nicht dem Alltag angehörenden Strömungen die Vorbedingung. Wir sahen, daß nicht jeder in der Lage ist, „heimlich zu lauschen" auf das Lied, das „in allen Dingen schläft". Für den aber, der diese Fähigkeit besitzt, „hebt die Welt an zu klingen." Und wir sahen, daß diese Fähigkeit in der Medialität besteht.

Es ist nun eine durchaus weit verbreitete Ansicht, daß der Tonsetzer auf einer Stufe mit dem „Medium" der okkulten Sphäre steht. Bekannt ist ja Schopenhauers Ausspruch (vergl. 141, S. 117): „Der Komponist offenbart das innerste Wesen der Welt und spricht die tiefste Weisheit aus, in einer Sprache, die seine Vernunft nicht versteht; wie eine magnetische Somnambule Aufschlüsse gibt über Dinge, von denen sie wachend keinen Begriff hat." Professor Nagel (142) äußert: „Die Übereinstimmung zwischen dem genialen und medialen Schaffen ist so augenfällig, daß an der engsten Verwandtschaft zwischen Genialität und Medialität, an ihrer gemeinsamen Quelle (!) garnicht zu zweifeln ist." Graf Hermann Keyserling geht sogar so weit, Medialität bei der

Mehrzahl der Menschheit anzunehmen (1, S. 389): „Die allermeisten Menschen, entgegen der üblichen Annahme, sind Medien, denn aus den allerwenigsten spricht, außer in Ausnahmefällen, ihr eigenes Selbst. Medien sind alle Künstler ...“ Das kann man nur als bedingt richtig bezeichnen, denn schließlich ist das „eigene Selbst“ doch wohl etwas mehr als nur willenloses Werkzeug der Medialität. Wohl können die meisten Menschen als „Medien“ gelten, soweit brachliegende unbewußte Seelenkräfte die latenten Dispositionen für eine künstlerische Betätigung schaffen. Aber das „Verborgene“ — mißverständlich das „Okkulte“ — aus Seelentiefen ans Licht zu heben und in schöpferischem Geist zu gestalten: das bleibt allein dem medial schaffenden Künstler vorbehalten.

Ist der Komponist aber ein „Medium“, so teilt er mit ihm die medialen Eigenschaften, die wir bei unserer Wanderung durch das „Zwischenreich“ kennen gelernt haben. Er bedarf einer Versenkung in sich selbst, eines „Trance-Zustandes“. Er verfällt einer Autosuggestion, eines selbsterzeugten hypnotischen Zustandes, in dessen Verlauf er sich abschließt von der Außenwelt, um den inneren Stimmen zu lauschen. Er empfängt Musik „im Traum“ — das alles haben wir ja vorhin kennen gelernt — richtiger gesagt: im Wach-Traum, der ihm Melodien „eingibt“, ohne von einem Schlaf begleitet zu sein. Sie nehmen völlig verschiedenartige Formen an, sie können sich vokal, instrumental, sinfonisch oder dramatisch äußern — haben wir das nicht auch schon vorhin im „Zwischenreich“ festgestellt, daß z. B. bei den Sterbeklängen eine musikalische Erscheinung von den Anwesenden verschieden ausgelegt wird — teils als Töne einer Äolsharfe, Mädchenstimmen, und dergleichen? Entscheidend ist die innere Einstellung des Komponisten zu bestimmten, ihm persönlich naheliegenden Formen der Musikgestaltung. Es kann der gleiche, der eine, der einheitliche Impuls sein, der allen schöpferisch tätigen Musikern in genau demselben Maße aus unbekannten Sphären zugeleitet wird und in ihnen ein Echo weckt, das je nach ihrer verschiedenartigen Individualität eine verschiedene subjektive Ausprägung erfährt. Die menschliche Seele „filtriert“ nach ihrem Ermessen die dem berufenen Tonsetzer von Weltbeginn bis zum Weltenende zufließenden tönenden Strömungen. Wurde nicht vorhin schon vermutet, daß diese Strömungen immer da sind, zeitlebens vorhanden sind, auch wenn wir sie nicht hören? Und warum nicht? Weil zwei Voraussetzungen nicht immer gegeben sind: erstens die Fähigkeit des „heimlichen Lauschens“ in der freiwilligen Meditation, zweitens das Vermögen, die musikalischen Erscheinungen, die flüchtig sind wie Traum-Erlebnisse, festzuhalten, zu formen und zu gestalten, daß sie das menschliche Dasein mit den klanggewandelten Kräften göttlichen Wesens aufhellen und durchleuchten. Ist es ein Zufall, wenn uns bei diesen Überlegungen wieder die „Harmonie der Sphären“ in den Sinn kommt — jenes Urbild einer klingenden Ewigkeit, die vorhanden war, bevor es Menschen gab, und deren Ausstrahlungen noch wirksam sein werden, wenn keine Menschen mehr ihren Offenbarungen „heimlich lauschen“ können? Hatten wir nicht schon die Ansicht C. G. Jungs notiert: „Die Seele träumt immer“?

Und woher stammt der geheimnisvolle „Impuls“, der die schaffenden Tonkünstler dazu veranlaßt, ihr eigenes Wesen in harmonischen Einklang zu bringen mit den ihnen vermittelten außerirdischen Einflüssen? Der sie dazu verleitet, sich im Schaffensprozeß „über sich selbst“ (wohin?!) zu erheben? Tätigen Anteil zu nehmen an der Weltenharmonie?

Es wäre wohl aussichtslos, diesen Fragen näherzutreten, hätten wir im Abschnitt über die Musik des Kosmos nicht zahlreiche Erkenntnisse gesammelt, die uns gestatten, das Wesen des musikalischen Schöpfers sinngemäß in die gesetzmäßige Ordnung einzugliedern, die auf der Grundlage der tönenden Zahl Makrokosmos und Mikrokosmos zu einer „harmonischen“ Einheit verbindet. Ludwig Paneth, dem wir ein beachtenswertes Werk über Zahlensymbolik (vorwiegend vom Standpunkt des Traumpsychologen aus) verdanken, sei hier mit einigen

Gedanken zitiert (143): „Wenn es Zahlen waren, die die Welt regierten, dann konnten es unmöglich alltägliche, gewöhnliche Zahlen sein. Dann mußten es Zahlen sein mit besonders geheimnisvollen Kräften, nicht abstrakte, sondern anschauliche Gebilde, jede mit eigenem Charakter, fast möchte man sagen, mit Persönlichkeit begabt — Symbole in Zahlgestalt." Die Zahlen als Symbole „gehören der Traumseite unseres Wesens zu, und hier, im Goetheschen Unbewußtsein, ist ihr Quellgrund ..." Und unter Berufung auf eine theologische Quelle „Irgendwie ahnt der Mensch aber doch eine Kraft oder eine Gesetzmäßigkeit hinter den Zahlen ..." Und woher stammt die Bevorzugung besonderer Zahlen? Paneth antwortet: „Aus dem prärationalen Unbewußtsein, der gemeinsamen Urheimat der Symbolzahlen, der Archetypen und der Ideen."

Immer wieder spiegelt sich in esoterisch zu bewertenden Lehren der Zeiten und Völker die Meinung, daß irdische Musik nach dem Vorbild der himmlischen Musik „gemessen" wird (das lateinische „mensuratur" des Anselm von Canterbury schließt den Zahlenbegriff ein — und der Wortstamm „mens" bezeichnet die Seele als denkendes und urteilendes Wesen, Inbegriff „höherer" Geistesfähigkeiten im Gegensatz zu „animus"!). Von der ehrwürdigen Pindar-Hymne an, in der die Meister auf Erden den Tönen der göttlichen Leier lauschen, bis in die jüngste Zeit hinein — bei den Bekenntnissen des Dirigenten Bruno Walter — finden wir die ständige Wiederkehr gleicher Anschauungen, nur oft genug versteckt, verkleidet von mythologischen Elementen, von Sage, Aberglaube, aber auch erfüllt von traumhaften Ahnungen in visionärer Innenschau. Wie gehaltvoll war doch die Vision des Aristides Quintilianus von der Seele, die aus den Regionen des Alls in das nächtliche Dunkel der Körperlichkeit taucht und sich beim Durchgang durch die Ätherkreise aus allem, was lichtstrahlend ist, eine „körperliche Harmonie" bereitet! Aber Ludwig Paneth hat schon recht, wenn er schreibt: „In unserer heutigen Kulturlage teilen sie (die Zahlen) das Schicksal aller mythischen Gebilde:

Aus der beherrschenden Stellung im Wachleben, die sie einst inne hatten, finden sie sich zurückgedrängt in die Regionen des Märchens, des Aberglaubens — und des Traums." (143, S. 233)

Ist die Fülle der hier bisher angeführten Bekenntnisse und Erkenntnisse ein wissenschaftliches Kriterium? Nicht unbedingt. Vermag die Annahme einer inneren, unseren physischen Organen nicht zugänglichen musikalischen Verbundenheit von Erde und Kosmos eine allgemein überzeugende Bedeutung zu erlangen? Auch das nicht — wenigstens nicht in geistigen Kreisen, die der „Ratio" das Primat im menschlichen Dasein einräumen. Aber was wäre das musikalische Kunstwerk, wenn es des letzten Geheimnisses entkleidet, wenn es nicht mehr von Mysterien umwittert würde, wenn Gesetze der Logik, des physischen Kausalzusammenhanges den Komponisten aufgrund tabellarischer Berechnungen zu einer Maschine erniedrigen würden — zu einem Roboter, der stündlich eine vorgeschriebene Zahl von Noten produziert (obgleich auch dieser Versuch bereits unternommen wurde)! Hier tritt die Wissenschaft vor dem Glauben, der sich dem Ewigen aller unvergänglichen Werte zuwendet, vor dem Schönheitsgefühl, das arithmetischen Gesetzen trotzt, vor der Gewißheit des Göttlichen zurück. Das hat Mircea Eliade (144, S. 41), Dozent für Religionsgeschichte und Professor an der Universität Chicago, sehr treffend formuliert: „Erlangt der moderne Mensch neues Bewußtsein von der ihm eigentümlichen ‚anthropokosmischen Symbolik' (die nur eine Abart der urzeitlichen Symbolik ist!), so erringt er eine ganz neue Daseinsdimension: eine, von der kein zeitgenössischer Existenzialismus noch Historizismus auch nur das geringste weiß; eine Seinsweise der Wahrhaftigkeit, eine Seinsweise von gesteigerter Größe, eine ihn vor dem Nihilismus, vor dem historischen Nihilismus bewahrende, die ihn zugleich doch nicht aus der Geschichte ausschließt. Denn die Geschichte selber könnte eines Tages zu ihrem wahren Sinn hin finden: zum Sinn einer Sichtbarwerdung ruhmreichen und absoluten Menschseins."

Wer aber wäre berechtigter, wer befähigter, die „Grenzsituation“ des Menschen in seinem Verhältnis zum Kosmos auf kulturellem Boden zu erhellen als der Komponist? Mircea Eliades „Anthropo-Kosmos“ von einem durchwegs begrüßenswerten Standpunkt des Religionsphilosophen aus überbrückt den nur scheinbaren Abstand des Menschen vom Universum — eben nicht im Sinne eines „Gegenüber“, sondern eines „Miteinander.“ Weltall und Individualität begegnen sich auf gleicher seelischer Ebene: der berufene Tonschöpfer trägt die „Harmonie der Sphären“ in sich selbst — was außen war und ist, wird innerer Bestandteil seines Wesens.

Und nicht zuletzt erkennt man die wahre Berufung des Tonschöpfers an seiner inneren Einstellung zum musikalischen Mysterium, das seine Seele erfüllt, das seine Andacht vor dem ewigen Walten eines tönenden Kosmos wachruft und das ihn in Ahnungen, in Intuitionen teilnehmen läßt an dem Wunder, das sich in ihm vollzieht.

Da ist es dann das Sternenmeer, das sich im Inneren des Schöpfers spiegelt und in ihm eine Erleuchtung über die Urheimat aller Harmonie aufdämmern läßt. Das bestätigt B e e t h o v e n in den Worten: „Wenn ich am Abend den Himmel staunend betrachte und das Heer der ewig in seinen Grenzen sich schwingenden Lichtkörper, Sonnen und Erden genannt, dann schwingt sich mein Geist über diese so viel Millionen Meilen entfernten Gestirne hin zur Urquelle, aus welcher alles Erschaffene strömt und aus welcher ewig neue Schöpfungen entströmen werden.“ (145, S. 52) Und ewig tönen uns in der Sphärenharmonie die Urbilder aller irdischen Klänge entgegen — nur zu lauschen brauchen die Meister auf das „Lied, das in allen Dingen schläft.“ Denn „Musik ist ein Teil des schwingenden Weltalls“, sagt Ferruccio B u s o n i in seinem „Entwurf einer neuen Ästhetik der Tonkunst.“ Und an anderer Stelle dieser Schrift lesen wir: „Denn seht, die Millionen Weisen, die einst ertönen werden, s i e s i n d s e i t A n f a n g v o r h a n d e n, bereit, s c h w e b e n i m Ä t h e r und mit ihnen andere Millionen, die niemals gehört werden. Ihr braucht nur zu greifen, und ihr haltet eine Blüte, einen Hauch des Meeresatems, einen Sonnenstrahl in der Hand ... Und Millionen Weisen sind seit Anfang vorhanden und warten darauf, sich zu offenbaren!" Und in einem Aufsatz vom 8. Juni 1924 („Melos", IV, 1) äußert Busoni: „Zuweilen in seltenen Fällen hat ein Irdischer vom Wesen der Musik etwas Unirdisches erlauscht, das zerfließt in den Händen, sobald man danach greift, erstarrt, sobald man es hier unten verpflanzen will, erlischt, sobald es durch das Dunkel unserer Mentalität geschleift wird, doch bleibt von seinem himmlischen Ursprung noch genug Erkennbares, daß es uns als das Höchste, Edelste und Hellste erscheint von allem Hohen, Edlen und Hellen, das uns erkennbar umgibt. Nicht die Musik ist ein ‚Abgesandter des Himmels', wie der Dichter meint. Sondern des Himmels Abgesandte sind gerade jene Erwählten, denen das hohe Amt aufgebürdet ist, einzelne Strahlen des Urlichts durch unermeßlichen Raum uns zuzubringen."

Und die Millionen Weisen des Äthers senken sich zu den Erwählten herab: „Da fliegen die Melodien, daß man sich hüten muß, keine zu treten," meinte Brahms von einem Sommeraufenthalt am Pörtschacher See. Daß der melodische Einfall, „direkt aus dem Äther kommend", „absolute Offenbarung letzter Geheimnisse ist," nimmt auch Richard Strauß an in seinen „Betrachtungen und Erinnerungen." Die himmlischen Strömungen durchdringen das Unbewußte des Tonschöpfers, sie werden in Seelentiefen von seiner individuellen Wesenheit befruchtet und keimen bis zu ihrem Reifen, bis zu ihrer Erweckung in der Schaffensstunde. „Die musikalische Komposition ist die geheimnisvollste aller Künste ... Offenbarung unseres Unterbewußtseins, die uns unerklärlich bleibt," ist die Meinung Arthur Honeggers in seiner Selbstbiographie: „Ich bin Komponist."

Zwei Äußerungen bekannter Dichter sind in diesem Zusammenhang noch erwähnenswert. Das ist Jean Paul, der von einer Musik spricht, die nicht durch die Ohren eingeht, sondern durch das Herz — „im Äther wallende Melodien" (wie Busoni!!), die der „Träumende wie der Sterbende trinkt" — „wohl hören wir die rechte Sphärenmusik nur in uns..."

Und Heinrich von Kleist erzählt: „Ich höre zuweilen, wenn ich in der Dämmerung einsam dem wehenden Atem des Westwindes entgegengehe, und besonders, wenn ich dann die Augen schließe, ganze Konzerte, vollständig, mit allen Instrumenten, von der zärtlichen Flöte bis zum rauschenden Contra-Violon. So entsinne ich mich besonders einmal als Knabe von neun Jahren, als ich gegen den Rhein und gegen den Abendwind zugleich hinaufging, und so die Wellen der Luft und des Wassers zugleich mich umtönten, ein schmelzendes Adagio gehört zu haben, mit allem Zauber der Musik, mit allen melodischen Wendungen und der ganzen begleitenden Harmonie. Es war wie die Wirkung eines Orchesters, wie ein vollständiges Vauxhall; ja ich glaube sogar, daß alles, was die Weisen Griechenlands von der Harmonie der Sphären dichteten, nichts Weicheres, Schöneres, Himmlischeres gewesen sei als diese seltsame Träumerei. (Beide Zitate bei 6)". Auch Kleist gehörte zu denen, die heimlich zu lauschen verstehen (sollte der Leser denn nicht spüren, wie allmählich die Grenzen zwischen Meditation, Trance, Medialität, Traum usw. verschwimmen und verschwinden, und die Ahnung von einem allen gemeinsamen Ursprung aufsteigt?).

Freilich ist es nicht jedem gegeben, die Ausstrahlungen der Sphärenharmonie zu empfangen. Dazu bedarf es besonderer Organe. Das bestätigt der bekannte Pianist und Komponist Edwin Fischer: „Der Mensch ist so wunderbar gebaut, daß seine feinsten Empfangsgeräte für diese Geheimnisse sorgsam versteckt und meist außer Gebrauch sind. Nur in seltenen Fällen ist in uns der Empfänger jener unendlich abgestuften Skala auf diejenige Welle eingestellt, die ins Wesentliche der Dinge führt. Da heißt es fein stille sein, die Welt, die laute, von sich abtun. Dann kommt plötzlich ein Ton, ein Wort, ein Vogelruf, ein Blick, eine Handbewegung, und die Verbindung, die Offenbarung ist da. ‚Künstler' ist, wer ein Organ hat für die ungezählten, immer neuen Varianten, die aus den urewigen Themen der Natur heraufsteigen; er schildert diese Vorgänge, diese Prozesse in sublimierter Form, in Schwingungen des Tones, des Lichtes, des Rhythmus; im Wechsel der Farbe, der Stimmung, in Linien, Proportionen und geistiger Logik. S o i s t K u n s t e n t m a t e r i a l i s i e r t e r W i d e r s c h e i n g ö t t l i c h e n L e b e n s." (145, S. 61)

Es gibt Melodien, die sich anscheinend auf ewiger Wanderschaft befinden — Weisen, die aus höheren Regionen niedersteigen, sich in der schöpferischen Seele manifestieren, um dann wieder zu verschwinden und nach geraumer Zeit erneut aufzutauchen. Wer wollte beispielsweise gegen Mozart den Vorwurf erheben, der Anfang des ersten Finale in der „Zauberflöte" stamme nicht von ihm, sei bewußt entlehnt? Aber schon sechzig Jahre zuvor erschien der Gesang der drei Knaben „Zum Ziele führt euch diese Bahn" in einem alten Liederbuch zu dem banalen Text „Die Katz, die läßt das Mausen nicht, die Gans fliegt übers Meer". Die gleiche Melodie geistert bei Haydn umher, in einem Mozart-Divertimento, sie ist das Rondothema des ersten Klavierkonzertes von Beethoven. Dann verschwand sie, um nach ein paar Jahrzehnten Methfessel zu dienen für die Vertonung seines Textes „Zu Mantua in Banden der treue Hofer lag". Und bald darauf machte Geibel daraus ein Studentenlied „Ein lust'ger Musikante marschierte am Nil".

Haben sie nun alle von einander abgeschrieben? Keineswegs. Der „seelische Empfangsapparat" war gerade auf diejenige Welle eingestellt, auf der sich diese kleine wandernde Melodie tummelte. Der Volksmund hat für diese und zahlreiche ähnliche Fälle einen äußerst treffenden Ausdruck geprägt, wenn er sagt: „Das liegt in der Luft". Und darin begegnet sich die naive, unverbildete Meinung des Volkes mit der etwas mystischen, aber doch verständlichen Behauptung Busonis, daß „Millionen Weisen im Äther schweben, bereit, sich uns zu offenbaren".

Versuchen wir, den Schaffensprozeß weiter zu belauschen. Nun ist der ausgereifte Keim bereit, aus dem Unbewußten ans Licht zu steigen. Die „Funktion des hellsehend gewordenen Traumorgans" setzt ein, die „nach innen gerichtete Selbstschau" des Komponisten wird „zur Hellsichtigkeit des tiefsten Welttraums" (Äußerungen Richard Wagners in seiner Beethovenschrift 1870). Der Komponist gerät in einen „magnetischen Hellschlaf" (Martin Deutinger), wobei sich „die individuellen Gesetze der Leiblichkeit oft geradezu aufheben." Er empfindet sich als ein Magnetiseur, da der Mund von Dingen spricht, von denen er eigentlich nichts weiß und nichts denkt (C. M. v. Weber, auch Schumann. Diese und andere Zitate bei Moos 61). Für Schumann ist der Komponist ein höheres Wesen, ein Priester und Seher: seine Gedanken sind in jeder Beziehung göttliche Gnade, sein Werk ein Traum, gespendet von himmlischen Mächten. Und „die Schöpfung kommt herauf wie in einem angenehmen und lebhaften Traum," ist Mozarts Standpunkt in einem Brief. Der Komponist verwandelt sich in ein Medium, „glühend und mit leuchtenden Augen, einer Somnambule ähnlich," so schildert Spaun den Liedmeister Franz Schubert im Augenblick seines Schaffens. Dann ist das Werk geboren nach schweren geistigen Wehen, nicht immer derart aus Urtiefen wie bei Anton Bruckner, aber doch aus Regionen, in denen sich Seelisches und Göttliches berühren. Und Bruckner sah den Himmel sich öffnen und erschaute im Geist Gott, die Engelchöre, den heiligen Petrus und den Erzengel Michael — nicht anders als die frommen Nonnen in der Mystik des Mittelalters, von denen im Eingang dieses Abschnitts die Rede war. „Es sind mystische Erlebnisse, denen die höchsten Ergüsse Brucknerscher Kunst entquellen." (146, S. 83)

Damit schließt sich der Kreis, der vom Menschen über die Natur zum Kosmos führt und vom klangerfüllten Universum wieder zurück zum schaffenden Künstler. Und von ihm, von seiner Schöpfung steigt es wieder opfergleich empor, wenn das

Seelenprodukt klingende Gestalt angenommen hat — wie sagte doch C. M. v. Weber (Zitat in der Erzählung „Harmonie der Sphären): „Was einmal in der großen Sphärenmusik vom allmächtigen Tonsetzer da oben angeklungen, wird nicht verhallen in Ewigkeit; die zitternde Saite hier wird drüben nicht mehr beben, und frei vom irdischen Geräusche, das sie vom Saitenhalter der Erde noch an sich trug, wird sie dort in ungestörten Tönen fortklingen in alle Zeiten." Und Weber versäumt nicht, ein „Amen" hinzuzufügen . . .

Nun wissen — nein, das wäre zuviel gesagt — nun ahnen wir in Gläubigkeit, welche Bedeutung die „Harmonie der Sphären" für die irdische Harmonie gewinnt — welche Bewandtnis es hat mit dem „Heimlichen Lauschen," mit dem „Lied, das in allen Dingen schläft," mit dem „Ton, der durch alle Töne tönt." In diesem Urton, der abstrakt bleibt, solange wir ihn nicht kraft unserer inneren Göttlichkeit in konkrete Gestalt wandeln, ruht die Uridee alles musikalisch-Schöpferischen — noch über die Harmonie der Sphären hinausragend. Ob es der Menschheit zum Segen gereicht, den abstrakten Urton ohne die „harmonische Vermittlung" der „Sphären" zu vernehmen? Vielleicht entspricht diese Frage einer voreiligen Phantasie. Aber man bedenke einmal, wie in zwei Fällen der „abstrakte Ton" in nackter Wirklichkeit zum Wahnsinn getrieben hat, weil es über menschliches Vermögen ging, ihn unausgesetzt anzuhören. Das eine Mal bei Robert S c h u m a n n, der gegen Ende seines Lebens unaufhörlich einen hohen Ton vernahm. Und das zweite Mal bei Friedrich S m e t a n a, der dem Irrsinn verfiel, weil der „abstrakte Ton" (wenn wir ihn so nennen wollen) ihn Tag und Nacht folterte. Er hat diesen Ton für ewige Zeiten als grelle Dissonanz in sein Streichquartett „Aus meinem Leben" gebannt.

Wir sind am Endpunkt unseres Erkenntnisweges angelangt. Es bleibt nur noch die Frage zu klären, welche Bedeutung den vermittelten Erkenntnissen beizumessen ist.

Wer zwischen den Zeilen zu lesen versteht, dürfte empfunden haben, daß diese Darlegungen eine eindeutige Absage an alle Arten der Musikausübung enthalten, die nicht aus Seelentiefen geboren, zu einem Mißbrauch schöpferischer Kräfte ausartet.

Der Komponist, der das vielmaschige Netz seiner Phantasie in die Tiefen des Seelenmeeres sinken läßt, scheut mitunter die Mühe, das Netz in seiner Gesamtheit vom Urgrund an heraufzuwinden. Er begnügt sich mit dem verlockend leichten Tand, der zwischen den mühelos erreichbaren Maschen an der Oberfläche ihm entgegenschimmert. Aber auch die gleißenden Kleinigkeiten der musikalischen Unterhaltung, der Schlagerwelt haben ihre Aufgaben im Leben zu erfüllen und dienen der notwendigen Entspannung und Erheiterung als Ergänzung zu der schweren, gewichtigen Kost gehaltvoller ernster Kunstmusik. Je tiefer aber das Netz der schöpferischen Phantasie unter den Seelenspiegel herabsinkt, desto kostbarer sind die Schätze, die sich erst auf dem Grund in seinen Maschen verfangen. Und was der Tonsetzer dann unter Aufbietung aller, sein Vermögen fast übersteigender Kräfte heraufzieht, ist nicht allein der von ihm erwartete, ersehnte Fund gehaltvoller Werte. Es ist die gesamte Vergangenheit des Menschengeschlechtes, die auf dem Seelengrunde ruht — es sind die unlösbaren Verkettungen des Gegenwärtigen mit dem Ursprünglichen — es sind die Schätze des Unbewußten, die vor undenklichen Zeiten im Seelenmeer versunken sind und nun darauf warten, mitzuklingen, miterlebt zu werden, wenn der Komponist seine Schöpfung mit den Maßstäben der Gegenwart mißt.* So glie-

* „Bei allem Bedeutenden, das wir unternehmen, sprechen die Ahnen der Jahrhunderte und Jahrtausende mit. Und dieses geheime oder offenkundige Mitsprechen gibt unserem Leben und unseren Werken ihre Tiefe und Weite. Die ältesten Mythen und Gebräuche der Völker enthalten ein Wissen, daß bei jeder Geburt die alten und ältesten Ahnen gegenwärtig sind. Und je mehr eigene Lebensfülle in der Geburt an den Tag drängt, umso mächtiger ist der Zustrom und die Gegenwart der Vorfahren. Auch die Schöpfungen des Geistes sind Geburten ... Jedes Einzelleben, so neu und eigenartig es sein mag, taucht aus dem unendlichen Lebensstrom auf, dessen Anfang sich im Geheimnis des Ursprungs alles Lebens verbirgt. Aber auch in dem geistigen Reiche des Bildens und Schaffens gibt es einen solchen Lebensstrom,

dert sich der Schaffende in den unendlichen Prozeß des Werdens ein, der ihn mit allem Gewesenen verknüpft, damit aus ihm das Zukünftige entstehe. So ist auch das Tonwerk nur ein Glied in der unübersehbaren Kette von Ursache und Wirkung, hinabreichend bis in unerforschbare Tiefen des Unbewußten, das in seiner Schöpfung mitklingt: der Einzelton, der einst Objekt der Anbetung war, die Tonleiter, in der noch zage Spuren einstiger Sonnenelemente schimmern, die Oktave, die aufsteigend den Menschen mit Gott verband, die niederschwebend die mystischen Kräfte des Kosmos beschwor. Das Unbewußte im Rahmen des gesetzmäßig Möglichen wieder bewußt zu machen, ist eine verheißungsvolle Aufgabe, die der Seele aus Weltenfernen und Raumestiefen Kräfte zuführt, die göttlichem Wesen entstammen.

Hat die Welt eines akustischen Laboratoriums noch etwas gemeinsam mit diesen Vorstellungen? Ist die Hexenküche eines elektronischen Musikstudios mit Magnetophon, Oszillograph, Tonerzeuger und Schneidetisch noch vergleichbar mit den gewohnten Formen der Musikausübung? Man würde gern von der beschämenden Notwendigkeit absehen, diese Arten der Tonerzeugung überhaupt zu erwähnen, man wäre sogar bereit, den Tonhandwerkern zuzugestehen, daß ihre Experimente zu einer klanglichen Bereicherung beitragen könnten, wenn sie sich auf ihre physikalische Wirkungsstätte beschränken würden. Statt dessen suchen sie ihren Ehrgeiz zu befriedigen, indem sie das Konzertpodium in ein Laboratorium verwandeln und sich den Titel eines Komponisten anmaßen, den unsere größten Meister einst in Ehren getragen haben.

Und wie steht es mit der Artistik der Zwölfton-Musik? Hat sie in den Jahrzehnten ihres Bestehens den gleichen Widerhall gefunden wie die einst ebenfalls hart umkämpfte Kunst der damals „neutönenden" Klassiker? Maßgebende Vertreter der

---

aus dem alle Neugeburten auftauchen. Auch hier sind die Ahnen mit dem, was sie waren und erfahren haben, die unerläßlichen Mitwirker." (Prof. Dr. Walter F. Otto: „Die Gestalt und das Sein", 155, S. 148)

Schönbergschule wie Werner Henze wenden sich bereits wieder von „Parolen, Manifesten, Schulen“ ab und bekennen sich erneut zur großen europäischen Tradition. „Niemals in der Geschichte der Musik hat es ein so dogmatisch lebloses System wie die sogenannte Zwölftonmusik gegeben,“ äußerte sich der namhafte Komponist Dimitri Schostakowitsch laut Zeitungsberichten. „Es hat die Seele der Musik getötet, die die Melodie ist, es hat die Form, die Schönheit der Harmonie, den Reichtum des natürlichen Rhythmus zerstört und damit gleichzeitig jede Spur eines Inhalts, der Menschlichkeit eines musikalischen Werkes vernichtet.“

Es ist immer riskant, nicht im vergänglichen Tagesschrifttum, sondern in einem Buch Zeitkritik zu üben und Prognosen zu stellen. Welch einer seelischen Armut wäre aber die Menschheit ausgeliefert, wenn ihr von gewissenloser Seite der Glaube an das Ewige geraubt würde, wenn kirchenschänderische Elemente ungestraft Weihestätten in einen Kirmesplatz verwandeln dürften! Wie tief aber ist die Menschheit bereits gesunken, daß sie sich widerspruchslos das leere Geklingel von Narrenschellen als künstlerische Offenbarungen aufschwatzen läßt und jeden Mißbrauch der Töne als Zukunftswert preist, anstatt sich in geschlossenen Protestaktionen zu einer Revolution der Seele zu vereinen!

Hier hilft nur Rückbesinnung auf die kultische Bedeutung der Musik, wie sie in den vorliegenden Zeilen dargelegt wurde — auf das eingesargte Unbewußte, das in Seelentiefen der Wiederauferstehung harrt. Hier erwächst die Notwendigkeit, das Verhältnis der eigenen Persönlichkeit zum Leben, zur Natur, zum Kosmos zu vertiefen, damit die „Weltenorgel“, das „Weltmonochord“ unser Dasein wieder mit ewigen Klängen beseelt. Und wir müssen der Aufforderung Keyserlings Gehör schenken: Jahraus, jahrein in mächtigen, reinen Glokkenschlägen die eigenen ‚Grundtöne‘ erschallen zu lassen, daß sie inmitten des Sturms ein immer gewaltigeres Echo in unseren Seelen finden.

Literaturverzeichnis

Besonders erwähnte Autoren sind im nachstehenden Namenregister nochmals in alphabetischer Reihenfolge aufgeführt.

1. Graf Hermann Keyserling: Schöpferische Erkenntnis (Darmstadt 1922)
2. Inayat Khan: Mystik von Laut und Ton (Zürich-Leipzig 1927)
3. Dr. Guenther Wachsmuth: Die ätherische Welt in Wissenschaft, Kunst und Religion (Dornach, Goetheanum, 1927) — Band II
4. H. P. Blavatsky: Esoterische Schriften (Leipzig o. J., Theosophisches Verlagshaus)
5. Graf Hermann Keyserling: Wiedergeburt (Darmstadt 1927)
6. Willi Reich: Musik in romantischer Schau (Basel 1946)
7. Albert Heim: Töne der Wasserfälle (Schaffhausen 1874)
8. Franz Dubitzky: Das Wasser in der Musik (Musikalisches Magazin Langensalza 1913)
9. Georg Anschütz: Untersuchungen zur Analyse musikalischer Photismen (Leipzig 1925)
10. Albert Thimus: Die harmonikale Symbolik des Altertums (Köln 1868 — Vorhanden in der Bibliothek der Technischen Hochschule, Aachen)
11. Professeur Paviot: Astral des Sons (Paris 1924)
12. Georges Kastner: La Harpe d'Eole et la Musique Cosmique (Paris 1856 — Vorhanden in der ehem. Preuß. Staatsbibliothek, Ostberlin)
13. G. W. Finck: Erste Wanderungen der ältesten Tonkunst als Vorgeschichte der Musik (Essen 1831)
14. H. Reulleaux: Das singende Tal bei Thronecken (Koblenz 1880)
15. Ludwig Rosenberger: Geisterseher (München 1952)
16. Heinrich Frieling: Harmonie und Rhythmus in Natur und Kunst (München und Berlin 1937)
17. Hans Kayser: Akróasis, die Lehre von der Harmonik der Welt (Stuttgart 1947)
18. Alfons Kirchgässner: Die mächtigen Zeichen (Basel 1959)
19. Hans Kayser: Paestum (1958)
20. Karl Storck: Naturmusik (Deutsche Tonkünstler-Zeitung, Berlin, 1925)
21. Rudolf Meyer: Die Weisheit der deutschen Volksmärchen (3. Auflage Stuttgart 1954)
22. Ferd. Christ. Baur: Symbolik und Mythologie oder die Naturreligionen des Altertums (Stuttgart 1825, Band II)
23. Anny von Lange: Mensch, Musik und Kosmos (Freiburg 1956, II. Band 1960)
24. H. Jennings: Die Rosenkreuzer (Berlin 1912)
25. Otto Kleinhammes: Die Quadratur des Kreises aus dem Geiste der Musik (Wangen im Allgäu 1949)
26. Schröder: Ton und Farbe (Berlin 1906)
27. Oskar Rainer: Musikalische Graphik (Wien 1925)

28. Annelies Argelander: Das Farbenhören und der synästhetische Faktor der Wahrnehmung (Jena 1927)
29. Heinrich Grahl: Tonbewußtsein und Farbensinn (Halbmonatsschrift für Schulmusikpflege, Dortmund, August 1924)
30. Frederik Adama von Scheltema: Die Kunst der Vorzeit (Stuttgart 1950)
31. Frederik Adama von Scheltema: Die geistige Wiederholung (Leipzig 1937)
32. C. G. Jung: Von den Wurzeln des Bewußtseins (Zürich 1954)
33. H. Jancke: Musikpsychologische Studien ("Archiv für die gesamte Psychologie", Jahrgang 62)
34. Walter Blume: Musikalische Betrachtungen in geisteswissenschaftlichem Sinne (Berlin 1917)
35. Georg Schünemann: Musikerziehung (Leipzig 1930)
36. C. G. Jung: Bewußtes und Unbewußtes (Frankfurt 1957)
37. Hermann Diels: Fragmente der Vorsokratiker (III. Band, 8. Auflage von Walther Kranz, Berlin 1956)
38. Platon: Timäus, übersetzt und erläutert von Dr. Windischmann (Hadamar 1804)
39. August Boeckh: Untersuchungen über das kosmische System des Platon (Berlin 1852)
40. August Boeckh: Philolaos des Pythagoräers Reden (Berlin 1819)
41. Karl Joel: Der Ursprung der Naturphilosophie bei den Griechen (Jena 1906)
42. Julius Stenzel: Zahl und Gestalt bei Platon und Aristoteles (3. Aufl. Darmstadt 1959)
43. Julius Stenzel: Metaphysik des Altertums (München-Berlin 1931)
44. Jaques Handschin: Ein mittelalterlicher Beitrag zur Lehre von der Sphärenharmonie (Zeitschrift für Musikwissenschaft, Leipzig 1927, Heft IV)
45. Das Buch Jezirah, herausgegeben von Joh. Fr. v. Meyer (Leipzig 1830)
46. August Boeckh: Die Bildung der Weltseele im Timäus des Platon (Heidelberg 1807)
47. Dr. J. P. Schneider: System einer medizinischen Musik (Bonn 1835)
48. H. Hellenbach: Die Magie der Zahlen (Leipzig 1898)
49. Wilamowitz-Moellendorff: Die Harmonie der Sphären („Reden aus der Kriegszeit", Berlin 1915)
50. Ferdinand Piper: Die Harmonie der Sphären (Berlin 1850)
51. David Blaesing: De sphaerarum coelestium symphonismo (Königsberg 1705 — Berliner Staatsbibliothek)
52. Edmund Boesel: Der Traum Scipios, übersetzt und erklärt (Leipzig, Reclams Universalbibl. No. 1827)
53. Max Caspar: Johannes Kepler (Stuttgart 1948)
54. Johannes Kepler: Harmonice mundi (Ausgabe Otto J. Bryk, Jena 1918)
55. Robert Fludd: Metaphysica, physica atque technica... Historia (Linz 1619, Berliner Staatsbibliothek)

56. Rudolf Steiner: Das Tonerlebnis im Menschen (Selbstverlag der R. St.-Nachlaßverwaltung Dornach 1954)
57. Athanasius Kircher: Musurgia (Rom 1650 — Staatsbibl. Berlin)
58. Robert Fludd: Schutzschrift für die Echtheit der Rosenkreuzergesellschaft, übersetzt von H. Booz (Leipzig 1782, Staatsbibl. Berlin)
59. Andreas Hirsch: Artis magnae de consone ... das ist philosophischer Extrakt aus des Kircheri von Fulda Musurgia (1662, Staatsbibliothek Berlin)
60. Andreas Werckmeister: Musikalische Paradoxal-Diskurse (Quedlinburg 1707)
61. Paul Moos: Die Philosophie der Musik (2. Aufl. Stuttgart 1922)
62. Riccioto Canudo: Le Mysticisme de la Musique (Bulletin d l'Institut Général Psychologique, 23. Jahrgg. No. 4-6)
63. Fritz Gysi: Über indische Musikauffassung (Schweizerische Musikzeitung, Zürich, November 1924)
64. Dr. Karl Grunsky: Musikästhetik (Sammlung Göschen, Leipzig 1907)
65. Prof. Dr. Julius Hartmann: Erde und Kosmos (3. Aufl. Frankfurt 1950)
66. Bruno Walter: Von der Musik und vom Musizieren (Frankfurt 1957)
67. Dietrich Mahnke: Unendliche Sphäre und Allmittelpunkt, Beiträge zur Genealogie der mathematischen Mystik (Halle 1937)
68. Karl Joel: Der Ursprung der Naturphilosophie aus dem Geist der Mystik (Jena 1906)
69. Rudolf Haase und Paul Eckhardt: Veröffentlichungen des Instituts für harmonikalische Forschung 1. Folge (Hommerich-Köln 1955)
70. Aleks Pontvik: Heilen durch Musik (Zürich 1955)
71. Walter Pons: Steht uns der Himmel offen? (Wiesbaden 1960)
72. Thomas Ring: Das Lebewesen im Rhythmus des Weltraums (Stuttgart 1939)
73. Kurt Seligmann: Das Weltreich der Magie (Stuttgart 1958)
74. Leo Schrade: Die Darstellungen der Töne an den Kapitellen der Abteikirche zu Cluni (Deutsche Vierteljahrsschrift f. Literatur u. Geistesgeschichte, Halle, Band VII, 1929)
75. Hans Sedlmayr: Die Entstehung der Kathedrale (Zürich 1950)
76. Louis Pauwels: Gurdjew der Magier (München 1956)
77. P. J. Ouspensky: Auf der Suche nach dem Wunderbaren, Fragmente einer unbekannten Lehre (Stuttgart o. J.)
78. August Aeppli: Lebensordnungen. Farbe, Ton, Form als Offenbarung (Thalwil-Zürich 1944)
79. Gertrud Nodler: Ringel Reihe (Wien 1940)
80. Marius Schneider: Singende Steine (Kassel-Wilhelmshöhe 1958)
81. Candi: Briefe an Tschü (Ulm 1959)
82. Aristides Quintilianus: Von der Musik, übersetzt von Rudolf Schäfke (Berlin 1937)
83. A. L. Gaßmann: Zur Tonpsychologie des Schweizer Volksliedes (Zürich 1936)

84. Arnold Schmitz: Die Bildlichkeit der wortgebundenen Musik Johann Sebastian Bachs (Mainz 1950)
85. Kurt Aram: Magie und Mystik in Vergangenheit und Gegenwart (Berlin 1929)
86. Wilhelm Wundt: Völkerpsychologie (Leipzig 1908)
87. Combarieu: La Musique et la Magie (Paris 1909 — Berliner Staatsbibliothek)
88. Wilhelm Schwartz: Von den Hauptphasen in der Entwicklung der altgriechischen Naturreligion (Bastian-Festschrift, Berlin 1896)
89. Liä-Dsi: Das wahre Buch vom quellenden Urgrund, übersetzt von Richard Wilhelm (Jena 1911)
90. Ch. Ruths: Experimentaluntersuchungen über Musikphantome (Darmstadt 1898)
91. D. A. Morhof: Stentor hyaloclastes (Leyden 1662)
92. S. Seligmann: Der böse Blick und Verwandtes (Berlin 1910)
93. Heinrich Hoffmann: Geschichte des deutschen Kirchenliedes (Breslau 1832)
94. Wilhelm Bäumker: Das katholisch-deutsche Kirchenlied (4 Bde., o. O. 1883-91, 1911)
95. Dr. J. C. Hecker: Die Tanzwut, eine Volkskrankheit des Mittelalters (Berlin 1832)
96. J. B. Friedreich: Die Symbolik und Mythologie der Natur (Würzburg 1859)
97. Curt Sachs: Die Musikinstrumente (Breslau 1923)
98. J. Kollmann: Altmexikanische Flöten und Pfeifen (Bastian-Festschrift Berlin 1896)
99. Karl Weule: Die Eidechse als Ornament in Afrika (Bastian-Festschrift Berlin 1896)
100. Hermann Wirth: Die Heilige Urschrift der Menschheit (Leipzig 1931-36)
101. Friedrich Behn: Musikleben im Altertum und frühen Mittelalter (Stuttgart 1954)
102. J. F. v. Dalberg: Die Äolsharfe (Erfurt 1801 und „Göttinger Taschenkalender" für 1792)
103. Curt Sachs: Die Musikinstrumente Indiens (Berlin 1915)
104. Kiesewetter: Faust in der Geschichte und Tradition (Leipzig 1893)
105. Bernhard Ankermann: Die afrikanischen Musikinstrumente (Diss. Berlin 1901)
106. Dr. Theodor Wilhelm Danzel: Magie und Geheimwissenschaft in ihrer Bedeutung für Kultur und Kulturgeschichte (Stuttgart 1924)
107. Carl Stumpf: Die Lieder der Bellakula-Indianer (Sammelbände für vergleichende Musikwissenschaft Bd. I, München 1922)
108. Peter Lichtenthal: Der musikalische Arzt (Wien 1807)
109. Fr. Karl Hofgartner: Die Musik in ihrer Beziehung zur Ästhetik und zur Heilkunst (Wiener Diss. 1847)
110. Athanasius Kircher: Neue Hall- und Tonkunst (Nördlingen 1684 — Berliner Staatsbibliothek)

111. Friedrich E. Niedten: Wunderbare Kuren durch Musik (o. O. 1717)
112. Jeanbattista della Porta: Magia naturalis, übersetzt von Ch. Pegianum (Nürnberg 1713 — Hess. Landesbibl. Wiesbaden)
113. Leopold Raudnitz: Die Musik als Heilmittel (Prag 1840)
114. Editha Koffer-Ulrich: Musik — eine Heilkraft (Blätter für hörende Menschen, Bd. VI, Heft 2, Köln-Hommerich)
115. Walter von Rhodt: Die Musiknarkose (Berner med. Diss. 1903)
116. Johann Kepler: Der Mensch und die Sterne, Auswahl von Martha List (Inselbücherei No. 576)
117. Jan Christian Smuts: Die holistische Welt (Berlin 1938)
118. Hermann Albert: Die Musikanschauung des Mittelalters (Halle 1905)
119. Ernst Bindel: Die Zahlengrundlagen der Musik im Wandel der Zeiten (Stuttgart 1950)
120. Graf Hermann Keyserling: Das Okkulte (Sammelband, Darmstadt 1923)
121. Streeter-Appassamy: Der Saddhu (Stuttgart 1922)
122. Margarete Weinhandl: Deutsches Nonnenleben im Mittelalter (München 1921)
123. Heinrich Seuses „Deutsche Schriften“ und „Lebensbeschreibung“, Bd. I, Neuausgabe von Lehmann (Jena 1911)
124. Mahaparinibbanasuttam, übersetzt von K. E. Neumann (München 1911)
125. H. Beckh: Buddhismus (Berlin 1919)
126. Dr. Wilhelm Ludwig: Spaziergänge eines Wahrheitssuchers ins Reich der Mystik (Leipzig o. J.)
127. Ernesto Bozzano: Phénomènes psychiques au moment de la mort (Paris 1923)
128. Ludwig Rosenberger: Geisterseher, eine Sammlung seltsamer Erlebnisse (München 1952)
129. J. A. M. Perty: Die mystischen Erscheinungen der menschlichen Natur (Leipzig 1861)
130. De Vesmes: Geschichte des Spiritismus, übersetzt von Feilgenhauer (3 Bde, Leipzig 1900)
131. Carl du Prel: Die Mystik der alten Griechen (Leipzig 1888)
132. Enno Nielsen: Das große Geheimnis (Ebenhausen bei München 1923)
133. Dr. Fritz Quade: Die Jenseitigen (Berlin o. J.)
134. Julius Magnussen: Gottes Lächeln (München 1921)
135. Camille Flammarion: Unbekannte Naturkräfte (Stuttgart 1908)
136. De Rochas: Les Sentiments, la Musique et le Geste (Grenoble 1900)
137. W. v. Siebenthal: Die Wissenschaft vom Traum, Ergebnisse und Probleme (Berlin 1953)
138. W. Moufang, W. O. Stevens: Mysterium der Träume (München 1953)
139. Ernst Aeppli: Der Traum und seine Deutung (Erlenbach-Zürich 1952)
140. Julius Bahle: Der musikalische Schaffensprozeß (Konstanz 1947)
141. Arthur Schopenhauer: Schriften über Musik, herausgegeben von Karl Stabenow (Regensburg 1922)

142. Professor Nagel: Zwei metaphysische Aufsätze (Leipzig 1906)
143. Ludwig Paneth: Zahlensymbolik im Unbewußtsein (Zürich 1952)
144. Mircea Eliade: Ewige Bilder und Sinnbilder (Olten und Freiburg i. Br. 1958)
145. Heinrich Tieck: Holde Musik, gesammelte Bekenntnisse (Wien 1956)
146. Prof. Dr. Fritz Grüninger: Anton Bruckner, der metaphysische Kern seiner Persönlichkeit und Werke (Augsburg 1930)
147. E. Zederbauer: Die Harmonie im Weltall, in der Natur und Kunst (Wien-Leipzig 1917)
148. Dr. Johann Karl Bähr: Der dynamische Kreis (Dresden 1861)
149. Ignaz Jezower: Das Buch der Träume (Berlin 1928)
150. Hermann Scherchen: Vom Wesen der Musik (Zürich o. J.)
151. Hugo Fischer: Die Aktualität Plotins (München 1956)
152. Dr. Joseph Ennemoser: Geschichte der Magie (Leipzig 1844)
153. Eduard Stemplinger: Antiker Volksglaube (Stuttgart, 1950)
154. Dr. med. H. R. Teirich (Herausgeber): Musik in der Medizin (Stuttgart 1958)
155. Walter F. Otto: Die Gestalt und das Sein (Düsseldorf-Köln 1955)
156. Walter F. Otto: Die Musen und der göttliche Ursprung des Singens und Sagens (Köln-Düsseldorf 1955)
157. Walter F. Otto: Dionysos, Mythos und Kultus (Frankfurt 1934)
158. Ernesto Grassi: Kunst und Mythos (Hamburg 1957)
159. Adolf Bastian: Psychologie und Mythologie („Der Mensch in der Geschichte“, Bd. II, Leipzig 1860)
160. Erich Unger: Wirklichkeit, Mythos, Erkenntnis (München und Berlin 1930)
161. Dr. med. Felix Kersten: Die Heilkraft der Hand (Ulm 1958)
162. Hans Erhard Lauer: Die Entwicklung der Musik im Wandel der Tonsysteme (2. Aufl. Köln - Bad Liebenzell 1960)
163. Albrecht Schaeffer: Mythos. Herausg. Walter Ehlers (Heidelberg-Darmstadt 1958)
164. Richard Benz: Die Welt der Dichter und die Musik (Düsseldorf 1949)
165. Hugo Kükelhaus: Urzahl und Gebärde, Grundzüge eines kommenden Maßbewußtseins (Berlin 1932)
166. Max Planck: Vorträge und Erinnerungen, Stuttgart 1949
167. Heinrich Zimmer: Philosophie und Religion Indiens (Nachlaßband, Zürich 1961)
168. Victor von Hagen: Die Kultur der Maya (Hamburg-Wien 1960)
169. C. G. Jung und K. Kerenyi: Einführung in das Wesen der Mythologie (Amsterdam-Leipzig 1941)
170. Fritz Winckel: Phänomene des musikalischen Hörens. Ästhetischnaturwissenschaftliche Betrachtungen (Berlin und Wunsiedel 1960)
171. Friedrich Bösenberg: Harmoniegefühl und Goldener Schnitt (Leipzig 1911)

172. Dr. Hans Erhardt Lauer: Musik und Musiker in anthroposophischer Betrachtung (Selbstverlag Wien VII o. J.)

173. Music, its occult basis und healing value compiled by Lionel Stebbing New Knowledge Books, East Grinstead, Sussex. — Geschickte Zusammenstellung anthroposophischer Musikaufsätze als Privatdruck)

174. Rudolf Sekanek: Mutter Silbert (Remagen 1959)

Aufsätze des Verfassers zum Thema „Musik Magie Mystik" (Auswahl)

Glockenzauber (Wiesbadener Kurier Weihnachten 1954 — Saarbrücker Zeitung — Mindener Zeitung — „Das Alphorn", Langnau, Schweiz)

Das Naturerlebnis in der Musik (Wiesbadener Kurier 2. 6. 55 — Hersfelder, Hünefelder, Fuldaer Volkszeitung)

Harmonie als schöpferisches Prinzip (Wiesbadener Kurier 4. 6. 55)

Kosmischer Tanz (Wiesbadener Kurier 25. 6. 55)

Klingende Melodie des Lebens (Wiesbadener Kurier 16. 7. 55)

Musik in Mythos und Märchen (Wiesbadener Kurier 6. 8. 55)

Brücken zur Urmusik (Wiesbadener Kurier 20. 8. 55)

Wellenlied und Windgeflüster (Wiesbadener Kurier 3. 9. 55)

Die Weisheit des Märchens („Die Lesestunde", Darmstadt, März 56)

Abergläubisch wie ein Musiker (Lübecker Nachr. 24. 3. 56)

Tonkunst als Lebensgestalterin („Der Artist", Düsseldorf, 5. 7. 56)

Vom rhythmischen Gesetz des Lebens („Der Artist", Düsseldorf)

Von der Heilkraft der Musik (New Yorker Staatszeitung und Herald 27. 5. 56 — Allgem. Zeitung für Württemberg 22. 6. — Trierer Zeitung. — Wiesbadener Kur- und Fremdenblatt)

Musikalische Weisheit im dichterischen Wort („Musik und Leben", Stuttgart, Oktober 56)

Stimmen der Natur (Wiesbadener Kurier 23. 3. 57)

Musik als mystisches Erleben (Wiesbadener Kurier 13. 4. 57)

Vögel als Komponisten („Musik und Leben", Stuttgart April 57)

Am Quell musikalischen Schaffens (Badische Volkszeitung 22. 6. — Deutsches Volksblatt, Stuttgart, 22. 6. 57)

Harmonie der Sphären (Frankfurter Nachtausgabe 17. 8. 57)

Von Jules Verne bis Wernher von Braun (Badisches Tagblatt 28. 1. 58 — Fuldaer Volkszeitung 24. 1. 58 — Flensburger Tageblatt 28. 1. 58 — Kieler Nachrichten 8. 2. 58 Siegener Zeitung 24. 2. 58 — Göttinger Tagblatt 2. 4. 58 — Erlanger Tageblatt 3. 4. 58)

Was treibt den Komponisten zum Schaffen? (Fuldaer Volkszeitung 8. 4. 58 — „Die Glocke", Oelde, 5. 4. 58 — Nordfriesische Nachr. Husum)

Musik bedarf des Herzens (Wiesbadener Kurier 14. 6. 58)

Harmonie oder Mißklang (Die Heimat am Mittag, Hattingen — Grenzland-Kurier Viersen, 2. 7. 58 — Iserlohner Kreisanz. 28. 6. 58)

Das Geheimnis der musizierenden Felsen (Wiesbadener Kurier 13. 12. 58)

Melodien auf Wanderschaft (New Yorker Staatszeitg. und Herald 30. 11. 58)

Das Liebesleben in der Musik („Musik und Leben", Stuttgart, Januar 59)

Die verlorene Magie unserer Sprache (Wiesbadener Kurier 1. 8. 59 — Kasseler Post 7. 11. 59 — Deister- und Weserzeitung 5. 11.)

Hat die Zwölftonmusik eine Zukunft? (Sechzehn Zeitungen in Linz, Dortmund, Nürnberg, Iserlohn, Herne, Lübeck, Fulda, Saarbrücken, Soest, Hameln, Detmold, Lüneburg, Offenburg u. a.)

Malt einmal, was Musik ist! (Wiesbadener Kurier 26. 1. 60 — Fuldaer Volkszeitung 3. 3. 60 — Kasseler Post 2. 3. 60 — Westdeutsches Tageblatt Dortmund 4. 3. 60 — Velberter Zeitung 8. 3. 60 — „Hausmusik", Kassel, Heft II 1960)

Die schöpferische Pause (Wiesbadener Kurier 29. 1. 60)

Magie der Musikinstrumente (Der Artist, Düsseldorf)

Die Melodie der Gebäude (Wiesbadener Kurier 6. 2. 60 — Kieler Nachrichten 2. 4. 60 — Bayreuther Tageblatt 4. 4. 60 — Mindener Tageblatt 14. 5. 60. Freie Presse, Buenos Aires 8. 1. 61)

Aberglaube nach Noten (Wiesbadener Kurier 14. 5. 60)

Die Welt ist voller Musik (Badisches Tagblatt 21. 6. 60)

Die Pause, die uns zu uns selbst führt (Pforzheimer Zeitung 26. 7. 60 — Der Mittag, Düsseldorf 30. 7. 60 — Reutlinger Generalanz. 23. 7. 60 — Schleswig-Holsteinische Landeszeitung 20. 7. 60 — Die Glocke, Oelde, 23. 7. 60 — Badisches Tagblatt 4. 8. 60 — Neue Presse Coburg 11. 8. 60)

Die Magie der Naturstimmen (Wiesbadener Kurier 3. 9. 60)

Die Welt als Musikinstrument (Westfalenblatt Bielefeld 17. 9.)

Kepler sah die Weltraumfahrt voraus (Reutlinger Generalanzeiger 16. 9. 60 — Münstersche Zeitung 1. 10. 60 — Fuldaer Volkszeitung 29. 9. 60 — Westfälische Rundschau Dortmund 29. 10. 60 — Lüdenscheider Nachrichten 29. 9. 60)

Die geträumte Musik (Kieler Nachrichten 19. 11. 60 — Nordwestzeitung Oldenburg 11. 11. — Wiesbadener Kurier 15. 10. — Pforzheimer Zeitung 31. 10. 60 — Heimat am Mittag Hattingen 3. 11. 60 — Herner Zeitung 1. 11. — Münster'sche Zeitung 9. 11.)

Tröstliches für Unmusikalische (Musik als Naturerscheinung) Iserlohner Kreis-Anzeiger 14. 10. — Kieler Nachrichten 8. 10. — Lüdenscheider Nachrichten 13. 10. — Deutsches Volksblatt Stuttgart 5. 11. 60 — Peruanische Post 30. 11. 60

Die übersinnliche Macht der Musik, Märchen und Mythen — (Münstersche Zeitung 17. 10. — Nordwestzeitung Oldenburg 11. 11. — Gießener Freie Presse 26. 11. — Saarbrücker Landeszeitung 24. 10.)

Kunst und die Harmonie der Sphären (Münster'sche Zeitung 22. 10.)

Wandelt sich unser Denken? Die Aufgabe der Philosophie und Kunst im Atomzeitalter („Der Mittag", Düsseldorf, 29. 10. — Neue Presse Coburg 22. 10. — Recklinghäuser Zeitung 29. 10. — Kieler Nachrichten 5. 11. — Rhein-Zeitung Koblenz 19. 11. — Pforzheimer Zeitung 22. 10. — Holsteinischer Courier Neumünster 22. 10. — Kreiszeitung Hoya 31. 10. — Buersche Zeitung 1. 11. 60.)

Leblose Musikdogmatik (Lübecker Nachrichten Oktober 60)

Der Grundton der Seele (Wiesbadener Kurier 5. 11. 60)

Die Melodie des Lebens (Gießener Anzeiger 18. 11. — Pforzheimer Zeitung 19. 11. — Herner Zeitung 22. 11. — Spandauer Volksblatt 25. 11. — Durlacher Tagblatt 30. 11. — Nordwestzeitung Oldenburg 9. 12. — Rhein-Zeitung Koblenz 3. 12. — Trierischer Volksfreund 3. 12.)

Im musikalischen Strom des Lebens („Der Harmonika-Lehrer“, Trossingen, 9. Jahrg. Heft 6)

Musik der inneren Einkehr (Spandauer Volksblatt 13. 11. — Schleswig-Holstein'sche Landeszeitung Rendsburg 7. 11. — Durlacher Tagblatt 2. 12. Pforzheimer Zeitung 10. 11.)

Mitten im Leben vom Tode umfangen (Nordfriesische Nachrichten Husum 19. 11. 60)

Schläft ein Lied in allen Dingen (Badisches Tagblatt, Baden-Baden, 25. 11. 60)

Magie und Mythos in der Musik (Westfalenblatt, Bielefeld, 22. 12.)

Die Sonne tönt nach alter Weise („Der Artist“, Düsseldorf, 75. Jahrgang Nr. 265)

Neuer Beruf: Musiktherapeuth (Oberösterreichische Nachrichten, Linz, 13. 1. 61. — Westdeutsche Allgemeine Zeitung, Ausgabe Essen und Gelsenkirchen, 4. 2. und 8. 2. 61. — Gießener Anzeiger 11. 1. 61. — Pforzheimer Zeitung 12. 1. 61 — Herner Zeitung 12. 1. 61. — Badisches Tagblatt Baden-Baden 13. 1. 61. — Neue Presse Coburg 28. 1. 61)

Musik und Wunderglaube (Lübecker Nachrichten 8. 1. 61)

Das Echo in der Musik (Der Kurier, Berlin, 28. 1. — Kieler Nachrichten 4. 2. — Lüdenscheider Nachrichten 31. 1. — Fränkische Landeszeitung Redsburg 22. 1. — Fuldaer Volkszeitung 17. 2. — Offenburger Tagblatt 26. 5.)

Stunde des Pan (Erstdruck der Erzählung „Media vita in morte sumus“ im Wiesbadener Kurier, 16. 2. 61)

Die Leier des Orpheus (Badische Neueste Nachrichten, Karlsruhe, 28. 2. — Dill-Zeitung 20. 2. — Flensburger Tageblatt und Der Nordschleswiger 18. 2.)

Musik im Mythos und Märchen (Fuldaer Volkszeitung 18. 2.)

Kann Wasser musizieren? (Münster'sche Zeitung 8. 4. — Rhein-Zeitung Neuwied 24. 4. — Strohgäu-Rundschau Asperg 10. 3. — Badischer Landsmann Ettlingen 4. 3. — Heimat-Rundschau Stuttgart-Zuffenhausen 4. 3. — Pforzheimer Zeitung 23. 2.)

Die Sonne tönt nach alter Weise (Der Mittag, Düsseldorf, 25. 2. — Wetzlarer Neue Zeitung 23. 2. — Generalanzeiger Wuppertal 21. 4.)

Selbst auf Steinen läßt sich musizieren (Trierische Landeszeitung 21. 4. — Westdeutsches Tagblatt Dortmund 27. 4. — Kieler Nachrichten 22. 4. — Offenbach-Post 8. 4. — Pforzheimer Zeitung 6. 4.)

Das Geheimnis der Flöte (Generalanzeiger für Bonn und Umgebung 6. 5. — Spandauer Volksblatt 28. 5. — Schleswig-Holsteinische Landeszeitung Rendsburg 3. 5.)

Aus Vogelkehlen: Dreiklänge in Dur (Schleswig-Holsteinische Landeszeitung Rendsburg 20. 5. — Spandauer Volksblatt 25. 5.)

Mythos der Musikinstrumente („Musik und Leben“, Stuttgart, Juniheft).

Aufsätze über den Verfasser

Dr. Armin Fett: Fritz Stege (Harmonika-Jahrbuch 1953 Trossingen)

H. Schlümer: Unsere Komponisten: Dr. Fritz Stege („Die neue Harmonika" April 54)

Lachner: Unser Porträt: Dr. Fritz Stege (Harmonika-Rundschau, München, Nr. 3/4, 1957)

Heinz Mietzner: Fritz Stege („Der Artist", Düsseldorf, Juni 1957)

F. St. („Lied und Chor," Organ des Deutschen Sängerbundes, Köln, Aprilheft 1961)

Komponist, Schriftsteller, Kritiker (Wetzlarer Neue Zeitung, 12. 4. 61)

W. Weyer: Ein Leben für die Musik (Fuldaer Volkszeitung, 11. 4. 61. — Deutsches Volksblatt Stuttgart 11. 4. 61. — Badische Volkszeitung Karlsruhe 11. 4. 61. — Schwarzwälder Bote 10. 4. 61. — Harburger Anzeiger 8. 4. 61)

Namenverzeichnis